# BEWEGUNGS(T)RÄUME
## Frauen – Körper – Sport

# Bewegungs(t)räume

Frauen
Körper
Sport

Herausgeberinnen
Birgit Palzkill
Heidi Scheffel
Gabriele Sobiech

Frauenoffensive

1. Auflage, 1991
© Verlag Frauenoffensive, 1991
(Knollerstr. 3, 8000 München 40)

ISBN 3-88104-211-3

Satz: Ursula Benz, München
Druck: Clausen & Bosse, Leck
Umschlaggestaltung: Frauke Bergemann, München

# INHALTSVERZEICHNIS

Vorwort der Herausgeberinnen     7

I. KÖRPER- UND BEWEGUNGSENTWICKLUNG VON MÄDCHEN UND FRAUEN

Gertrud Pfister
Zur Geschichte des Diskurses über den
„weiblichen" Körper (1880 – 1933)     15

Heidi Scheffel und Gabriele Sobiech
„Ene, mene, muh, aus bist du?"
Die Raumaneignung von Mädchen und Frauen durch
Körper und Bewegung     31

Gabriele Sobiech
„Ich hatte das Gefühl, irgend etwas ist jetzt vorbei!"
Die Pubertät – Brüche und Ambivalenzen in
der Körper- und Bewegungsentwicklung von Mädchen     47

Birgit Palzkill
Was hat sexuelle Gewalt mit Sport(abstinenz) zu tun?
Körper- und Bewegungsentwicklung in Gewaltverhältnissen     62

II. ERFAHRUNGEN VON MÄDCHEN UND FRAUEN IN DER HERRSCHENDEN SPORT-, KÖRPER- UND BEWEGUNGSKULTUR

Doris Schmidt
„Schöner – Schlanker – Straffer"
Überlegungen zu Gesundheit und Fitness     75

Heidi Scheffel
MädchenJungenSpiel
Was ist das Gemeinsame im gemeinsamen Spiel
von Jungen und Mädchen?     86

Inge Berndt
Frauen und Mädchen im organisierten Sport
Erfahrungen in Vereinen und Verbänden 96

Birgit Palzkill
„Ich war Sportler, so wirklich, so ohne Geschlecht."
Identitätskonflikte von Frauen in der Männerdomäne Sport 112

Lotte Rose
„Es war schon ein Reiz, die eigene Angst zu überwinden."
Die Lust am Risiko im weiblichen Kunstturnen 123

III. FEMINISTISCHE ANSÄTZE IN THEORIE UND PRAXIS

Ruth Dördelmann und Ellen Supinski
Unser Weg zur Selbstbestimmung
Frauen-Selbstverteidigung & Frauen-Sport Münster e.V. 133

Barbara Kühn und Cornelia Muth
„Und es sieht nicht geturnt aus!"
Body-Feeling im Verein 144

Regine Ulmer
„Auf die Dauer hilft nur...?!"
Krafttraining für Frauen 154

Gabriele Schmies
einsprunginsich
Ein möglicher Weg zur Tanzwirklichkeit von Frauen 164

Doris Schmidt und Regine Ulmer
Vierzehn Tage und fünfzehn Nächte
36 Frauen und 72 Skier 177

Literaturverzeichnis 187

Autorinnen 197

# VORWORT

Für alle, die etwas über das Verhältnis von *Frauen* zu *Körper, Bewegung* und *Sport* erfahren wollen, ist dieses Buch gedacht.

Die möglichen Kombinationen der Begriffe wie Frauen-Bewegung, Frauen-Sport-Bewegung, Frauen-Körper, Sport-Körper usw. haben ihre je eigene Geschichte und eigene Dynamik. Innerhalb der neuen Frauenbewegung stand der Körper – die Vergesellschaftung von Frauen über ihren Körper, die Sexualisierung und die damit verbundene Enteignung des Frauenkörpers – von Beginn an im Zentrum der Analysen. Der Körper in Bewegung oder das Verhältnis von Frauen zum Sport wurde indes nicht thematisiert. Parallel dazu schien Anfang der siebziger Jahre der Aufbruch der Frauen in allen gesellschaftlichen Bereichen gerade an der größten bundesdeutschen Organisation, dem Deutschen Sportbund, spurlos vorüberzugehen.

Ein Blick zurück in die Geschichte zeigt, daß diese Distanz zwischen Sport und Frauenbewegung keinesfalls selbstverständlich ist. In der Satzung des 1851 gegründeten ersten Frauensportvereins heißt es: „Im überwallenden Gefühl unserer angestammten Kraft ergreifen wir mutig die Waffen gegen Erzfeinde unseres Geschlechts. Unsere Walstatt ist der Turnierplatz. Dort, unter Gottes freiem Himmel, im Angesicht des Tages, entbieten wir offenen und ehrlichen Kampf der Trägheit, Verweichlichung und Entartung der Frauenwelt." Der Kampf um gleiche gesellschaftliche Rechte für Frauen und um einen selbstbestimmten Zugang zum Sport gehörten zusammen. 1922 organisierte die ein Jahr zuvor gegründete „Fédération Sportive Féminins Internationale" (FSFI) in Paris die ersten offiziellen Frauenweltspiele, die „Jeux Olympiques Féminins". Die Frauen antworteten damit auf ihren Ausschluß aus den Olympischen (Männer-)Spielen. Deren Begründer Pierre de Coubertin hielt „das schwache Geschlecht" lediglich fähig, die Häupter der siegreichen Männer zu bekränzen.

Aufgrund des großen Erfolges der Frauenweltspiele in Paris und vier Jahre später in Göteburg drohten sich diese zu einer ernsthaften Konkurrenz für die Olympischen Männerspiele zu entwickeln. Daraufhin sah sich das Olympische (Männer-)Komitee bemüßigt, bei seinen Spielen in Amsterdam 1928 probeweise Frauen zuzulassen. Die zunehmende Vereinnahmung der autonomen Frauenstrukturen im Sport gipfelte 1936 in der Mitteilung der Internationalen Leichtathletik-Föderation (IAAF) an die Frauenorganisation, „daß der Verband künftig alleine die Frauenleichtathletik zu verwalten gedenke". Fortan wurden die Frauen einem von Männern bestimmten Sportverständnis, ihren Normen und

Werten gemäß, untergeordnet und ebenso organisatorisch von Männern verwaltet und kontrolliert. Zwar gelang den Frauen damit einerseits ein Einbruch in die Männerdomäne Sport, andererseits verloren sie weitgehend die Chance, die Strukturen der Sportorganisation autonom zu bestimmen und ein Sportverständnis zu entwickeln, das sich an ihren Bedürfnissen orientierte.

Eine gewisse Eigenständigkeit von Frauen im organisierten Sport ist jedoch bis heute nicht verlorengegangen. Der überwiegende Teil sportlicher Aktivitäten wird nach wie vor nach Geschlechtern getrennt betrieben. Als selbstverständlich und meist unhinterfragt gelten Frauenteams in den Spielsportarten, Gymnastikgruppen für Frauen, Frauenturnen, Frauenruderregatten etc. Die Frauenbeauftragte oder „Frauenwartin" gehört in nahezu allen Vereinen und Verbänden zur Tradition. Diese Strukturen können allerdings unter den heutigen Bedingungen sicherlich nicht als selbstbestimmte Frauenräume angesehen werden. Innerhalb der Vereins- und Verbandshierarchien haben Frauen nur zu oft die Funktion des schmückenden Beiwerks. Sie leisten zwar für das Vereinsleben die meiste Arbeit, sind jedoch von wesentlichen Entscheidungen weitgehend ausgeschlossen: Je höher das Amt, desto weniger Frauen sind zu finden. Deshalb müssen Frauenteams z.B. mit Trainingszeiten und Hallenplätzen häufig gegenüber den „wahren" Sportlern, den Männern, zurücktreten. Dementsprechend wird ein am Mann und seinen Bedürfnissen orientiertes Frauenbild vermittelt. Inzwischen versuchen jedoch immer mehr „Vereins- und Verbandsfrauen" diese Strukturen als „Frauennetzwerk" zu nutzen, die Vorherrschaft der Männer in den Sportorganisationen zu durchbrechen und ihre eigenen Interessen durchzusetzen.

Seit Beginn der achtziger Jahre läßt sich ein zunehmendes Interesse der autonomen Frauen- und Lesbenbewegung am Sport ausmachen. Susanne Bischoff stellte 1982 während der Frauen-Sommeruniversität als erste ein Praxisangebot zu einem damals stark am alternativen Sport orientierten feministischen Sport vor. In der Zwischenzeit hat sich eine Frauensportbewegung herausgebildet, die sich in der zweiten Hälfte der achtziger Jahre in der Arbeitsgemeinschaft „Frauen-Sport-Bewegung" einen organisatorischen Zusammenschluß geschaffen hat. Über den Frauenausschuß des Allgemeinen Deutschen Hochschulsportverbandes wurden und werden zahlreiche Seminare und Veranstaltungen zu spezifischen Themen einer sich entwickelnden feministischen Sport- und Bewegungskultur durchgeführt, die sich mit den Jahren immer stärker ausdifferenzierte. Viele der zur Zeit existierenden theoretischen und praktischen Ansätze der feministischen Sport- und Bewegungskultur gehen auf diese Arbeiten zurück.

Die Selbstverteidigungsbewegung hat aufgrund dieser feministischen Entwicklung ihre Distanz „dem" Sport gegenüber weitgehend aufgegeben, was u.a. daran sichtbar wird, daß sich einige dieser Vereine um den Bereich Frauensport erweitert haben. In den letzten Jahren sind weitere Neugründungen von Frauensportvereinen zu verzeichnen, und die Zahl scheint weiter zu wachsen. Mit der sich zudem beständig erweiternden feministischen Forschung in den Sportwissenschaften läßt sich festhalten, daß die lange Zeit herrschende feministische Abstinenz in bezug auf Sport und Bewegung ein Ende gefunden hat.

Die Herausgeberinnen dieses Buches sind in der feministischen Sportbewegung verankert und haben in unterschiedlicher Art und Weise deren Geschichte miterlebt und geprägt. Mit diesem Buch wollen wir die Entwicklung der Frauensportbewegung darstellen. Sie läßt sich nicht mehr auf einzelne Aktionen und Projekte reduzieren, sondern durchzieht in unterschiedlichster Form autonome und institutionelle Zusammenhänge. Auf allen Ebenen haben sich Frauen in den letzten zehn Jahren Räume geschaffen, in denen sie eine an ihren Bedürfnissen ausgerichtete Sport-, Bewegungs- und Körperkultur zu entwickeln und zu leben suchen.

In den einzelnen Beiträgen nimmt die Analyse des Umgangs mit dem Frauenkörper im Sport und die Körper- und Bewegungsaneignung von Mädchen und Frauen eine zentrale Stellung ein. Der Körper ist in den letzten Jahren sowohl in der Theorie als auch im Alltagshandeln ins Gerede gekommen. Mit der nunmehr verkündeten „Wiederkehr des Körpers" (Kamper/Wulf 1982) versuchen die abendländischen „entkörperlichten" Individuen der Trennung von Körper und Geist zu entkommen. Mittels asiatischer Körpertechniken, verschiedener Formen von Körpertherapie und einem überwältigenden Fitnessenthusiasmus breiter Bevölkerungsteile soll die Wiederaneignung der Körper gelingen. Die Arbeit am Körper ist gesellschaftsfähig geworden, denn wer seinen Körper modelliert, demonstriert nach außen gesellschaftlich hoch geschätzte innere Haltungen wie Leistungsfähigkeit, die Kraft zu eigenen Entschlüssen und Selbstdisziplin (vgl. Rittner/Mrazek 1986).

Spiegeln wir, indem wir über Frauen und ihr Verhältnis zu Körper und Bewegung nachdenken, also bloß diesen Zeitgeist wider?

Wirft die Leserin/der Leser einen Blick in die Geschichte, erübrigt sich fast die Beantwortung der Frage. Die Modellierung des Körpers ist für Frauen nichts Neues. Zu jeder Zeit gingen die von Männern entworfenen Körperideale der „richtigen" Frau mit einer scheinbar „freiwilligen" Formung des Frauenkörpers einher. Die Mehrzahl der Frauen unterwarf den eigenen Körper den jeweils herrschenden Körperleitbildern – sei es um der Heiratschancen willen oder um in anderer Weise gesellschaftlichen Ausgrenzungen zu entgehen. Nur die Art und Weise der Modellierung unterliegt dem jeweiligen Modediktat: Schnürleib und Korsett des 19. Jahrhunderts z.B. werden heute ersetzt durch die direkte Bearbeitung des Körpers in Bodybuilding-Centern. Das einzig entscheidende Merkmal jeder Moderichtung ist: Das „Weibliche" darf dabei nicht verlorengehen. Was auch immer darunter verstanden wurde und wird, „Weiblichkeit" und die Körperlichkeit von Frauen gehören zusammen. Demnach drängt sich die Geschichte der An- und Enteignung von Frauenkörpern als Thema geradezu auf.

Eine „Wiederkehr" des Körpers, wenn es sie denn geben sollte, meint wohl eher, daß Männer ihren Körper wieder entdecken. In nahezu allen theoretischen Überlegungen über das „Verschwinden" oder die „Wiederkehr" ist auf den ersten Blick von einem allgemeinen, geschlechtslosen Körper die Rede. Die Betrachtung des Allgemeinen entpuppt sich jedoch als fokussierter Blick auf den Männerkörper, der zur Norm erhoben wird. Je körpernäher ein Bereich allerdings diskutiert und damit die abstrakte Ebene der Analyse verlassen wird, desto häufiger finden sich geschlechtsspezifische Ausdifferenzierungen. Der Kernpunkt der Geschlechterdifferenz ist anscheinend die Fortpflanzung und die damit verbundenen körperlichen Funktionen von Männern und Frauen. Das kontinuierliche Prinzip der Zeugungsfähigkeit von Männern und die lineare Zeit der modernen westlichen Gesellschaft entsprechen einander, während die Zyklizität von Frauen als Abweichung von dieser Norm erscheint (Irene Hardach-Pinke 1982, S. 194).

Die Geschichte und die Produktion des modernen Körpers erweist sich als für Männer und Frauen grundlegend verschieden. Die spezifische An- und Enteignung des Körpers von Frauen kann nur begriffen werden, wenn wir die patriarchalen Strukturen, in denen Frauen vergesellschaftet werden, zur Grundlage unserer Analyse machen. Innerhalb dieser Strukturen erscheint der Frauenkörper als abweichend und minderbewertet; es gilt ihn gesondert zu disziplinieren. Zwar haben beide Geschlechter im Prozeß der Zivilisation die Selbstkontrolle über ihren Körper verinnerlicht (vgl. Norbert Elias 1976), aber es existierten und existieren immer auch besondere externe Kontrollen von Männern über den Körper von Frauen. Mittels dieser Kontrollen suchen Männer ihren Zugriff auf den Frauenkörper und ihre Herrschaft über ihn zu sichern, da sich die menstruierende, gebärende und sinnliche Natur von Frauen ihrer Rationalität und Logik entzieht (vgl. Christine Woesler de Panafieu 1984).

Als einen wesentlichen Eckpfeiler dieser Kontrolle hat die Frauenforschung die scheinbar objektive wissenschaftliche Definitionsmacht entlarvt, mit der Wissenschaftler die Frauen je nach dem vorherrschenden Bild von „Weiblichkeit" als bewegungs- oder sport(un)tauglich, als gesund oder krank, in den wissenschaftlichen Diskurs einordneten. Lange Zeit richtete sich das Interesse der feministischen Frauenforschung auf die Analyse der patriarchalen Kontrollmechanismen und deren deformierende und entfremdende Auswirkungen in den verschiedensten Lebensbereichen. Der Körper von Frauen wurde als Objekt der Zurichtung begriffen; die Frau erschien als passives Opfer. Neuere theoretische Überlegungen (z.B. von Frigga Haug und Kornelia Hauser 1985/1986, Christina Thürmer-Rohr 1987) betonen, daß Frauen handelnde Subjekte sind, die sich die Welt aktiv aneignen. Das aktive Tun oder Nicht-Tun von Frauen, ihr Mit-Gestalten steht im Zentrum dieser Untersuchungen, um so Chancen zur Überwindung patriarchaler Zurichtungsformen zu eröffnen.

Die Konzeption unseres Buches knüpft an ein aktives Aneignungskonzept von Frauen an: Wir fragen nach (Überlebens-)Strategien von Frauen in der Körper- und Bewegungsaneignung (Kapitel I). Welche Erfahrungen machen Frauen in der herrschenden Sport-, Körper- und Bewegungskultur, und wie können sie innerhalb dieser Strukturen handlungsfähig bleiben (Kapitel II)? Welche Wege sehen theoretische und praktische Ansätze einer feministischen Bewegungskultur, die (Wieder-)Aneignung des Körpers von Frauen zu ermöglichen, Wege, die entgegen patriarchaler Zurichtung einen selbstbestimmten, lustvollen Umgang mit dem Körper zum Ziel haben (Kapitel III)?

In den Beiträgen der Autorinnen werden unterschiedliche Grundhaltungen in bezug auf die Geschlechterdifferenz deutlich. Die Verwendung der Sprache ist ein offensichtliches Merkmal dieser Unterschiedlichkeit: Ist Weiblichkeit ein Begriff, den wir allenfalls in Anführungsstrichen verwenden können, der als „historische Geschlechtskrankheit" (Christina Thürmer-Rohr 1987) eingeordnet werden muß und den es zu überwinden gilt? Geht es um das Aufspüren einer „neuen Weiblichkeit", oder soll „Weiblichkeit" durch Zusammenführung mit „Männlichkeit" zu einem ganzheitlichen Menschheitskonzept verbunden werden? Welche Bedeutung hat die Lebens- und Beziehungsform von Frauen, sind Lesben mitgemeint, wenn wir von Frauen sprechen, oder ist es bei der herrschenden Diskriminierung und Tabuisierung der lesbischen Lebensform notwendig, die Existenz von Lesben auch sprachlich deutlich zu machen und z.B. von Frauen/Lesben zu sprechen? In welchem Verhältnis zueinander stehen überhaupt die Begriffe Lesbe und Frau?

Zu all diesen Fragen gibt es unterschiedliche Sichtweisen in diesem

Buch, und jede Autorin bringt ihre Position immanent selbst zum Ausdruck. Uns als Herausgeberinnen ist es wichtig, einen möglichst facettenreichen Einblick in die neuen Ansätze der Frauensportbewegung zu geben und dabei die unterschiedlichen Positionen und Differenzen nicht zu verwischen. Wir hoffen, mit diesem Buch einen Austausch unter den Frauen aus den unterschiedlichen Bereichen anzuregen, aus der autonomen Frauenbewegung ebenso wie aus den traditionellen Organisationen, aus Schulen, Hochschulen, Vereinen und Verbänden – einen Austausch, der nicht zuletzt eine produktive Streitkultur von Frauen zum Ziel hat.

Im ersten Kapitel beschreibt Gertrud Pfister die Frauen-Körper-Geschichte der bürgerlichen Frau im 19. und zu Beginn des 20. Jahrhunderts, anhand der heftigen Debatte, die die Ärzte und Ärztinnen in dieser Zeit zur Frage des Frauensports führten.

Das kulturelle Erbe dieser historischen Körpergeschichte von Frauen analysieren Heidi Scheffel und Gabriele Sobiech: Wie eignen sich heute Mädchen und Frauen Körper- und Bewegungsräume und auch soziale Räume an, welche Möglichkeiten werden ihnen zugestanden bzw. wie können sie diese Möglichkeiten erweitern?

Eine zentrale Rolle bei der Raumaneignung spielt die Zeit der Pubertät, die unseres Erachtens auch in der feministischen Diskussion viel zu wenig Beachtung erfährt. Gabriele Sobiech stellt sie ins Zentrum ihrer Betrachtungen. Sie untersucht die gesellschaftlichen Mechanismen und Zurichtungen zum „richtigen" Mädchen, die Mädchen spätestens mit der Pubertät Grenzüberschreitungen verbieten. Die verstärkte Sexualisierung des Mädchenkörpers stellt das Äußere des Mädchens ins Zentrum der eigenen und fremden Beobachtung. Welche Auswirkungen hat das (Nicht-)Erreichen herrschender Körperleitbilder auf das Selbstwertgefühl und die weitere Persönlichkeitsentwicklung? Wie wirkt sich die mit der Geschlechtsreife geforderte Ausrichtung auf Jungen, die Unterordnung in die „Institution Heterosexualität", auf die eigene Körperinszenierung aus?

Obwohl das erschreckende Ausmaß sexueller Gewalt von Männern gegen Mädchen und Frauen in der Öffentlichkeit mehr und mehr zur Kenntnis genommen wird, blieb der Sport hiervon bislang merkwürdig unberührt. Wenn jedoch jede dritte Frau in ihrem Leben Opfer einer sexuellen Gewalttat wird und die Angst vor Männergewalt für Mädchen und Frauen alltäglich ist, so kann dies nicht ohne Auswirkungen auf die Körper- und Bewegungsentwicklung sein. Birgit Palzkill untersucht die hinderlichen wie die hilfreichen (Überlebens-)Strategien, die Sport und Bewegung Frauen in diesen Zusammenhängen bieten können.

Das zweite Kapitel beschäftigt sich mit den Erfahrungen von Frauen in Fitnesscentern, Schulen, Sportvereinen und -verbänden, also mit der herrschenden Sport- und Bewegungskultur.

Doris Schmidt setzt sich mit dem Gesundheitsbegriff auseinander und kommt zu dem Ergebnis, daß das physische, psychische und soziale Wohlbefinden von Mädchen und Frauen innerhalb der herrschenden gesellschaftlichen Strukturen mehr oder minder stark beeinträchtigt ist und wird. Kann die in den letzten Jahren entwickelte Überlebensstrategie „Fitness" den Frauen wirklich helfen, ihr Leben selbsttätig zu gestalten und im ganzheitlichen Sinn „heil" zu werden?

Mit einem ganz spezifischen Feld gesellschaftlicher Realität, dem koedukativen Sportunterricht, setzt sich Heidi Scheffel auseinander. Sie verdeutlicht an den Ballspielen, wie im koedukativen Unterricht versucht wird, Mädchen daran zu hindern, Selbstvertrauen zu entwickeln, sich selbst und andere Mädchen wertzuschätzen und sportartspezifische Fähigkeiten und Fertigkeiten zu erlernen. Welche Strategien setzen Mädchen dagegen, damit diese Versuche nicht wirklich fruchten?

Entpuppt sich die koedukative Schule bei genauerer Betrachtung als Jungenschule, ist auch das traditionelle Sportsystem letztendlich ein Männerraum. Inge Berndt beschäftigt sich mit der Situation von Frauen in dieser Männerdomäne. Sie beschreibt sehr eindrücklich, wie Frauen über Jahrhunderte hinweg daran gehindert wurden, eine eigene Sportbewegung zu entwickeln. Wie versuchen Frauen heute die benachteiligenden Strukturen für Mädchen und Frauen in Verbänden und Vereinen zu beheben?

Die Beiträge von Lotte Rose und Birgit Palzkill zeigen, daß organisatorische Maßnahmen zur Veränderung der Situation von Mädchen und Frauen im Sportsystem allein nicht ausreichen. Neben der strukturellen Ebene sind vor allem qualitative Veränderungen im traditionellen Sportsystem unumgänglich. In beiden Beiträgen werden einerseits die Chancen aufgezeigt, die der Sport Frauen und Mädchen bieten kann, um einer Reduzierung ihrer Haltungen und Bewegungen auf die herrschenden Weiblichkeitsbilder zu entgehen. Andererseits werden auch die Fallen deutlich, die Frauen in einer an „männlichen" Werten und Normen orientierten und von Männern beherrschten Sportkultur in eine Sackgasse führen können.

Im dritten Kapitel schließlich werden theoretische und praktische Ansätze einer feministischen Bewegungskultur aufgezeigt, die sich durchgängig mit den Möglichkeiten einer aktiven (Wieder-)Aneignung des Körpers von Mädchen und Frauen auseinandersetzen. Entgegen aller patriarchalen Zurichtung wollen die Autorinnen selbstbestimmte und lustvolle Bewegungsräume (neu) erschließen.

Ruth Dördelmann und Ellen Supinski beschreiben den Weg zur

Selbstbestimmung im Münsteraner Verein „Frauen-Selbstverteidigung & Frauen-Sport e.V.". Durch das Erlernen von Selbstverteidigungstechniken sollen Mädchen und Frauen Möglichkeiten eröffnet werden, sich gegen alltägliche Gewalt zu behaupten. Übergreifendes Ziel ist die Stärkung des Selbstvertrauens auf psychischer und physischer Ebene. Wie sie diese Ziele in der inhaltlichen Arbeit und innerhalb der gegebenen Vereinsstrukturen umsetzen, um größere Räume für alle Frauen zu schaffen, zeigen die Autorinnen in ihrem Beitrag.

Während die einen sich autonome Räume zur Entwicklung einer feministischen Bewegungskultur geschaffen haben, versuchen andere im traditionellen Sportverein frauenparteiliche Konzepte zu entwickeln und zu leben. Der Beitrag von Barbara Kühn und Cornelia Muth gibt Einblick in diese Form der Vereinsarbeit. Mit dem Projekt „Bodyfeeling im Verein" entwerfen sie eine Vorstellung von Sport und Bewegung, die Frauen ihre ganz spezifische Persönlichkeit erleben lassen will. Sie gehen der Frage nach, wie Frauen in der sportlichen Welt Raum einfordern und diesen auch verändern können.

Die letzten drei Beiträge gehören zu einer feministischen Sport-, Körper- und Bewegungskultur, die sich autonom versteht, aber auch in institutionellen Zusammenhängen arbeitet. Regine Ulmer entwirft ein feministisches Konzept zum Krafttraining für Frauen, welches sich vom herkömmlichen Kraft- und Fitnesstraining unterscheidet. Statt neue Körperleitbilder zur Norm zu erheben und den eigenen Körper entsprechend diesen Maßstäben zu modellieren, sollen Frauen die eigenen Körperkräfte spüren, sich zu ihrem Körper, so wie er ist, einen Zugang eröffnen. Anhand von acht didaktischen Prinzipien beschreibt sie, wie ein solches Konzept in die Praxis umgesetzt werden kann.

„Schritt für Schritt" geht auch Gabriele Schmies in ihrem Beitrag „einsprunginsich" vor und stellt am Ende zwei Praxisbeispiele vor, die den Weg zum eigenen, authentischen Tanzen aufzeigen sollen. Sie überwindet mit ihrem Ansatz jene Tanztraditionen, die das „ästhetische" Äußere des Frauenkörpers in den Vordergrund stellen und ein Bewegungsgerüst vorgeben, das individuellen Bewegungswünschen und der eigenen (Körper-)Geschichte von Frauen wenig Raum läßt.

Den Abschluß bildet ein Beitrag von Doris Schmidt und Regine Ulmer. Vierzehn Tage und fünfzehn Nächte erfahren 36 Frauen, wie die Piste mit 72 Paar Skiern und das Après-Ski zum Frauenraum werden, wie der Parallelschwung feministisch geschwungen wird.

Münster, im Juni 1991

Birgit Palzkill
Heidi Scheffel
Gabriele Sobiech

Gertrud Pfister

# ZUR GESCHICHTE DES DISKURSES ÜBER DEN „WEIBLICHEN" KÖRPER
## (1880 – 1933)

Der Körper ist nicht nur die physische Grundlage der menschlichen Existenz, sondern auch Ansatzpunkt sozialer Kontrolle und Ausdruck kultureller Überformung. Wie wir mit unserem Körper umgehen, was wir essen, wie wir schlafen, die täglichen Rituale der Körperpflege, die somatische Kultur insgesamt – all dies wird von den jeweiligen gesellschaftlichen Strukturen und kulturellen Mustern bestimmt. Der Körper als Schnittpunkt von Gesellschaft und Subjekt dient gleichzeitig der Selbstdarstellung und dem Austausch mit der Welt. Aus dieser Perspektive wird deutlich, daß der Körper nicht „authentisch" und „natürlich", sondern ein historisch gewordenes soziales Konstrukt ist.[1] Das bedeutet, daß die Körper von Frauen Deutungsmustern und sozialen Normierungen unterworfen sind, in denen sich die dichotomischen und hierarchischen Geschlechterverhältnisse widerspiegeln.

*Der Körper der Frau – die Legitimation der Ungleichheit*

In der symbolischen Ordnung westlicher Kulturen spielen binäre Kategorien, u.a. der Gegensatz zwischen „weiblich" und „männlich", eine zentrale Rolle. Der Körper ist dabei nur ein Ansatzpunkt: „Oppositions rest on metaphors and cross-references, and often in patriarchal discourse, sexual difference (the contrast masculine/feminine) serves to encode or to establish meanings that are literally unrelated to gender or the body."[2] In diesem Prozeß werden die unterschiedlichen physischen Merkmale von Frauen und Männern in soziale Differenzierungen umgemünzt, die wiederum mit Wertungen verknüpft sind. Der Körper ist also nicht nur Medium der von der Gesellschaft determinierten Selbstdarstellung, sondern auch sichtbares Zeichen des „Andersseins" und damit Symbol für psychische und geistige Andersartigkeit.[3] Somit erscheint die Geschlechterhierarchie – im Sinne eines biologischen Determinismus – als Produkt der biologisch determinierten Unterschiede zwischen Mann und Frau.[4]

Seit dem 19. Jahrhundert bietet der biologische Determinismus eine quasi-wissenschaftliche Erklärung für die Existenz sozialer Unterschiede. Selbst in universalen Gleichheitsforderungen z.B. während der Französischen Revolution wird Differenz als Minderwertigkeit interpretiert. Die physischen Merkmale des weißen Mannes wurden mit politischen Rechten „belohnt", von denen Frauen, aber auch Schwarze oder Juden, wegen ihres Andersseins „natürlich" ausgeschlossen waren.[5] Mit dem Mythos der „weiblichen Natur", die von den herrschenden Gruppen definiert und von vielen Frauen akzeptiert wurde, gelang es lange Zeit, die Aktivitäten und Ansprüche der Frauen in Grenzen zu halten, so daß die Privilegien der mit Definitionsmacht ausgestatteten Gruppen nicht gefährdet wurden.

Die Versuche, die „Natur" der Frau zu ergründen und ihre Wesensmerkmale mit wissenschaftlichen Methoden zu analysieren, verstärkten sich nicht nur in Deutschland, sondern in der gesamten westlichen Welt im ausgehenden 18. und beginnenden 19. Jahrhundert, als sich infolge der Aufklärung, der gewandelten Wertorientierungen, der sogenannten industriellen Revolution und schließlich des kapitalistischen Wirtschaftssystems die ökonomische und soziale Struktur der Gesellschaft veränderte. Mit der Verlagerung vieler produktiver Tätigkeiten in Manufakturen, später Fabriken, und der zunehmenden Trennung von Erwerbstätigkeit und Familienleben entwickelte sich eine neue geschlechtsspezifische Arbeitsteilung: Der Mann war der Ernährer der Familie, die Frau Ehefrau und Mutter. Obwohl diese Aufgabenteilung nur in der bürgerlichen Kleinfamilie gelebt wurde, war sie zentraler Bestandteil der dominierenden Familienideologie.[6] Die neue Gesellschafts- und Geschlechterordnung ließ sich jetzt nicht mehr mit der gottgewollten Ordnung begründen. Sie konnte sich aber auf die Autorität der Wissenschaft, zunächst vor allem der Philosophie, dann der Biologie und der Medizin, berufen, die die Theologie als sinnstiftende Institution abgelöst hatten. Die neuen Geschlechterverhältnisse basierten auf einer Enteignung des Frauenkörpers[7], der zum Ansatzpunkt herrschaftssichernder Argumente gemacht und zunehmend der Kontrolle der Wissenschaft unterworfen wurde. Der anthropologische und der medizinische Diskurs reduzierten die Frau auf ihre Fähigkeit, Kinder zur Welt zu bringen. Dabei galten einerseits die mit der Gebärfähigkeit verbundenen körperlichen Prozesse, Menstruation, Schwangerschaft und Geburt, als abstoßend und pathologisch. Andererseits wurde aber auch das Ausbleiben von Menstruation und Schwangerschaft als Krankheit angesehen. Insgesamt war die Grenze zwischen Krankheit und „normalem" weiblichen Verhalten fließend. Die Symptome der Hysterie beispielsweise, Labilität, Nervosität, Ohnmachtsanfälle, wurden als „typisch weiblich" interpretiert.[8]

Gegen Ende des 19. Jahrhunderts und vor allem in der Weimarer Republik entwickelte sich im Zusammenhang mit der Frauenerwerbstätigkeit und mit der zunehmenden Medikalisierung des Frauenkörpers ein differenzierteres Frauenbild, ohne daß sich die Grundmuster der Geschlechterordnung und ihre Legitimierung veränderten. Obwohl sich nach dem 1. Weltkrieg Körperethos, Körperideale und -techniken gewandelt hatten, waren der Mythos der „weiblichen Natur" und der biologische Determinismus ungebrochen. Nach wie vor war der Körper der Frau ihr Schicksal, orientierte sich ihr Leben an ihrer „natürlichen" Bestimmung, der Mutterschaft.[9] So hieß es z.B. im „Großen Herder": „Ihre besondere Aufgabe als weiblicher Mensch liegt in der Mutterschaft, der sie durch körperliche und seelische Naturanlage zugeordnet ist."[10] Damit verband sich die Vorstellung, daß die Frau nach dem „Erlöschen der Geschlechtsfunktion" aufgehört habe, „Weib zu sein".[11]

Die Aggressivität biologistischer Argumentationen im Diskurs über den „weiblichen" Körper steht einerseits in engem Zusammenhang mit dem Aufschwung sozialdarwinistischer und eugenischer Vorstellungen, die insbesondere unter den Medizinern weitgehend akzeptiert waren, andererseits führte die Bedrohung der männlichen Dominanz u.a. durch das Frauenwahlrecht, die Zulassung der Frauen zu akademischen Berufen, die nachlassende Bedeutung von körperlicher Stärke in mechanisierten Tätigkeitsbereichen zu heftigen Abwehrreaktionen. Das Eindringen der Frauen in Bereiche, die der Präsentation von „Männlichkeit" und der Fixierung der Geschlechterhierarchie dienten, rief deshalb heftige Widerstände konservativer Kreise, insbesondere Interessengruppen von Männern hervor. Dabei gehörte der Rekurs auf den „weiblichen" Körper, seine Aufgaben und seine Defizite, zu den verbreitetsten Argumenten für die Beschränkung der Frauen auf Heim und Herd. Bedroht war jetzt auch die „männliche" Dominanz im Bereich der Medizin, und so verwundert es nicht, daß Ärzte den Mythos der „weiblichen" Schwäche ebenso wie ihre Vorstellungen über die „Natur" der Frau eifrig propagierten.[12]

Das in seiner extremen biologistischen Ausrichtung präsentierte Frauenbild erwies sich als weitgehend resistent gegenüber Erkenntnissen, die den Mythos der „weiblichen" Schwäche widerlegten. So wurde beispielsweise nicht zur Kenntnis genommen, daß Frauen aus den Unterschichten körperlich schwere Arbeit verrichteten und daß sich kein Mensch darum kümmerte, ob sie menstruierten oder nicht.[13]

Gefragt werden muß auch nach der Rolle der Frauen bei der Konstruktion und Reproduktion von „Weiblichkeit". Wie gingen Frauen mit dem sozialen Konstrukt der „weiblichen" Natur um? Welche Vorstellungen entwickelten sie über ihren Körper? Welche Erfahrungen ließen sie zu? Welche Ideale strebten sie an? Wie kam es zur scheinbar freiwilligen

Akzeptanz von Normen und Praktiken, die immer wieder von neuem hierarchische Geschlechterverhältnisse konstituierten?

Der Sport bietet einen sinnvollen Ansatzpunkt für Reflexionen über die Geschichte des „weiblichen Körpers, weil die Widersprüche und Konflikte zwischen Weiblichkeitsidealen und Anforderungen, zwischen dem „weiblichen" und dem sportlichen Körper Auseinandersetzungen provozierten und eine Verbalisierung von Alltagstheorien sowie Reaktionen von seiten der Frauen erzwangen.

## Entwicklungen und Auseinandersetzungen im 19. Jahrhundert

### Der Einfluß der Medizin auf das Mädchenturnen

Grundsätzlich wurden Mädchen und Frauen von Turnpädagogen und Ärzten seit den ersten Werken zum Mädchenturnen in den dreißiger Jahren des vorigen Jahrhunderts als „das schwache Geschlecht" definiert, ihr Körper in seinen Unterschieden zum „männlichen" Körper beschrieben und als defizitär beurteilt. Die Folgerungen, die sie aus der „weiblichen Schwäche" zogen, waren allerdings unterschiedlich und widersprüchlich.

Medizinische Argumente wurden von manchen Ärzten herangezogen, um vor körperlichen Anstrengungen zu warnen und Mädchen und Frauen Turnen und Sport grundsätzlich zu verbieten (z.B. Hermann Klencke 1871). Die Mehrheit der Ärzte befürwortete allerdings eine körperliche Ausbildung der Mädchen, wenn auch mit Einschränkungen. So heißt es in einem Gutachten der Berliner Medizinischen Gesellschaft 1863: „Allgemeine Muskel- und Nervenschwäche, nervöse Leiden aller Art, Bleichsucht, mangelhaftes Wachstum, Schmal- und Engbrüstigkeit und Rückgratverkrümmungen sind notorisch sehr häufige Krankheiten der Mädchen... Wir erkennen neben anderen körperlichen Übungen... in dem methodischen Mädchenturnen das wesentliche Mittel zur Abhilfe."

Die angeblichen körperlichen Defizite legitimierten dann eine Übungsauswahl, die der Devise „mäßig und weiblich" folgte und den Turnerinnen nur wenige Bewegungsmöglichkeiten beließ. So kämpfte z.B. Moritz Kloss, Leiter der sächsischen Turnlehrerbildungsanstalt und anerkannter Experte auf dem Gebiet des Mädchenturnens, 1855 gegen „Unweiblichkeit" im Turnen mit dem Hinweis, daß „die physische und psychische Eigentümlichkeit des Geschlechtes sorgfältig zu berücksichtigen" sei.

Mit dem Aufkommen sozialdarwinistischer Strömungen und insbesondere im Klima der militärischen Aufrüstung im Deutschen Kaiserreich wurde die „körperliche Schwäche" des „weiblichen" Geschlechts dann aber als bedrohlich für die Gesundheit, Stärke und Wehrhaftigkeit des deutschen Volkes empfunden. Zahlreiche Ärzte und Pädagogen, vor allem auch die Vertreter der Spielbewegung, plädierten deshalb für eine intensive körperliche Ertüchtigung der Mädchen und Frauen, denn „Starke werden nur von Starken geboren".

Die von den Ärzten formulierten und von den Pädagogen übernommenen Lehrmeinungen zum „weiblichen" Körper und zum Mädchenturnen wurden auf vielfältige Weise verbreitet und damit wirksam – durch die Fachliteratur, durch populäre Illustrierte wie z.b. die Gartenlaube, durch „Ratgeber für junge Mädchen" bis hin zur „Mund-zu-Mund-Propaganda". So warnte z.b. Amalia Baisch in ihrem 1898 herausgegebenen Ratgeber „Junge Mädchen bei Spiel und Sport" eindringlich vor Übertreibungen, weil sie „nur zu leicht auch nachhaltige üble Folgen für den weiblichen Körper" hätten. Vor allem die Mütter aus dem Bürgertum haben, wenn wir den Klagen vieler Turnlehrerinnen glauben dürfen, aus Angst vor moralischen und medizinischen Gefährdungen oder mit Rücksicht auf das herrschende Schönheitsideal den Bewegungsraum ihrer Töchter eingeschränkt.

Der Mythos der „weiblichen" Schwäche und die damit verbundenen Folgerungen für die Bewegungskultur scheinen bei Männern und Frauen fest im Alltagswissen verankert und damit handlungsleitend gewesen zu sein. Dabei ist zu berücksichtigen, daß die Alltagstheorien, d.h. die alltäglichen Interpretationen der Wirklichkeit, die die Menschen nicht in Frage stellen, von der dominanten Ideologie geprägt sind. Die selbstverständliche Akzeptanz von Tatsachen und Erklärungszusammenhängen verdeckt die hinter den Alltagstheorien stehenden Machtverhältnisse und die erkenntnisleitenden Interessen. So stützen auch die verbreiteten und alltäglichen Vorstellungen über den Frauenkörper, seine Aufgaben und seine Leistungsfähigkeit die herrschende Geschlechterordnung.

*Frauen als Expertinnen*
Gegen Ende des 19. Jahrhunderts konnten zum erstenmal Frauen, Turnlehrerinnen und Ärztinnen, als Expertinnen für den Frauenkörper auftreten und sich in die Diskussionen einmischen. Neben vielen affirmativen sind auch widerständige Ansichten zu verzeichnen, wie beispielsweise im „Goldenen Frauenbuch" von Anna Fischer-Dückelmann und im „Frauenbuch" von Hope B. Adams-Lehmann. Beide Ärztinnen forderten ihre Leserinnen auf, ihren Körper zu kräftigen und nach Belieben sportlich aktiv zu werden. Die in Deutschland lebende englische Ärztin Adams-Lehmann interpretierte die körperliche Schwäche" der

Frauen sogar als Folge ihrer Lebensweise – „die Minderwertigkeit der Frau ist nicht Natur, sondern Unnatur".

Auch prominente Anhängerinnen der Frauenbewegung, wie Else Wirminghaus in ihrem Buch über „Die Frau und die Kultur ihres Körpers" (1911) oder Hedwig Dohm, setzten sich gegen die herrschenden Vorstellungen und Restriktionen zur Wehr. Beide durchschauten den Zusammenhang zwischen den Vorstellungen über den Frauenkörper und den gesellschaftlichen Machtverhältnissen; beide forderten die Selbstbestimmung der Frauen über ihren Körper. Hedwig Dohm meinte: „Man redet der Frau ein, daß sie kränklich sei und schwach und des männlichen Schutzes bedürfe; denn ahnte sie die ihr angeborene Kraft und Gesundheit, so könnte der souveräne Mensch in ihr erwachen..."

Die Beteiligung von Frauen am Turnen und Sport kann als Indikator für die Verbreitung und Akzeptanz von Weiblichkeitsmythen und Vorstellungen über den Körper dienen. Noch nach der Jahrhundertwende waren Frauen in der bürgerlichen ebenso wie in der proletarischen Turnbewegung eine kleine Minderheit. Es gab aber eine wachsende Zahl von Frauen, die sich in als „unweiblich" geltenden Sportarten engagierten. Manche setzten sich ausdrücklich über die Warnungen von Ärzten hinweg. So schrieb beispielsweise eine Radrennfahrerin 1895 in einer Fachzeitschrift: „Mit welcher Gelassenheit die Ärzte, die niemals ein Rad bestiegen hatten, das Radfahren für schädlich erklärten, spottet fast jeder Beschreibung... Ich habe zwar nicht Medizin studiert, aber ich behaupte, daß ich am besten weiß, wieviel ich meinem Körper im Radfahren zumuten kann." Die Erfahrungen Betroffener wurden jedoch im medizinischen Diskurs ignoriert.

Die langweiligen Übungen im Turnunterricht und die vielen Vorschriften und Verbote provozierten die Mädchen zur Überschreitung der eng gezogenen Grenzen der „Weiblichkeit": „Was Wunder, wenn man nach der Schulzeit eine weit abgelegene Wiese aufsuchte und dort mit einigen gleichgesinnten Freundinnen nach Herzenslust die Spiele durchnahm, die auszuüben auf dem Schulhofe verboten war."

### Der „weibliche" Körper zwischen Tradition und Modernität

Seit der Jahrhundertwende hatten sich im Zuge gesamtgesellschaftlicher Modernisierungsprozesse die Körperideale und Körpertechniken, insgesamt das Umgehen mit dem Körper, radikal verändert. Indikatoren sind u.a. Freikörperkultur, Kleidungsreform, Wandervogel-, Gymnastik- und Sportbewegung. Allerdings war die äußere Befreiung des Körpers verbunden mit einer Internalisierung von Zwängen. Immer mehr setzte sich – im Sport, der sich zu einer Massenbewegung entwickelt hatte, und in vielen Bereichen des Alltags – eine Dynamisierung, Beschleunigung und Funktionalisierung durch, die dem sozialen Konstrukt des „männlichen" Körpers entsprach.

Der neuen Zeit und dem Typ der „Neuen Frau" entsprach es, die Beteiligung von Mädchen und Frauen am Turnen und Sport nicht nur zu tolerieren, sondern sie sogar ausdrücklich zu fordern. Sporttreiben stand nun nicht mehr im Widerspruch zur Natur der Frau, sondern wurde im Gegenteil als Rückkehr zur Natur interpretiert.

## Frauensport im medizinischen Diskurs

Trotzdem nahmen die Diskussionen über die Körperkultur der Frau nach dem 1. Weltkrieg erheblich zu. Wie schon im 19. Jahrhundert waren es auch jetzt wieder die Ärzte, vor allem Gynäkologen, die als Experten des Frauenkörpers eine führende Rolle in den Auseinandersetzungen spielten. Im Mittelpunkt der Diskussionen stand das Engagement in Sportarten, die aus verschiedenen, heute oft nicht mehr nachvollziehbaren Gründen als „unweiblich" definiert wurden, und die Beteiligung am Wettkampfsport.

Da die Integration von Frauen in den Leistungssport die bisher gängigen Mythen über den „weiblichen" Körper und damit auch die unverrückbar erscheinenden Grenzen zwischen den Geschlechtern in Frage stellte, zog das Thema Frauensport wesentlich mehr Aufmerksamkeit auf sich als noch vor dem 1. Weltkrieg. Fast alle medizinischen Abhandlungen über den Frauensport betonten die physische Unterschiede zwischen Männern und Frauen. Dabei war grundsätzlich der Mann der Maßstab, die Norm, die Frau dagegen das „andere Geschlecht", das durch „weniger" oder „schlechter" charakterisiert wurde. Fast durchgängig war die Beschreibung von Differenzen mit einer Wertung verbunden, die immer zuungunsten der Frau ausfiel.[14] Hoske, einflußreicher Arzt an der Deutschen Hochschule für Leibesübungen, stellte beispielsweise 1928 fest: „Nicht vergessen werden darf, daß die Frau durch die großen Schwankungen im körperlichen und geistigen Geschehen, die ein zeit- und zielbegrenztes Einstellen nicht zulassen, viel mehr in der Leistung benachteiligt ist als der Mann."[15] Sellheim, einer der prominentesten Frauensportgegner, brachte 1931 den unaufhebbaren Widerspruch zwischen „Weiblichkeit" und Sportengagement am deutlichsten auf einen Nenner. „Frauen hingegen mit runden Formen und breitem Becken scheitern fast regelmäßig an diesen Übungen (Turn- und Sportabzeichen, d.V.). Ihr Lauf ist, wie man mit tieferem Grunde sagt, darauf eingerichtet, eingeholt zu werden."[16]

Von der Mehrzahl der Sportmediziner wurde die Frau jetzt noch deutlicher als im 19. Jahrhundert auf ihre Sexualität reduziert; sie schien sowohl Produkt als auch Gefangene ihrer Geschlechtsorgane zu sein. So befand sich Küstner in voller Übereinstimmung mit seinen Fachkollegen, wenn er meinte: „Bei der erwachsenen Frau müssen alle sportlichen Übungen vom Standpunkt der Fortpflanzung aus betrachtet werden."[17]

Über die – negativen – Auswirkungen des Sports auf die Fortpflanzungsfähigkeit der Frau kursierten in der Medizin verschiedene Theorien. Einflußreiche Mediziner wie z.B. Sellheim vertraten die Ansicht, daß sportliche Aktivitäten eine Verlagerung der Gebärmutter, eine Straffung der Beckenbodenmuskulatur oder auch eine Verengung des Beckens und damit eine Beeinträchtigung der Gebärfähigkeit zur Folge haben könnten. Gewarnt wurde zudem vor einer Verschwendung des begrenzten Energievorrats, den Frauen für ihre einzig wichtige Aufgabe, Kinder zu bekommen und aufzuziehen, reservieren sollten. Die körperlichen Veränderungen sporttreibender Frauen bedeuteten eine Überschreitung der Grenze zwischen den Geschlechtern, d.h. eine Vermännlichung, da sich der Gegensatz „weiblich"/„männlich" damals auch im Gegensatz enges versus weites Becken bzw. muskulöser versus weicher Körper physisch manifestierte. Die Aufweichung der Geschlechterpolarität wurde in einer Zeit des Wertewandels und der Verteilungskämpfe als besonders bedrohlich erlebt und – in konservativen Kreisen – für den imaginierten Niedergang des deutschen Volkes verantwortlich gemacht. Die Angst vor der physischen Vermännlichung der Sportlerinnen verband sich mit der Sorge, sie könnten sich von der Heterosexualität abwenden und damit auch die geschlechtsspezifische Arbeitsteilung, die Säule der bürgerlichen Leistungsgesellschaft, in Frage stellen. „Wir müssen damit rechnen, daß die eingehendere körperliche Betätigung... die Frau vermännlicht... daß die vermännlichte Frau das ihr ureigene Gefühl für den ihr eigensten Beruf als Frau und Mutter verliert... Es kommt noch eines hinzu. Eine Frau mit gestörtem Geschlechtscharakter kann keine rein geschlechtlichen Kinder erzeugen! Ihre Kinder werden der Gefahr perverser Anlagen und Neigungen ausgesetzt."[18]

Mit solchen Begründungen, die auch beliebig kombiniert und variiert werden konnten, warnten Ärzte Mädchen und Frauen, sich an sportlichen Wettkämpfen oder auch an bestimmten Sportarten zu beteiligen. Dabei war über die tatsächlichen Auswirkungen sportlicher Aktivitäten so gut wie gar nichts bekannt. Empirische Untersuchungen wurden – vor allem von Ärztinnen – erst seit Mitte der zwanziger Jahre durchgeführt. Welche Sportarten denn nun für Frauen geeignet bzw. ungeeignet seien, war umstritten. Übereinstimmend wurden nur die Kampfsportarten abgelehnt und die Gymnastik akzeptiert.[19] Alle anderen Disziplinen, z.B. Leichtathletik, Rudern oder Reiten, konnten – je nach Geschmack und Standpunkt – als besonders „weiblich" oder auch als „unweiblich" und gesundheitsgefährdend deklariert werden. Dabei kam es auf die Art der Ausführung an; als „weiblich" galten insbesondere die Bewegungsformen, die vom dominierenden Muster der Linearität, Dynamik, Leistungsorientierung und Überbietung abwichen. Westmann (1930) ging sogar so weit, Frauen nur solche Leibesübungen zu empfehlen, deren Leistungskurve in Analogie zur Geburtswehe verlief. Der Mythos der „weiblichen Schwäche" hatte durchaus praktische Konsequenzen, z.B. im Rudern: Frauen wurden bis Ende der zwanziger Jahre nur zum sogenannten Stilrudern zugelassen, bei dem nicht die Geschwindigkeit, sondern ausschließlich der Ruderstil bewertet wurde.

Während man vor dem 1. Weltkrieg körperliche Schonung während der Menstruation für selbstverständlich hielt, wurde in den zwanziger Jahren die „Menstruationsfrage" zu einem brisanten Thema.[20] Dürfen Frauen während ihrer „Tage" Sport treiben, schwimmen oder gar an Wettkämpfen teilnehmen? Die Mehrzahl der – männlichen – Ärzte, von denen manche sogar noch an die Giftigkeit des Menstrualblutes glaubten, plädierten für eine äußerste Schonung während dieser angeblich kritischen Zeit. Sellheim (1931) begründete sein striktes Sportverbot damit, daß die Menstruationswunde ausheilen müsse. Krieg (1922) behauptete, daß die Konzentration des Blutes im Unterleib dem Gehirn Blut entziehe, was eine Überlastung des Herzens und die Neigung zu Ohnmachtsanfällen zur Folge habe. Erst gegen Ende der zwanziger Jahre wurden Lehrmeinungen zum Thema Menstruation und Sport allmählich revidiert.

In den meisten Veröffentlichungen über die gesundheitlichen Implikationen des Frauensports wurden die Erfahrungen und Bedürfnisse der Betroffenen, d.h. der Sportlerinnen, in keiner Weise berücksichtigt. Die Ärzte hielten sich für die Experten, sie benutzten Frauen als Objekte medizinischen Wissensdurstes und als Adressatinnen paternalistischer Belehrungen. Sie trauten den Frauen ganz offensichtlich einen verantwortungsvollen Umgang mit ihrem Körper nicht zu – im Gegenteil, unter Medizinern, aber auch unter Turnlehrern und Sportfunktionären war die Vorstellung verbreitet, daß Frauen daran gehindert werden müßten, aus maßlosem Ehrgeiz beim Sport ihre Gesundheit aufs Spiel zu setzen.

Die alten und neuen Erkenntnisse zum Frauensport wurden schnell Teil des Allgemeinwissens. Zunächst wurden sie in der Fachpresse, wie z.B. der Münchener Medizinischen Wochenschrift, publiziert, um dann von der Turn- und Sportpresse, der Ratgeberliteratur („Der gute Ton", „Die Schönheit des Weibes" usw.), in Aufklärungswerken und der Unterhaltungsliteratur rezipiert zu werden. Die Vorstellungen über die Frau als „Mängelwesen" wurden durch die Wettkampfbeteiligung der Frauen, da sie am Maßstab des Mannes gemessen geringere quantitative Leistungen erbrachten, scheinbar bestätigt und damit gefestigt. Daß dabei eine androzentrische Perspektive gewählt wurde, spielte für die Wirksamkeit dieser Alltagstheorie keine Rolle.

*Die Sicht der Frauen*
Dabei stellt sich die Frage, inwieweit die Alltagstheorien über den „weiblichen" Körper auch in den Köpfen der Frauen steckten, ob diese Theorien im Widerspruch zu ihren Erfahrungen und Bedürfnissen standen, wie sie mit der Ambivalenz von Ideologie und Realität umgingen. Insgesamt ist zu vermuten, daß das Alltagswissen über den Frauenkörper eher vage und stereotyp als im naturwissenschaftlichen Sinn präzise war.

Wie z.B. Barbara Ehrenreich und Deidre English zeigten, war es für Frauen schwierig, gegen die Macht der Experten anzukommen. Vor allem die Mediziner – blind gegenüber abweichenden Erkenntnissen – vertraten ihre Vorstellungen über den „weiblichen" Körper häufig mit dem Anspruch auf universelle Gültigkeit. Da den Frauen in Deutschland bis zur Jahrhundertwende der Zugang zur Universität und damit zur anerkannten Wissenschaft verschlossen war, gab es erst in den zwanziger Jahren eine größere Zahl von Wissenschaftlerinnen, die den Experten auf ihrem Gebiet entgegentreten konnten.

Am radikalsten hat wohl Mathilde Vaerting mit dem biologischen Determinismus ihrer Zeit gebrochen, als sie die körperlichen Unterschiede zwischen den Geschlechtern als Folge der „eingeschlechtlichen Vorherrschaft" des Mannes interpretierte. Sie ging davon aus, daß sich Körperformen, Schönheitsideale und Kleidung von Männern und Frauen mit dem Abbau der „Männerherrschaft" immer mehr angleichen würden.

Wie stark die Ideen Vaertings Verbreitung fanden, ist heute schwer zu sagen. Daß ihre revolutionären Ansichten an zentralen Werten und Normen der bürgerlichen Gesellschaft rüttelten, zeigen die haßerfüllten Kritiken ihrer wissenschaftlichen Kollegen. Unter den Anhängerinnen der Frauenbewegung scheint die zentrale Aussage, daß die „weibliche Eigenart" Folge der „eingeschlechtlichen Vorherrschaft" im Männerstaat sei, viele positive Reaktionen hervorgerufen zu haben. Auch in den in der Fachpresse geführten Auseinandersetzungen über den Frauensport stützten sich „frauenbewegte" Sportlerinnen, vor allem die an der Deutschen Hochschule für Leibesübungen ausgebildeten Diplomsportlehrerinnen Verständig und Kopp, auf Vaertings Argumente.

Im Bereich der Medizin wurden in den zwanziger Jahren ebenfalls von traditionellen Lehrmeinungen abweichende Erkenntnisse verbreitet. Einige wenige Ärzte und zahlreiche Ärztinnen widersprachen den herrschenden Vorstellungen über den „weiblichen" Körper.

Eine der engagiertesten Medizinerinnen der zwanziger Jahre war Alice Profé, die nach einem Studium in der Schweiz schon vor dem 1. Weltkrieg in Berlin eine ärztliche Praxis eröffnet hatte. Sie wies wie auch andere Kolleginnen immer wieder auf die Gemeinsamkeiten von Männern und Frauen hin: „Es gibt keinen weiblich gebauten und arbeitenden Muskel, der in ganz besonderer Weise auf die Anstrengungen durch Leibesübungen antwortet; es gibt kein anders geartetes weibliches Blut, keine weibliche Atmung, die besonders zu schwunghaften Übungen befähigt. Keine der Behauptungen ist wissenschaftlich belegt."[21]

Profé wollte Geschlechtsunterschiede nicht leugnen, vertrat aber die revolutionäre Ansicht, daß nur Frauen zum Diskurs über die Definition von „Weiblichkeit" zugelassen werden sollten. „Das Weibliche steckt in uns Frauen so tief in der Natur wie in dem Manne das Männliche, und der Mann wird immer falsche Wege gehen, wenn er der Frau sagen will, was weiblich ist."

Da keine gesicherten Erkenntnisse über die Wirkungen des Sporttreibens auf den Körper vorlagen, begannen Ärztinnen die Leistungsfähigkeit von Frauen systematisch zu untersuchen. Hörnicke wies z.B. 1926 experimentell nach, daß der sogenannte „weibliche" Atemtypus, d.h. die flache Brustatmung ebenso wie die Bleichsucht nicht naturgegeben, sondern Folgen der Lebensbedingungen der Frauen, u.a. auch des Korsetts, waren. Düntzer und Hellendall, die 1928 1561 Turnfestteilnehmerinnen befragten und untersuchten, konnten keine Schäden durch sportliche Aktivitäten feststellen. Hoffmann gelang 1935 durch Längsschnittuntersuchungen an Studentinnen der Deutschen Hochschule für Leibesübungen der Nachweis, daß die Verringerung der Hüftbreite von Sportlerinnen auf eine Abnahme des Fettpolsters und nicht auf eine Veränderung des knöchernen Beckens zurückzuführen sei. Damit war die Behauptung, sportliche Aktivitäten hätten eine Verengung des Beckens und eine Gefährdung der Gebärfähigkeit zur Folge, widerlegt.

Schließlich waren sich die Ärztinnen in ihren Aussagen zum Thema Menstruation nach Umfragen unter Turnerinnen und Sportlerinnen auch weitgehend einig, daß die Entscheidung über Art und Umfang der sportlichen Aktivitäten während dieser Zeit – mit Ausnahme von außergewöhnliche Anstrengungen und Schwimmen – den Frauen selbst überlassen werden sollte.

Die Ergebnisse empirischer Untersuchungen konnten die Gegner des Frauenleistungssports nicht überzeugen. Sie waren nicht einmal bereit, sich in eine wissenschaftliche Diskussion einzulassen. „Es ist auffallend", bemerkte z.B. Westmann, „daß das sportliche Schrifttum auf diesem Gebiete mit allerlei Mitteln und Mittelchen zu beweisen sucht, daß das gewissermaßen sinnlose Nachahmen der männlichen Leibesübungen dem Frauenkörper noch keinen Schaden zugefügt hat. Dies scheint um so erklärlicher, als die einschlägige Literatur fast ausschließlich von Frauen selbst geschrieben ist, und es drängt sich hier dem unbefangenen männlichen Beobachter die vielleicht nicht unberechtigte Frage auf, ob bei den Autorinnen dieser Aufsätze nicht doch eventuell das Streben im Unterbewußtsein vorhanden ist, zu Unrecht vorhandene Minderwertigkeitskomplexe auszugleichen."[22]

Interviews wie auch biographischen Texten ist zu entnehmen, daß die Turnerinnen und Sportlerinnen sehr wohl Bescheid wußten über die medizinischen Vorbehalte gegen „Übertreibungen" und „Auswüchse" des Frauensports. Besonders gut ist dies am Beispiel der „Menstruationsfrage" nachzuweisen. Hier verdichteten sich Warnungen der Ärzte und abergläubische Vorstellungen zu relativ stabilen und überdauernden Verhaltensregeln, die u.a. von Müttern an ihre Töchter weitergegeben wurden. Verboten war beispielsweise, während der „Tage" Marmelade einzukochen, Haare zu waschen, zu baden, zu schwimmen oder auch Sport zu treiben. Befragungen von sporttreibenden Frauen in den zwanziger und dreißiger Jahren ergaben allerdings, daß das Sportverbot keineswegs allgemein akzeptiert wurde. Viele Frauen beteiligten sich sogar an Wettkämpfen und bemerkten dabei keinerlei gesundheitliche Beeinträchtigungen. Einige Sportlerinnen stellten sogar fest, daß ihre Erfahrungen den Vorstellungen über die „Krankheit Menstruation" völlig widersprachen: Ihre körperliche Leistungsfähigkeit nahm während der Menstruation zu. Allerdings zeigten die Warnungen vor der Gefährlichkeit des Sporttreibens während der Monatsblutung durchaus Wirkung: Etwa die Hälfte der Befragten – der Prozentsatz schwankt je nach Stichprobe und Untersuchungsmethode – war während der Menstruation mehr oder weniger sportabstinent. Dabei galt, je stärker Frauen am Sport interessiert waren, desto weniger fühlten sie sich durch die Monatsblutung in ihren sportlichen Aktivitäten beeinträchtigt.

Die medizinischen Lehrmeinungen und das Alltagswissen über den Frauenkörper beeinflußten die Entscheidung für oder gegen eine Sportart, wobei auch hier Widerstand gegen die Vorschriften der Experten möglich war. Ein gutes Beispiel ist die Geschichte der Frauenleichtathletik, insbesondere der Mittel- und Langstreckenläufe. Der Ideologie der „weiblichen Schwäche" gemäß war es unbestritten, daß Dauerleistungen schwerwiegende Folgen für die Gesundheit der Athletinnen haben könnten. Dies galt auch für den 800-m-Lauf, der 1928, als zum erstenmal in der Geschichte der Olympischen Spiele leichtathletische Wettbewerbe für Frauen ausgeschrieben wurden, Bestandteil des Frauenprogramms war. Als sich einige Läuferinnen am Ziel erschöpft zu Boden sinken ließen, war das für Frauensportkritiker der Beweis, daß Frauen aufgrund ihrer körperlichen Voraussetzungen für diese Strecke nicht geeignet seien. Daraufhin wurde der 800-m-Lauf aus dem Olympischen Frauenprogramm gestrichen.

Erna Böck, Olympiateilnehmerin von 1928 und bis ins hohe Alter begeisterte Leichtathletin, erinnerte sich in einem Interview an das Unverständnis, das diese Maßnahme bei ihr und ihren Vereinskameradinnen hervorrief. Waldläufe waren ein wichtiger Bestandteil ihres Trainings gewesen, und sie hatten die positiven Wirkungen des Dauerlaufens am eigenen Leib erlebt. In Veröffentlichungen oder auch in Interviews wiesen Frauen immer wieder darauf hin, daß sie ihren körperlichen Erfahrungen mehr vertrauten als den Lehrmeinungen der Medizin. „Jeder muß seinen Körper ... studieren", meinte z.b. eine Läuferin, die sich nicht auf kurze Strecken beschränken lassen wollte. Immerhin gehörte der 800-m-Lauf auf den vom Internationalen Frauensport organisierten Frauenweltspielen 1930 in Prag und 1934 in London zum Kanon der Wettbewerbe.

Freilich wagten es nur wenige Frauen, die herrschenden Vorschriften, Verbote und Ideale zu ignorieren. Dies war nicht zuletzt deswegen schwierig, weil die Weiblichkeitsideale nicht nur unterdrückend, sondern auch verführerisch wirken, weil die Akzeptanz von Normen belohnt und „Weiblichkeit" weniger durch Ideologien als vielmehr durch die Alltagsroutine, das tägliche Management des Körpers, geformt wird. Eine Außenseiterin war Hanni Köhler, eine bekannte Motorradfahrerin, die meinte: „Ich bin also ein lebendiges Beispiel gegen die weit verbreitete Auffassung, daß das Motorradfahren für Frauen gefährlich sei. Ich glaube, daß sich sportlich eingestellte Frauen die Freude nicht nehmen lassen sollten, auf dem billigsten aller Verkehrsmittel ... die Welt zu durchstreifen." Ganz ähnlich äußerte sich Liselott Diem, eine der ersten Sportstudentinnen und später Rektorin der Deutschen Sporthochschule Köln: „Wir trauten uns alles zu – vom Gewichtheben bis zum Stabhochsprung."

Weder das Engagement von Frauen in „unweiblichen" Sportarten noch ihre sportlichen Leistungen und Erfolge konnten allerdings den Mythos der „weiblichen Schwäche" erschüttern. Spitzenathletinnen galten als Ausnahmefrauen, deren Leistungen gerade dadurch, daß sie „unnormal" waren, Aufsehen erregten. Wenn sich Frauen über die Bedenken der Mediziner hinwegsetzten, so bedeutet das nicht, daß sie davon ganz unberührt blieben. Gerade die Tatsache, daß Gesundheitsschäden – schwere Geburten, frühes Verwelken – als Spätfolgen prognostiziert wurden, machte es Frauen schwer, ihrem Körper zu vertrauen. So berichtete z.B. eine Frau aus der Arbeitersportbewegung in einem Interview, daß sie ihre sportliche Aktivitäten als große Bereicherung ihres Lebens empfunden habe. In einem späteren Teil des Gesprächs bemerkte sie dann, daß sie eine schwere Geburt gehabt habe, was sicher auf ihr Sporttreiben zurückzuführen sei.

Sportlerinnen, die das soziale Konstrukt der „weiblichen Schwäche" nicht akzeptieren wollten, fanden in der Medizin nicht nur Gegner, sondern auch Unterstützung. Sie konnten sich insbesondere auf die Ärztinnen berufen, die, wie beschrieben, ein wesentlich differenzierteres Konzept des Frauenkörpers und des Frauensports entwickelt hatten als der Mainstream der Medizin. Dies bestätigte z.B. Els Schröder, erste Frauenturnwartin der Deutschen Turnerschaft, die durch die Vorträge und Veröffentlichungen von Alice Profé darin bestärkt wurde, den Turnerinnen körperliche Aktivitäten während der Menstruation zu empfehlen.

Zusammenfassend ist festzustellen, daß Frauen in den zwanziger Jahren durch ihre Sportaktivitäten dazu beitrugen, die Vorstellungen über den „weiblichen" Körper zu verändern. Carla Verständig beschrieb diesen Prozeß 1930 – allerdings etwas zu optimistisch – folgendermaßen: „Da sich die Frau zum Glück nicht darum gekümmert hat, was Ärzte in ‚Frauentagungen' herausbekommen haben, sondern aus ganz anderen Gründen ihren Sport getrieben hat, müssen sich auch die Männer umstellen und räumen auf die Frage nach der Sportart gütigst ein: ‚Alles, was ihr Freude bereitet!' Das hat sie schon immer, auch ohne Genehmigung, mit großer Freude getan."[23]

## Was ist Anpassung, was Widerstand?

Abschließend stellt sich die Frage, ob Frauen durch ihre Integration in das von Männern konzipierte und dominierte Sportsystem sich nicht doch „männlichen" Normen und Körperbildern anpaßten, ob sie durch sportliche Aktivitäten nicht auch einer Funktionalisierung und Medikalisierung des „weiblichen" Körpers Vorschub leisteten. Inwieweit die Gymnastik die Möglichkeit bot, eine alternative Körperkultur für Frauen zu entwickeln, müßte noch untersucht werden. Skepsis ist vor allem deshalb angebracht, weil die Gymnastiksysteme auf die Vorstellung einer „weiblichen Natur" zurückgriffen. Die Mehrheit der Gymnastikschulen befand sich dabei durchaus im Einklang mit den herrschenden Weiblichkeitsmythen.

Zwei Zitate machen deutlich, daß die Probleme von Anpassung und Widerstand lange erkannt, aber auch heute nicht gelöst sind.

Carla Verständig schrieb 1928: „Und so ist die Bewegung auf dem Gebiete des Frauensports und Frauenturnens ein Kampf um Frauenrechte gegen den Mann. Dem Mann zu zeigen: Was du kannst, kann ich auch! Und wie jedes Rechthabenwollen schießt auch das über das Ziel hinaus und sieht es nicht mehr. Der Kampf spielte sich in Männerformen fort, die doch im allerletzten Grunde wesensfremd der Frau sind – es waren aber keine anderen da... Und viele erkennen, daß die Frau einen recht lustigen Weg gegangen ist: Um sich vom Manne loszusagen, ist sie selbst Mann geworden. Aber die Frau ahnt heute, daß die letzte Befreiung erst dann wirklich erreicht ist, wenn sie sich und ihr Wesen wirklich gefunden hat."[24]

Christine Woesler de Panafieu meinte 1983: „Weder ein männlich orientiertes Körperbild... noch das andere Extrem, in dem weibliche Potenz auf Mütterlichkeit reduziert wird, oft gleichgesetzt mit einem neuen engeren Naturverhältnis, sind wirkliche Emanzipationen. Es kommt weder darauf an, Frauen von ihrer Naturbestimmung zu befreien, noch sie auf diese einzig festzulegen, wichtig ist eine Befreiung von der gesellschaftlichen Bestimmung dieser Naturbestimmung."[25]

ANMERKUNGEN

1 Vgl. E. Wenzel, 1986; Susan Bordo, 1989.
2 Joan W. Scott, „Deconstructing Equality versus Difference, or: The Uses of Poststructuralist Theory for Feminism", in: *Feminist Studies* 14, 1988, S. 37.
3 Vgl. Elisabeth List, 1990.
4 Vgl. Marian Lowe u. Ruth Hubbard, 1983.
5 Vgl. Eleni Varikas, 1991.
6 Da sich der medizinische Diskurs auf die bürgerlichen Frauen konzentriert, stehen diese auch in meinen Ausführungen im Mittelpunkt. Dabei darf aber nicht vergessen werden, daß sich die Lebenswelt bürgerlicher und proletarischer Frauen entscheidend unterschied. Aus Platzgründen kann einer wichtigen Forderung der Frauenforschung, die Differenzen unter den Frauen zu berücksichtigen, hier nicht nachgekommen werden.
7 Vgl. Christine Woesler de Panafieu, 1983.
8 Susan R. Bordo, 1989, S. 16.
9 In einer Zeit, in der die Familie u.a. durch den Geburtenrückgang erschüttert schien, versuchten Bevölkerungspolitiker, aber auch Ärzte, Frauen verstärkt in ihre Grenzen zu verweisen. Auch die Sexualreformbewegung trug zu einer Orientierungslosigkeit bei, die nicht selten zu einem starren Festhalten an traditionellen Denk- und Verhaltensmustern führten, vgl. Ute Frevert, 1986.
10 Herder o.J., S. 1328.
11 Bernhard Bauer, *Wie bist du, Weib. Betrachtungen über Körper, Seele, Sexualleben und Erotik des Weibes*, 39. Auflage, Wien/Leipzig/München 1929, S. 133.
12 „Es gibt kein einziges Weib, es gibt keine Frauensperson, wo immer und in welchen Lebensbedingungen auch immer sie leben möge, die nicht zur Zeit ihrer monatlichen Menstruation körperlich und seelisch minder leistungsfähig wäre."

13 Vgl. Hedwig Dohm, 1902.
14 Vgl. auch die Beschreibung der körperlichen Unterschiede zwischen den Geschlechtern in dem in vielen Auflagen erschienen Lehrbuch „Die Leibesübungen" von Johannes Müller (1928).
15 Hoske, *Sport und Gesundheit*, 1928, S. 421.
16 Hugo Sellheim, „Auswertung der Gymnastik der Frau für die ärztliche Praxis", in: *Medizinische Klinik 27*, 1931, S. 140.
17 Heinz Küstner, „Frau und Sport", in: *Medizinische Welt*, 1931, S. 791
18 J. Krieg, *Turnen und Sport für das weibliche Geschlecht*, Hamburg 1922, S. 20.
19 Sellheim (1931) empfahl besonders die Rumpfgymnastik. Auch Matthias meinte in seinem 1929 erschienen Werk *Die Frau, ihr Körper und dessen Pflege durch die Gymnastik:* „Mit aller Deutlichkeit, ja eindringlicher Schärfe, geht aus allen diesen Verhältnissen hervor, daß die Gymnastik der Frau eine Rumpf-, eine Unterleibsgymnastik sein muß."
20 Die dazu vorliegenden Untersuchungen wurden 1932 von Edith von Lölhöffel zusammengestellt.
21 Zit. in: Gertrud Pfister, *Frau und Sport. Frühe Texte*, Frankfurt 1980, S. 114.
22 Stephan Westmann, *Frauensport und Frauenkörper*, Leipzig 1930, S. 3.
23 Zitiert in Pfister, a.a.O., S. 127.
24 Ebd., S. 62.
25 In: Beyer/Lamoff/Meyer (Hg.), *Frauenhandlexikon*, München 1983, S. 154.

Heidi Scheffel und Gabriele Sobiech

# „ENE, MENE, MUH, AUS BIST DU?"
## Die Raumaneignung von Mädchen und Frauen durch Körper und Bewegung

Das Thema Mädchen im Zusammenhang mit Sport und Bewegung ist lange Jahre sowohl in der Wissenschaft als auch im Praxisfeld „Mädchenarbeit" vernachlässigt worden und nimmt erst in jüngster Zeit einen breiteren Raum in Theorie und Praxis ein. Die feministische Kritik an der Jungenzentriertheit koedukativer Einrichtungen wie Schule, Häusern der offenen Tür und Sportorganisationen hat vielerorts Mädcheneinrichtungen entstehen lassen. Dies können der Mädchenraum in der Schule, der Mädchenclub im Jugendzentrum, aber auch eigenständige Mädcheneinrichtungen sein. Allen gemein ist jedoch, sofern es nicht explizit Sporteinrichtungen sind, daß der Bereich Sport und Spiel unterrepräsentiert ist.[1]

Selbst der sechste Jugendbericht „Alltag und Biografie von Mädchen" weist zwar auf den Umstand hin, „welch lebensbestimmende Rolle der weibliche Körper für den Umgang mit Mädchen hat", schenkt jedoch der Rolle von Sport und Bewegung im Umgang mit Mädchen keinerlei Beachtung.[2]

Wir werden im folgenden zunächst Zusammenhänge der Bewegungsentwicklung und der „Raum"-Aneignung von Mädchen und Frauen aufzeigen. Dabei gehen wir davon aus, daß das sinnliche Erleben von Umwelt den „sozialen Raum" entstehen läßt und dieser auf die Wahrnehmung und Gestaltung des „persönlichen Raumes", der sich aus dem Körper- und Bewegungsraum zusammensetzt, zurückwirkt. Die Kategorien des persönlichen und sozialen Raumes verweisen auf die Bewegungsmöglichkeiten im umfassenden Sinn, die sich Mädchen und Frauen nehmen bzw. die ihnen zugestanden werden.[3] Anschließend werden Sportverein und Sportunterricht als explizit sozialer Raum für Sport und Bewegung daraufhin untersucht, inwieweit Bewegungsbedürfnisse von Mädchen und Frauen dort berücksichtigt werden. In einem letzten Schritt schließlich werden Ansätze feministischer Sport- und Körperarbeit als Möglichkeit des „Raum-Einnehmens" für Mädchen in der Jugendarbeit aufgezeigt.

## Raumaneignung durch Körper und Bewegung

Die Bewegungsentwicklung und das Bewegungshandeln von Mädchen und Frauen ist eng verknüpft mit ihren alltäglichen Erfahrungen, ihrem Denken, Fühlen und Handeln. Und: Der Prozeß der Aneignung des spezifischen Lebensraumes mittels Körper und Bewegung erstreckt sich über das ganze Leben.

Die Alltagsstrategien, mit denen Mädchen und Frauen sich dabei in ein Verhältnis zu sich selbst und zur Umwelt stellen und die sie auch in den Sport – als Überbegriff unterschiedlichster Erscheinungsformen von Bewegung, Spiel und Entspannung – miteinbringen, sind Produkte einer individuellen und einer gesellschaftlichen Geschichte. Letztere ist u.a. durch die geschlechtsspezifische Arbeitsteilung geprägt, die Frauen den privaten und Männern den öffentlichen Raum zuweist. Durch das „kulturelle System der Zweigeschlechtlichkeit" (Carol Hagemann-White), das Männern die höheren Ränge und normgebende Macht verleiht, erfaßt das Mädchen in zunehmendem Maße sich selbst gesellschaftlich als das „Andere-Besondere-Mindere" (Gudrun-Axeli Knapp). Insofern ist die Bewegungsentwicklung, wie zu zeigen sein wird, als Teil der Persönlichkeitsentwicklung in spezifischer Weise gebrochen und widersprüchlich.

### „Raumeinnehmen" im System der Zweigeschlechtlichkeit

Überlegene oder unterlegene Position im Raum, sitzende oder liegende Körperhaltung, sichtbar sein oder unsichtbar sein, teilnahmsloses oder ausdrucksvolles Benehmen – diese wenig beachteten Details einer Begegnung können sehr viel über Macht und Herrschaft aussagen, die eine Person über eine andere hat. Im Vergleich der geschlechtsspezifischen Raumbeanspruchung verfügen in unserer Gesellschaft Mädchen und Frauen ganz allgemein über weniger und im besonderen über weniger begehrten Raum als Jungen und Männer. Das hängt weitgehend mit den Privilegien zusammen, die Männer qua Status besitzen: Geschlechtsstatus und sozialer Status sind eng miteinander verknüpft.

*Persönlicher Raum:* Ein Individuum ist von seinem persönlichen Raum überall umgeben; er kann im weitesten Sinn die Räumlichkeiten der eigenen Wohnung umfassen, im Abstand, den zwei miteinander kommunizierende Personen zueinander einhalten, deutlich werden oder sich lediglich auf die begrenzte Sitzfläche beziehen, die eine Person z.B. in einer Fernseh-Talkshow einnimmt. Das ungewollte Eindringen eines anderen Individuums in diesen Raum wird als Übergriff empfunden.

Die Eingrenzungen, die Mädchen und Frauen bezogen auf ihren persönlichen Raum im System der Zweigeschlechtlichkeit erfahren und die sie auch selbst vornehmen, werden in den Kategorien *Körperraum* und *Bewegungsraum* deutlich:

Der Körperraum von Frauen ist eingeschränkt durch: eng zusammengehaltene Beine, gerade oder nach innen gestellte Füße sowie eng am Körper gehaltene Arme. D.h., das Mädchen lernt, sich schmal und klein zu machen, wenig Raum in Anspruch zu nehmen. Der Körperraum von Männern hingegen ist bestimmt durch: breite Beinhaltung, nach außen gestellte Füße, die Arme im Abstand zum Körper. D.h., der Mann macht sich breit und nimmt für sich wesentlich mehr Raum in Anspruch als die Frau.[4]

Mädchen lernen früh, daß ihre Schritte nicht zu raumgreifend sein sollten und daß bestimmte Bewegungsmuster wie Raufen oder auf Bäume Klettern für sie unangemessen sind. Auch „weibliche" Kleidung und Mode zielen eher darauf ab, die eigene körperliche Ausdrucks- und Bewegungsfreiheit auf ein Mindestmaß zu reduzieren. „Hochhackige Schuhe, enge Röcke, kunstvolle Haartracht, geringere Standfestigkeit aufgrund eingeübter geschlossener Beinstellung behindern die Beweglichkeit und prägen die Einstellung zu Aktivitäten, die größtmögliche und vielfältige Bewegungsabläufe verhindern."[5]

Im ganzen zeigen sich die jüngeren Frauen aller Schichten zwischen ca. 15 und 45 Jahren in ihren Körperhaltungen und Bewegungen am angepaßtesten. Sie sind es auch, die sexuellen Übergriffen von Männern in öffentlichen Räumen am stärksten ausgesetzt sind.

*Sozialer Raum:* Mädchen und Frauen werden nicht nur in ihrem persönlichen Raum und Territorium eingeschränkt, sondern es gibt auch im Vergleich mit Jungen und Männern erheblich weniger gesellschaftliche Räume, in denen sie sich „frei" bewegen können. Bestimmte Orte, wie Parks, dunkle Straßen etc., sind abends und nachts tabu. Fragwürdig ist schon der Besuch von Kneipen ohne männlichen Begleitschutz. Zudem besteht eine bestimmte Erwartungshaltung an Mädchen und Frauen, geschürt durch Medien und Werbung: In 700 Anzeigen diverser Frauenmagazine bestimmte in 71 Prozent der Fälle das Heim die Umgebung; dagegen war in nur 34 Prozent von den 600 Anzeigen in Männermagazinen eine häusliche Umwelt zu sehen. Als entgegengesetztes Extrem wurde in über 17 Prozent der Anzeigen für Männer das „ferne Land" (z.B. das Marlboro-Land) gezeigt; in den Anzeigen für Frauen lediglich bei 7 Prozent. „Das Gegenstück zum Frau-am-Herd-Bild ist das Image vom Mann-in-der-weiten-Welt."[6]

Dieses Bild von Frauen in privaten Räumen hat zur Folge, daß für Mädchen neben die Ein- und Selbstbeschränkung ihres Bewegungsraumes die Einengung des sozialen Raumes „Freizeit" tritt: In ihrer freien

Zeit müssen sie sich neben den Schularbeiten stärker an den anfallenden Hausarbeiten beteiligen als Jungen, um als Erwachsene gesellschaftlichen Erwartungen entsprechen zu können.

Durch den niedrigen Status, den Frauen nicht nur in Verbindung mit der Reproduktionsarbeit inne haben, wird ihnen nur begrenzt Zugang zu und Verfügungsgewalt über soziale Räume und deren Ressourcen gewährt. Dies wird am Beispiel der Positionen deutlich, die Frauen im größten bundesdeutschen Landessportbund, dem LSB Nordrhein-Westfalen innehaben:

Demnach sind Frauen besonders begehrt als Übungsleiterinnen und als zahlende Mitglieder der Vereine. Fast jeder zweite Übungsleiter und mehr als jedes dritte Vereinsmitglied ist eine Frau. Sporadisch zu finden sind Frauen in den Gremien mit Leitungsfunktionen. Im Jugendausschuß sind immerhin zu mehr als einem Viertel Frauen vertreten. Jedes fünfte Mitglied in den Vorständen der örtlichen Vereine ist eine Frau. Im LSB-Präsidium hingegen befinden sich Frauen lediglich mit einem Anteil von 17,6 Prozent, und im geschäftsführenden Präsidium schließlich, dem obersten Leitungsorgan des Landessportbundes, ist keine Frau mehr vertreten.[7]

## Phasen der Bewegungsentwicklung

*Frühkindliche Bewegungsentwicklung:* Die frühe (Bewegungs-)Sozialisation wird – zugleich mit dem Geschlechterverhältnis – in der Familie organisiert. Daß in der heutigen asymmetrischen Familienform fast ausschließlich Frauen die primären Bezugspersonen sind, ist von weitreichender individueller und gesellschaftlicher Bedeutung. Für Mädchen scheint eine geringere Ich-Abgrenzung in Beziehung zur Mutter charakteristisch zu sein, während es für Jungen eher das Element der Separatheit und das der größeren Abgrenzung von der Mutter ist.[8] Aufgrund dieser Tatsache realisiert ein Mädchen möglicherweise häufiger Tätigkeiten/Bewegungshandlungen, durch die sie eine Verbindung zur Mutter herstellen kann, z.B. durch direkte körperliche Nähe oder durch die Nachahmung der Mutter im Spiel. Die emotionale Nähe zur Bezugsperson scheint mit einer gleichzeitig räumlichen Nähe verknüpft zu sein, so daß Unterschiede zwischen Mädchen und Jungen wohl nicht in den (körperlichen) Fähig- und Fertigkeiten liegen, sondern vielmehr in den Möglichkeiten oder Behinderungen der offenen Raumgestaltung.

Im Durchschnitt sind und werden Mädchen in der frühkindlichen Phase nicht in ihrer Bewegungsentwicklung eingeschränkt.[9] Motorische

Deprivation ist zu diesem Zeitpunkt kein geschlechtsspezifisches Phänomen, sondern eher abhängig von der besonderen sozialen, materialen und familiären Umwelt des Kindes.

*Vorschulalter:* Etwa im Alter von vier bis fünf Jahren wird für Mädchen die Beaufsichtigung durch Erwachsene verschärft, da der sexuelle Mißbrauch durch „Fremde"[10] vorstellbar wird: Das Mädchen entwickelt sich vom Kleinkind zur „eigenständigen und deutlich sexuellen Person".[11] Väter scheinen in ihrem Erziehungsverhalten zu rigider Geschlechtsstereotypisierung und zur Sexualisierung des Mädchens zu neigen, während Mütter in dieser Phase eher ambivalent auf ihre Töchter reagieren.

Da den Mädchen durch die Beaufsichtigung „mitgeteilt" wird, daß „‚die Welt draußen' von diffuser Gefährlichkeit" (Hagemann-White) für sie ist, können ihnen die eigenen autonomen und sexuellen Strebungen in mehrfacher Hinsicht als gefährlich erscheinen. Der persönliche Raum, genauer der persönliche Handlungsspielraum, wird demnach eher eng gehalten. Zudem bestehen ErzieherInnen bei Mädchen mehr als bei Jungen auf der Durchsetzung bestimmter Erziehungsziele, z.B. Sauberkeit, Befolgen von Aufforderungen etc.. Eigenwillige Aktivitäten, „gefährliche" Exploration werden nicht gefördert, sondern eher behindert.[12]

Welche Auswirkungen haben die skizzierten „Maßnahmen" auf die Bewegungs- und Handlungsspielräume, auf die soziale Raumaneignung von Mädchen insgesamt?

- Die öffentlichen Räume, d.h. Straßen, Gärten, Hinterhöfe, Baustellen, Grünflächen, Flußläufe, werden eher von Jungen oder Jungengruppen erobert und besetzt. Dies hat Renate Nötzel in einer Untersuchung (1987) über den Besuch und die Nutzung für die für alle Kinder eingerichteten betreuten und unbetreuten Spielplätze bestätigen können. Eine Folge ist, daß Mädchen bei weiträumigen Bewegungsspielen wie „Räuber und Gendarm", „Cowboy und Indianer", bei Fahrradwettrennen, Geländefahrten und auch bei großflächigen Ballspielen wie Fuß- oder Handball weniger Erfahrung sammeln.
- Mädchen entwickeln Spielformen, die eher in der Nähe des Elternhauses oder in der Wohnung realisiert werden können. Gemeinsames Merkmal scheint neben dem engen räumlichen Rahmen die gleichzeitige Verfeinerung der Geschicklichkeit zu sein. Die Ausübung engräumiger, eher komplexer Bewegungsspiele kann sowohl Elemente der Anpassung als auch der Widerständigkeit gegen isolierende Bedingungen beinhalten.
- Mädchen scheinen auch immer noch von der Verfügung über eine Vielzahl von Spielmaterialien isoliert zu sein. Gleichzeitig sind sie durch die hauptsächliche Herstellung von ästhetischen Produkten

weit mehr abhängig von der Beurteilung von außen bzw. von Erwachsenen als z.B. die Jungen bei ihren Konstruktionsspielen, deren „Erfolg" direkt feststellbar ist.
- Mädchen lernen am Modell der Mütter. Ihr verinnerlichtes Verhältnis zu Körper und Sexualität hat einen großen Einfluß auf die Entwicklungschancen der Mädchen. Durch die Konfrontation mit den doppelten Botschaften in bezug auf ihren Körper und ihre Sexualität können Mädchen mit einer Abspaltung ihrer Lebens- und Körperlust reagieren, die als (scheinbar freiwilliger) Verzicht auf Bewegungsvielfalt und Bewegungsraum sichtbar wird. Fehlende Risikoerfahrungen forcieren jedoch wiederum die Fetischisierung und Ästhetisierung des weiblichen[13] Körpers.

*Schul- und Jugendalter:* Im Schul- und Jugendalter schaffen sich Mädchen im gesellschaftlichen System der Zweigeschlechtlichkeit eine Orientierungsgrundlage, von der aus sie ihre Bewegungs- und sportlichen Handlungen organisieren. Sie sind in zunehmendem Maße – in der Schule, im Freizeitraum „Sportverein" wie auch später im Beruf – mit der sozialen Minderbewertung der Frau konfrontiert.

Der Körper ist dabei der wichtigste Ort, in dem sich die individuelle, soziale und kulturelle Geschichte treffen. D.h. am Umgang mit dem Körper von Frauen werden die sexistischen Prinzipien unserer Gesellschaft manifest.

Die Zusammenhänge von Körper, Herrschaft und Sexualität werden in einem Zeitungsartikel mit dem Titel „Der Tatort ist die Schule – Sexuelle Übergriffe auf Mädchen – ein Tabu", erschienen am 23. 5. 1987 in der Frankfurter Rundschau, deutlich: „Beim gemeinsamen Schwimmunterricht können die Jungen ihr antrainiertes Repertoire an sexistischem Verhalten besonders gut anbringen. Das geht von herabsetzenden Bemerkungen ,Die hat ja Titten wie Tüten' bis zu körperlichen Übergriffen." Daß der Schulleiter, nachdem die Mädchen sich beschwert hatten, eher den Jungen glaubte, die das Ganze als böswillige Verleumdung bezeichneten, verwundert nicht; dieses Phänomen ist ja aus zahlreichen Vergewaltigungsprozessen bekannt, in denen Frauen immer wieder als Verursacherinnen und die Straftat als Kavaliersdelikt hingestellt werden. Das Verhältnis zum Körper und zur Sexualität ist so durch die Besetzung als Objekt gebrochen und ambivalent.

Um auf Wunsch abrufbar zu sein, bzw. durch die Beaufsichtigung durch Erwachsene ist vielen Mädchen die Möglichkeit genommen, mit einer Gruppe Gleichaltriger die „Welt draußen" zu erforschen. Daher ist die bevorzugte Gesellungsform die „Dyade", in der das Mädchen ihre Freundin und Spielkameradin seltener als Gefährtin für Abenteuer und eigene Wege[14] in realen Situationen erlebt, sondern eher als Vertraute, die die eigenen Bedürfnisse, Konflikte und Phantasien teilt. Parallel dazu sind Mädchen in sportlichen Zusammenhängen eher in Dual- und Individualsportarten zu finden als in konkurrenzbezogenen Gruppenaktivitäten, wie es z.b. das Fußballspielen für Jungen ist.

Mit der Aneignung der eigenen Subjektivität, der eigenen – gesellschaftlich vermittelten – Körperlichkeit und Bewegung wird das kulturelle System der Zweigeschlechtlichkeit auch selbst reproduziert. Spätestens mit Eintritt in die Pubertät kennen und erfüllen Mädchen die Erwartungen von Eltern und Gleichaltrigen; sie haben sich letztendlich wie ein „richtiges Mädchen" und nicht wie ein „halber Junge" zu benehmen.

Auch Wettkampf und konkurrenzbezogenes Sporttreiben gehört nicht oder kaum in den Kanon mädchen- und frauenspezifischen Verhaltens. Es beteiligen sich z.b. insgesamt nur ca. 6 Prozent Frauen der Gesamtmitgliederzahl des DSB am Wettkampfsport. Aber nicht nur in diesem speziellen Bereich finden sich gesellschaftliche Erwartungshaltungen in gesellschaftliche Realität umgesetzt. U.E. gilt, daß das Ausmaß der verinnerlichten Orientierung an Jungen und Männern bei Mädchen und Frauen das Verhältnis zu Sport bzw. zum eigenen Körper und zur Bewegung bestimmt. Das heißt, erwartet wird eine Veränderung der Lebensperspektive: Mädchenbeziehungen treten zurück hinter eine Ausrichtung auf „den Mann schlechthin", auf seine Bedürfnisse und Interessen. Frauen haben keinen eigenen gesellschaftlichen Ort; ihr Ort ist an der Seite eines Mannes.

Ein anschauliches Beispiel hierfür sind wiederum die Mitgliedszahlen im organisierten Sport. Mit 19 Jahren verlassen die jungen Frauen zunehmend die Sportvereine, um sich vor allem der Familiengründung voll und ganz widmen zu können. Männer sind von diesen Ereignissen weit weniger beeinflußt.[15]

*Der soziale Raum „Sportverein"*

Der Deutsche Sportbund ist mit 23 777 Mitgliedern die mitgliedstärkste Organisation in der Bundesrepublik. Sport gehört unter den heutigen gesellschaftlichen Bedingungen immer mehr zu den Möglichkeiten, die Lebensqualität zu erhöhen. Wie nehmen Mädchen dieses Recht im sozialen Raum „Sportverein" wahr? (Vgl. hierzu auch den Beitrag von Inge Berndt in diesem Buch)

Bei den bis zu 6jährigen ist der Anteil der Sportvereinsmitglieder unter Jungen und Mädchen nahezu ausgeglichen: 17,66 Prozent der Jungen und 18,56 Prozent der Mädchen sind Mitglied in einem Sportverein. Bei den 7 – 14jährigen sind 63,67 Prozent der Jungen, aber „nur" 49,84 Prozent der Mädchen Mitglied in einem Sportverein. Bei den jungen Männern zwischen 15 und 18 Jahren steigt der prozentuale Anteil der Vereinsmitglieder auf 70,13 Prozent an, während er bei den jungen Frauen deutlich zu sinken beginnt, auf 46,22 Prozent. In der nächsten Altersstufe (18 – 21 Jahre) sind nur noch 32,11 Prozent der jungen Frauen Mitglied in einem Sportverein; ein Abfallen ist auch bei den jungen Männern zu verzeichnen, ihr Anteil beträgt aber immerhin noch 55,22 Prozent dieser Altersjahrgänge (vgl. Abb.1, siehe Anhang).

Mädchen und junge Frauen sind also in den Vereinen gegenüber ihren Altersgefährten deutlich unterrepräsentiert. Dieses und die rückläufigen Mitgliedszahlen in der Altersspanne von 15 bis 21 Jahren hat die Deutsche Sportjugend veranlaßt, sich verstärkt um die „Jugendlichen" zu kümmern. So wurden u.a. zwei Projekte initiiert, die Aufschluß darüber geben sollten, wie die Jugendarbeit im Sportverein attraktiver zu gestalten und der Austritt der Jugendlichen zu begrenzen ist. Im folgenden stellen wir einige mädchenspezifische Ergebnisse vor.

*Der Sportverein – ein Raum für Mädchen?*
„Der Sportverein – Freizeitpartner für Jugendliche" war Thema einer Befragung des Sport/Jugendforums in Niedersachsen von aktiven jugendlichen Vereinsmitgliedern, deren ÜbungsleiterInnen und Vereinsvorständen. Aufschlußreich in dem hier diskutierten Zusammenhang ist, daß in den Kategorien „Vereinstreue" und „Zufriedene" überwiegend Jungen vertreten sind, während bei den „Erfolglosen" und den „Unzufriedenen" Mädchen und Jungen gleichermaßen beteiligt sind. Bei den „Aussteigern" sind mehr Mädchen zu verzeichnen.

Weiterhin wurde festgestellt:
- Mädchen erscheinen nicht so regelmäßig zum Training wie Jungen.
- Mädchen nehmen erheblich weniger an Wettkämpfen teil.
- Der Sportverein hat für die Mehrzahl der Mädchen bei weitem nicht den Stellenwert in der Freizeit wie für Jungen.
- Mädchen wollen in einem Sportverein Sport hauptsächlich „nur so aus Spaß" und mit FreundInnen betreiben (vgl. Abb.2, s. Anhang).

Die zweite Untersuchung, „Jugendarbeit im Sportverein 2000", ein Projekt der Deutschen Sportjugend und des Instituts für Sportwissenschaften der Universität Göttingen, kommt zu dem Schluß, daß es eine ganze Reihe von Anhaltspunkten dafür gibt, „daß Mädchen mit ihrem Sportverein unzufrieden sind. Sowohl die Art der sportlichen Betätigung als auch die Sinnrichtung, mit der dieser Sport betrieben wird, stoßen insbesondere bei Mädchen auf Ablehnung und können zu einem möglichen Austritt aus dem Verein führen".[16]

Aus den Erhebungen geht weiterhin hervor, daß die „Interessen der männlichen Jugendlichen stärker im Bereich Wettkampf- und Leistungssport liegen und die der Mädchen im Freizeit- und Breitensport bzw. Spaßsport".[17]

Außerhalb von Schule und Verein treiben fast 70 Prozent der befragten Jugendlichen Sport (Tischtennis, Fußball, Federball, Skateboard etc.). Jedes fünfte Mädchen wendet hierfür mehr Zeit auf als für den Vereinssport. Gründe für die Sportaktivität außerhalb von Schule und Verein sind:
„1. Ich kann mir die Zeit selbst aussuchen.
2. Ich will selbst die sportliche Aktivität bestimmen.
3. Ich will nicht immer dieselbe Sportart betreiben.
4. Ich kann mit meinen Freunden Sport treiben.
5. Ich will nicht nur Wettkampfsport betreiben."[18]

Beide Untersuchungen können nur Anhaltspunkte darüber geben, wie Mädchen Sport treiben wollen und es unter den gegebenen Voraussetzungen tun, da z.b. nur Vereinsmitglieder befragt wurden. Jugendliche, die keinem Verein angehören, sind nicht erfaßt. Weiterhin lassen nur partiell geschlechtsspezifisch erhobene Daten auch nur eingeschränkt Aussagen über die Motivation von Mädchen zu. Schließlich muß kritisch angemerkt werden, daß das Instrument „Fragebogen" nicht hinreichend ist, um eine genauere Motiv- und Bedürfnisstruktur zu erfassen.

### *Der soziale Raum „Schulsport"*

Mit der Einführung der Koedukation wurde versucht, den Benachteiligungen von Mädchen im Schulsport zu begegnen. Der koedukative Sportunterricht sollte helfen, einseitige Rollenzuschreibungen aufzubrechen, hierarchische Geschlechterbeziehungen abzubauen und Mädchen mehr Möglichkeiten zu geben, sich umfassend die Spiel-, Sport- und Bewegungskultur anzueignen.

Trotz aller Bemühungen seitens der Lehrkräfte erfüllten sich die Hoffnungen nicht. Vielfach belegt sind inzwischen die Benachteiligungen, die Mädchen im koedukativen Unterricht erfahren. Das bekannteste Beispiel ist die Aufmerksamkeitsverteilung von Lehrerinnen und Lehrern, die zugunsten der Jungen ausfällt. Im Verlauf der vielen Diskussionen wird immer deutlicher, daß die Benachteiligung von Mädchen (und Frauen) in sehr subtiler Weise erfolgt und daß dies – was von noch größerer Bedeutung ist – in der Regel der bewußten Wahrnehmung weitgehend entzogen ist. In unserer Gesellschaft, in der das Geschlecht von Geburt an die wichtigste Orientierungshilfe und Interpretationsfolie zur Einschätzung und Bewertung menschlichen Verhaltens ist, führt offensichtlich ein gleiches Angebot für Mädchen und Jungen nicht automatisch zur Gleichberechtigung der Geschlechter.

Dabei nimmt der Sportunterricht eine Sonderstellung im pädagogischen Alltag ein, da hier der Körper selbst im Mittelpunkt des Unterrichtsgeschehens steht. Am Körper werden die Herrschaftsverhältnisse manifest. Für den Sportunterricht gilt in besonderer Weise, daß im Namen eines abstrakten Gleichheitsangebotes in der Koedukation die Unterschiedlichkeit der Entwicklungsgeschichten, Wahrnehmungsvermögen und Handlungsmöglichkeiten von Mädchen und Jungen ignoriert wird. Die Vielfalt der verschiedenen Wirklichkeiten der Geschlechter wird einer männlich geprägten Normalität unterworfen. Hinzu kommt, daß der Körper, der für die Identitätsentwicklung von Mädchen eine bedeutende Rolle spielt, im Sportunterricht kaum thematisiert wird und in der gemischten Gruppe auch kaum Thema sein kann.

Der koedukative Sportunterricht läßt sich aus der Sicht der Mädchen folgendermaßen darstellen:
- Die Mädchen werden mit offenem und verstecktem Sexismus konfrontiert. Die Spannbreite reicht von den alltäglichen mädchenverachtenden Sprüchen, wie Fettarsch, Votze usw., bis hin zu körperlichen Übergriffen und Gewalt. Die Angst der Mädchen vor den Jungen ist begründet und ernstzunehmen.
- Die Mädchen erleben sich in der Regel in Beziehung zu den Jungen leistungsmäßig schlechter. Sie differenzieren mit zunehmendem Alter kaum noch Unterschiedlichkeiten, sondern werten sich im allgemeinen ab: „Die sind ja sowieso überall besser."
- Die Ergebnisse der allgemeinen Unterrichtsforschung treffen auch für den Sportunterricht zu: Die Mädchen erleben Ungleichbehandlung. Die Jungen können sich „schon einmal mehr erlauben", ihre Interessen werden eher berücksichtigt – von den Mädchen hingegen wird mehr Anpassungsbereitschaft erwartet.
- Mehr als die Hälfte der Mädchen wünscht sich manchmal, Junge zu sein. Die Mädchen erfahren tagtäglich, daß die Jungen (und die Männer) mehr Rechte und mehr Möglichkeiten haben, sich Raum zu nehmen. Sie erfahren, wie ihr Leben, ihr Alltag eingeschränkt und weniger wichtig genommen werden. Im Extremfall führt dies dazu, daß Mädchen sich weigern, Frau zu werden: „Wenn ich meine Tage kriege, bringe ich mich um."
- Die Mädchen, die sich dem weiblichen Geschlechtsrollenbild nicht anpassen, kommen in Rollenkonflikte bezüglich ihres eigenen Bewegungsverhaltens, das als „männlich" und damit als „unweiblich"

angesehen wird. Im koedukativen Unterricht werden sie stärker auf ihre weibliche Rolle hin sozialisiert.
- Mädchen wünschen sich sowohl den getrennten als auch den gemeinsamen Sportunterricht. Den gemeinsamen Sportunterricht finden viele Mädchen abwechslungsreicher und interessanter.
- Die Gründe hierfür sind im wesentlichen die beiden folgenden: Erstens gehen die Mädchen davon aus, daß bestimmte Inhalte, wie z.B. Ballspiele, im Unterricht häufiger vorkommen, wenn die Jungen mit dabei sind. Davon profitieren v.a. die Mädchen, die eine eher jungenorientierte Sozialisation durchlaufen. Zweitens fühlen sich die Mädchen durch die Jungen aufgewertet, eine Mädchengruppe empfinden sie häufig als Abwertung. Sie übernehmen damit die gesellschaftliche Abwertung einer mädchenspezifischen (Beziehungs-)Kultur zugunsten der Höherbewertung von Jungen. Mädchenräume wünschen sie sich v.a. für körperbezogene Bereiche, wie z.B. Massage oder auch Judo, und für die Gespräche über das Empfinden der eigenen Körperlichkeit. Binnendifferenzierung wünschen sie sich zum Teil bei den Sportspielen.

Zusammenfassend läßt sich feststellen, daß die gesellschaftliche Benachteiligung von Mädchen und Frauen durch die Einführung der Koedukation im Unterricht nicht abgebaut werden konnte, sondern fortbesteht. Es muß sogar angenommen werden, daß trotz aller gut gemeinten Absichten der koedukative Unterricht dazu beiträgt, die Chancen der Mädchen und Frauen auf Selbstbestimmung zu verschlechtern.

*Ansätze zu feministischer Sport- und Bewegungsarbeit mit Mädchen*

Nachdem die Frauenforschung sexistische und mädchendiskriminierende Strukturen in Schule, Verein und Häusern der offenen Jugendeinrichtungen offengelegt hat, sind vielerorts parteiliche Ansätze in der Mädchenarbeit entwickelt worden. Parteilichkeit für Mädchen beinhaltet die bewußte Hinwendung zu Mädchen. Parteilichkeit bedeutet, den Alltag von Mädchen, ihre Interessen und Bedürfnisse zum Ausgangspunkt der praktischen Arbeit zu machen.

Prinzipien und Aspekte einer feministischen Sport-, Bewegungs- und Körperarbeit sind: Mädchen sollen befähigt werden,
- eigene Bewegunsbedürfnisse zu entdecken, zu entwickeln und zu artikulieren;
- psychische und physische Stärke zu entwickeln;
- Raum einzunehmen und diesen auch zu behaupten;

- Gemeinsamkeiten und Unterschiede von Mädchen und Frauen in der ganzen Vielfalt wahrzunehmen;
- Rollenkonflikte erkennen zu lernen und Möglichkeiten zu finden, sie zu überwinden;
- sich von fremden Wertmaßstäben zu lösen, um zunehmend selbstbestimmter leben zu können.

Dies setzt notwendigerweise Räume voraus, die ausschließlich von Mädchen und Frauen besetzt sind. Mädchen und Frauen bewegen sich unterschiedlich, je nachdem ob Jungen und Männer in der Nähe sind oder nicht. In gemischten Gruppen werden Mädchen und Frauen massiv auf die Weiblichkeitsrolle festgelegt, die sich polar zur Männlichkeitsrolle bestimmt. Auch wenn Männer und Jungen nicht direkt am „Bewegungsgeschehen" beteiligt sind, spielt es eine große Rolle, ob frau sich Männerblicken ausgesetzt sieht oder nicht. Frauen und Mädchen berichten von Unwohlsein und Verunsicherung, „sobald diese männliche Umwelt dazu kam", d.h. wenn sie ihren Körper von außen, mit den Augen von Männern, angesehen und bewertet sahen. Unter Männerblicken erscheint der eigene Körper als „Körper-Ware auf dem ‚Frauenmarkt' der Männer".[19] Eine junge Frau bemerkte beim Spielen in einem Frauenspielekurs: „Wenn mein Freund mich so sehen würde, würde er sich totlachen." Unter Frauen und Mädchen ist es möglich, sich von dieser Bezugsgröße zu lösen und eigene Wertmaßstäbe aufzubauen.

Wenn Mädchen Sport treiben und sich bewegen, ist dies ein Bestandteil ihres Alltags, und den hängen sie nicht wie einen Mantel am Garderobenhaken im Umkleideraum der Turnhalle auf. Deshalb setzen wir mit unserer Arbeit an der Lebenswirklichkeit von Mädchen und Frauen an, d.h. wir machen ihren Alltag zum Ausgangspunkt feministischer Sport-, Bewegungs- und Körperarbeit. Die vielfältigen Erwartungen, die Mädchen mit Sport, Bewegung und Körperarbeit verbinden, die Stärken und Schwächen, Unsicherheiten und Ängste lassen sich nicht losgelöst von ihrem Sinnzusammenhang mit dem Alltag einschätzen bzw. in die Gestaltung und Vermittlung von Sport-, Bewegungs- und Körperarbeit aufgreifen und umsetzen. Nicht zuletzt beeinflussen auch die Schulsporterfahrungen, ob Mädchen überhaupt Sport treiben und sich bewegen wollen, sich also davon etwas für ihren Alltag versprechen.[20]

Gute praktische Erfahrungen wurden bisher mit Sportarten und Bewegungsbereiche übergreifenden Angeboten gemacht. In ihnen kann die gesamte Vielfalt des Sich-Bewegens erlebt, erprobt, wieder- und neuentdeckt werden. Traditionelle Sportarten wie Turnen, Leichtathletik, Schwimmen, Basketball, Fußball u.ä., alternative Bewegungsbereiche wie Jonglieren, Akrobatik usw., Inhalte aus der Selbstverteidigung und Selbstbehauptung für Frauen und Mädchen, Tanz und Bewegungstheater, Entspannungsformen und vieles mehr können zu einem solchen Angebot gehören. Motivation kann einerseits sein, alte Kinderspiele wieder zu spielen und sich erneut an längst Vergessenes heranzuwagen. Andererseits liegt der Reiz gerade in der Vielfalt der Möglichkeiten. Wir wissen, daß Mädchen sich nicht gern ausschließlich auf ein Bewegungsangebot beschränken, sondern Abwechslung lieben, dazu Spaß und Geselligkeit.

Einer solchen Arbeit liegen bestimmte Prinzipien zugrunde. Die Bewegungs- und Körpergeschichte von Frauen und Mädchen entwickelt sich innerhalb bestehender gesellschaftlicher Bedingungen und Grenzen. Wenn Mädchen konkrete Gewalterfahrungen erlebt haben, schlägt sich dies auch in ihrem Körper- und Bewegungsverhalten nieder. Wenn Mädchen dem gängigen „Frauenbild" nacheifern, werden sie Sportarten meiden, die als typisch „männlich" gelten. Sie werden eher Aerobic und Fitnessgymnastik betreiben, um dem Ideal des durchtrainierten, wohlgeformten Frauenkörpers[21] nahe zu kommen. Wenn Mädchen die Weiblichkeitsrolle nicht annehmen wollen, werden sie eher auf von Männern bevorzugte Sportarten zurückgreifen. Parteilichkeit und Betroffenheit sind notwendige Grundhaltungen, Wertschätzung und Akzeptanz entscheidende Elemente feministischer Bewegungsarbeit. Grundlegende Themen sind u.a.: Stärke und Kraft, Angst, Raum, Mut, Vertrauen in die eigenen Fähigkeiten und Grenzen.

Diese eher abstrakten Gedankengänge lassen sich am Beispiel des „Spielens" veranschaulichen. Mädchen spielen häufig nicht gerne, v.a. nicht mit einem Ball. Wir fragen also, wie die Körper- und Bewegungsgeschichte eines Mädchens aussieht, das gerne spielt bzw. das nicht gerne spielt? Welche Möglichkeiten hat die eine in ihrer Spielaneignung erfahren, welche Behinderungen die andere? Entscheidende Faktoren in der Spielaneignung von Mädchen sind:

- *Angst:* Die Angst vor dem Ball ist ein bekanntes Phänomen. Wie ist sie genauer zu fassen? Wie ist sie zu verstehen? Auf welchem Hintergrund hat sie sich entwickelt? Der Ball wird von Frauen und Mädchen manchmal mit Gewalt assoziiert. Gibt es Zusammenhänge zwischen Gewalterfahrungen und der Angst vor dem Ball?
- *Raum:* Gemeint ist die Verbindung von Raumaneignung und Spielaneignung aus mädchenspezifischer Sicht. Raum ist ein mädchenspezifisches Thema: sich Raum nehmen, anderen Raum überlassen, begrenzter Raum usw. Das Spielen macht häufig keinen Spaß, weil Mädchen mit dem spielerischen Raum nicht klar kommen. D.h. sich Spielräume erschließen, aus der Tiefe des Raumes kommen, in den Raum spielen, sich freilaufen usw. – alles notwendige Spielfähigkeiten, mit denen Mädchen Schwierigkeiten haben.

- *Treten/Schlagen:* Mädchen wollen bzw. können nicht den Ball schlagen oder treten, weil ihnen Schlagen und Treten als „unweibliche" Handlungen zu wenig erschlossen wurden.

Häufig entscheiden die Mädchen sich nicht selbstbestimmt für oder gegen das Spielen, sondern aus den genannten Gründen dagegen. Feministische Bewegungsarbeit greift diese Themen auf, um den Frauen und Mädchen selbstbestimmte Entscheidungen für oder gegen das Spielen zu ermöglichen.

Während die feministische Abstinenz im Bereich des Frauensports langsam ihr Ende zu finden scheint, kann davon im Bereich der Mädchenarbeit noch nicht gesprochen werden. Viele Frauensportvereine, die sich in der letzten Zeit gegründet haben, beschränken sich noch auf die Frauen. Im Bereich der Mädchenarbeit sind es neben den Selbstverteidigungsvereinen u.a. die Deutsche Sportjugend und die Sportjugenden der Landessportbünde, die seit geraumer Zeit versuchen, mädchenspezifische Ansätze zu entwickeln und umzusetzen (vgl. dazu Ruth Dördelmann und Ellen Supinski in diesem Buch).

Die Eröffnung neuer Bewegungsräume und gleichzeitig damit die Erweiterung „sozialer Räume" sind erste Schritte zur Veränderung des persönlichen Handlungsspielraumes von Mädchen, verknüpft mit wachsenden Chancen zur Selbstbestimmung. Neben der stärkeren Einbeziehung von Bewegung, Sport und Spiel in die Mädchenarbeit generell kann zudem nur eine flächendeckende Ansiedlung von Mädchenprojekten in diesen Bereichen die adäquate Antwort sein, wenn für Mädchen und Frauen tatsächlich Chancengleichheit und Mitbestimmung auf allen gesellschaftlichen Ebenen erreicht werden sollen.

### Anmerkungen

1. Als empirische Belege lassen sich die Veröffentlichungen dieser Häuser anführen. Vgl.: Bender u.a. 1987; Schlapheit-Beck, Dagmar (Hg.) 1987; Mädchentreff Bielefeld und Stein-Hilbers, Marlene, 1988; Klees, Renate, u.a. 1989.
2. Band 16, Bericht der Kommission 1988, S. 32f. Keine der insgesamt 35 Expertisen galt dem Bereich Sport und Spiel. Hier lassen sich wohl auch Zusammenhänge herstellen zur lange anhaltenden „Sportabstinenz" der Frauenbewegung.
3. Das mag auch der Grund dafür sein, daß vor allem in Untersuchungen über gemischtgeschlechtliche Jugendprojekte die Wichtigkeit der Einrichtung eines „Mädchenraumes" betont wird.
4. Vgl. Marianne Wex 1980.
5. Renate Nötzel, *Spiel und geschlechtsspezifische Arbeitsteilung*, Pfaffenweiler 1987, S. 59f.
6. Nach Nancy Henley, *Körperstrategien*, Frankfurt 1989, S. 94.
7. Vgl. Frauenpolitischer Dienst 1990, Heft 32.
8. Vgl. Nancy Chodorow 1985.

9 Wie Carol Hagemann-White dazu resümiert, widersprechen sich die Untersuchungen zum sichtbaren Erziehungsverhalten von Müttern gegenüber Töchtern und Söhnen. Außerdem kann von Erziehungsmaßnahmen nicht auf Erziehungserfolge geschlossen werden (vgl. Carol Hagemann-White, *Sozialisation*, Opladen 1984, S. 48ff.). In einigen Untersuchungen ist sogar von einem Entwicklungsvorsprung der Mädchen die Rede (vgl. Franz-Josef Kemper, 1982).
10 Zumeist sind es ja nicht Fremde, sondern nahe Bezugspersonen (z.B. Väter), Verwandte oder Freunde der Familie, die das Mädchen sexuell mißbrauchen. Es erübrigt sich fast darauf hinzuweisen, daß dieser Umstand eine ganz massive Form der Raumeinschränkung für das Mädchen bedeutet. Die Schlußfolgerung daraus ist, daß es bei der „Beaufsichtigung" nicht primär um den Schutz des Mädchens vor sexuellem Mißbrauch geht, sondern um die kontrollierende Eingrenzung von sozialem Raum zu dem Zweck, das Mädchen verfügbar zu halten.
11 Ulrike Schmauch, in: S. Anselm u.a. (Hg.), *Theorien weiblicher Subjektivität*, Frankfurt 1985, S. 105. Wie im weiteren Verlauf deutlich wird, ist für das Mädchen der Raum zur eigenständigen – im Sinne von selbstbestimmten – sexuellen Entwicklung gerade nicht vorhanden; zu dieser Zeit beginnt vielmehr die gesellschaftliche Sexualisierung des Mädchenkörpers.
12 Vgl. Helga Bilden, 1980.
13 Unter „weiblich" verstehen wir all das, was mit der polaren Geschlechtsrollencharakterisierung verbunden wird: Emotionalität, Einfühlungsvermögen, Sanftheit, Geduld und nicht zuletzt auch Selbstlosigkeit und Passivität. Durch diese, wenn auch unbewußten, Assoziationen ist die Bezeichnung „weiblich" u.E. als Zuordnung zur sozialen Kategorie Geschlecht uneindeutig, verschleiernd, d.h. die Charakteristika der weiblichen Geschlechtsrolle werden immer mitgedacht. Wir verwenden daher die Begriffe „Frau" und „Mann", um die „Selbstverständlichkeit der Zuordnung von ‚Männlichkeit' an Männer und ‚Weiblichkeit' an Frauen" zu durchbrechen (Birgit Palzkill, 1990, S. 78).
14 Vgl. Carol Hagemann-White, 1984.
15 Vgl. Ursula Voigt, 1986.
16 Jürgen Schröder/Deutsche Sportjugend (Hg.), *Jugendarbeit im Sportverein 2000*, Aachen 1991, S. 11.
17 Ebd., S. 109.
18 Ebd., S. 91.
19 Birgit Palzkill, *Zwischen Turnschuh und Stöckelschuh*, Bielefeld 1990, S. 91.
20 Vgl. Susanne Bischoff/Doris Schmidt, 1988, S. 58ff.
21 Mädchen und Frauen wird suggeriert, daß sie eigenverantwortlich und selbstbestimmt über ihren Körper verfügen können (z.B. durch Einhalten von Diäten das gesellschaftlich vorgegebene Idealmaß erreichen) – aber die Verantwortung bezieht sich auf gesellschaftlich vorgegebene Maßstäbe. Feministische Bewegungsarbeit hat auch zum Ziel, diese Mechanismen körperlicher Disziplinierung deutlich zu machen.

**Abb. 1** Altersgruppen im Verhältnis zur Bevölkerungszahl nach LSB
(Vgl. Deutscher Sportbund, Bestandserhebung 1989, 3)

|  |  | Mitglieder[1] | Jeder Wievielte ist Mitglied in einem Sportverein | % der Bevölkerung |
|---|---|---|---|---|
| Bis 6 Jahre: | m. | 339 776 | 5,66 | 17,66 |
|  | w. | 338 521 | 5,39 | 18,56 |
| 7 – 14 Jahre: | m. | 1 753 997 | 1,57 | 63,67 |
|  | w. | 1 304 021 | 2,01 | 49,84 |
| 15 – 18 Jahre: | m. | 1 059 236 | 1,43 | 70,13 |
|  | w. | 662 309 | 2,16 | 46,22 |
| 19 – 21 Jahre: | m. | 839 535 | 1,81 | 55,22 |
|  | w. | 468 404 | 3,11 | 32,11 |
| 22 – 35 Jahre: | m. | 2 851 474 | 2,49 | 40,17 |
|  | w. | 1 655 179 | 4,09 | 24,48 |
| 36 – 50 Jahre: | m. | 2 722 548 | 2,42 | 41,36 |
|  | w. | 1 628 518 | 3,86 | 25,88 |
| 51 – 60 Jahre: | m. | 1 385 522 | 2,81 | 35,56 |
|  | w. | 618 666 | 6,23 | 16,05 |
| über 60 Jahre: | m. | 944 545 | 4,66 | 21,45 |
|  | w. | 395 478 | 19,67 | 5,08 |
| Insgesamt: |  | 18 967 729 | 3,25 | 30,73 |

1 Mitgliederzahlen ohne die neuen Bundesländer, da dort die Ersterfassung noch nicht nach Altersgruppen, sondern nur insgesamt erfolgte.

**Abb. 2**
(Vgl. Sportjugend im Landessportbund Niedersachsen und Institut für Sportwissenschaften der Universität Göttingen (Hg.) 1988, S. 10)

**Die Vereinstreuen** (6,8%)
– es sind überwiegend Jungen
– alle gehen immer zum Training
– alle sind im Wettkampf erfolgreich oder wünschen Wettkampfteilnahme
– Sportverein hat für sie den höchsten Stellenwert in der Freizeit

**Die Zufriedenen** (28,1%)
– es sind mehr Jungen
– sie gehen fast alle immer zum Training
– fast alle sind im Wettkampf erfolgreich oder wünschen Wettkampfteilnahme
– kaum jemand wendet mehr Zeit für Sport außerhalb von Schule und Verein auf
– Stellenwert des Sportvereins in der Freizeit ist hoch

**Die Erfolglosen** (33,9%)
– es sind Mädchen und Jungen zu gleichen Anteilen vertreten
– mehr Jugendliche sind ohne Wettkampferfolg
– Stellenwert des Sportvereins in der Freizeit ist eher nachrangig

Ausbleibender Wettkampferfolg und attraktives Freizeitangebot außerhalb des Vereins sind der Einstieg zum Ausstieg aus dem Verein.

**Die Aussteiger** (10%)
– es sind mehr Mädchen
– fast alle haben sich Sportart- oder Vereinswechsel überlegt
– fast alle gehen nicht immer zum Training
– 4 von 5 haben bei Wettkampfteilnahme keinen Erfolg
– jede/r 4. will nicht an den Wettkämpfen teilnehmen
– 2 von 3 wenden mehr Zeit für Sport außerhalb von Schule und Verein auf

**Die Unzufriedenen** (21,2%)
– es sind Mädchen und Jungen zu gleichen Anteilen vertreten
– 2 von 3 gehen nicht immer zum Training
– 2 von 3 haben bei Wettkampfteilnahme keinen Wettkampferfolg

– es sind vermehrt Jugendliche, die nicht am Wettkampf teilnehmen wollen
– sie treiben mehr Sport außerhalb von Schule und Verein
– Stellenwert des Sportvereins in der Freizeit ist niedriger

Gabriele Sobiech

## „ICH HATTE DAS GEFÜHL, IRGEND ETWAS IST JETZT VORBEI!"

### Die Pubertät – Brüche und Ambivalenzen in der Körper- und Bewegungsentwicklung von Mädchen

Pubertät bedeutet dem strikten Wortsinn nach „das Alter der Mannbarkeit" – für die Geschlechtsreife von Mädchen existiert kein vergleichbarer Begriff. Im westlichen Kulturkreis wird alles, was mit Sexualität, Körperveränderungen und Menstruation von Mädchen und Frauen verbunden ist, tabuisiert. Es existiert kein direktes Sprechen über, sondern es haben sich bestimmte Redeweisen um diese Themenkomplexe entwickelt. Umschreibungen wie „ich habe meine Tage", „es ist soweit" oder „ich stehe es durch" verweisen auf eine gesellschaftliche Praxis innerhalb einer patriarchalen Kultur[1], die bedeutsame Veränderungen im Leben von Frauen marginalisiert.

Patriarchale Strategien der Ausgrenzung und Marginalisierung lassen sich jedoch nicht nur in der Sprache finden, in der das Allgemeine und Normative vom Abweichenden und Besonderen getrennt wird, sie vollziehen sich vor allem über den Körper: „Körpersprache ist Politik".[2] Der Körper wird mit der Pubertät zum zentralen Ort von Umdefinitionen aller bisher gelebten Beziehungen und somit auch der Beziehung zu sich selbst. Die mit dem Frausein verbundene gesellschaftliche Benachteiligung, Besonderheit und der Ausschluß aus bestimmten Bereichen wird Mädchen mit Eintritt in die Pubertät in zunehmendem Maße bewußt. Konnten sie sich vorher noch wie ein „halber Junge" verhalten, werden nun diese Grenzüberschreitungen verboten. Mit Anweisungen wie „das tut ein Mädchen nicht" werden Aktivitäten oder auch bestimmte Körperhaltungen, z.B. über die Zurechtweisung „halt die Beine zusammen", negativ sanktioniert, was für Jungen gleichen Alters nicht gilt. Anvisiert wird eine „weibliche" Körperinszenierung, die mit der Beschränkung auf eine bestimmte Kleidung auch die Beschränkung auf eine bestimmte Körpersprache mit entsprechenden Bewegungsformen verbindet.

Birgit Cramon-Daiber konstatiert: „Einer der geschlechtsspezifischen Unterschiede zwischen Jungen und Mädchen zu Beginn der Pubertät ist, daß Jungen sich zunächst einmal aus der Abhängigkeit der Kindheit befreien, während Mädchen oft das Gefühl haben müssen, aus der Kindheit in die Abhängigkeit als Frau hineinzuwachsen."[3]

Im folgenden werden die Mechanismen, Disziplinierungen und Zurichtungen zum „richtigen" Mädchen mit Eintritt in die Pubertät und die Auswirkungen auf ihren Körper- und Bewegungsraum genauer analysiert. Durch seine Zentrierung auf den Körper eignet sich der Sport dabei in idealer Weise, die spezielle Ein- und Unterordnung von Mädchen und Frauen innerhalb einer patriarchalen Kultur zu verdeutlichen. Er wirkt in diesem Zusammenhang wie eine Lupe: Gesamtgesellschaftliche Normierungsprozesse werden wie durch ein Vergrößerungsglas hervorgehoben.

Welche Strategien entwickeln sportlich-aktive[4] Mädchen, um innerhalb der gegebenen Strukturen handlungsfähig zu bleiben?

Mit den Körperveränderungen erleben die Mädchen, daß ihr Äußeres für andere interessant wird. Die Sexualisierung des Mädchenkörpers wird forciert durch die Blicke von „außen", die sich nun verstärkt auf Brust, Bauch, Po und Beine richten. Die damit einhergehende „Verdinglichung" – also als Ding angesehen zu werden, das nur für den Betrachter existiert – initiiert eine Spaltung zwischen Körperaußen und Körperinnen, eine Spaltung zwischen Körper und Selbst.[5]

„In der Pubertät fing es dann an, daß mein Körper für andere attraktiv wurde. Das war so 'ne Zeit, wo ich mich sehr unwohl gefühlt habe mit meinem Körper. Das hat einen großen Einfluß auf mein Selbstwertgefühl gehabt. Da war ich recht unglücklich mit meinem Körper... Brüste kriegen, zur Frau werden, das war schon eine starke Verunsicherung. Mein Körper war mir da nur Ballast. Ich hatte das Gefühl, mit jedem Zentimeter, mit dem meine Brust wuchs und mit dem meine Hüften dicker wurden, entfernte ich mich mehr von mir."

Das Aussehen wird zum zentralen Faktor für das eigene Selbstwertgefühl, welches sich wiederum auf die körperliche Selbstsicherheit im Umgang mit anderen auswirkt. Die erworbenen Kompetenzen in bezug auf sportliche Techniken oder körperliche Fertigkeiten und die damit verbundene Wertschätzung treten dahinter zurück.

„In der Tanzschule, da war ein Spiegel – also im Spiegel, das ist ja teilweise grausam... (große Pause) Tanzschule ist überhaupt grausam. Sobald die Zahl Männer und Frauen nicht hinkam – das war grausam. Es stellte sich immer die Frage: ‚Bist du diejenige, die überbleibt, und alle anderen sehen das dann?' Tanzen-können war selbst gar nicht wichtig, wenn du pickelig bist oder 'ne Brille hast, dann hast du schon verloren."

Die Kulturindustrie, Medien und Mode verstärken zusätzlich die Verunsicherung von Mädchen in bezug auf ihren Körperumgang, da sie suggerieren, daß jede Frau den herrschenden Körperleitbildern entsprechen kann, wenn sie nur will. Diese suggerierte Selbstbestimmung ist aber nur eine scheinbare – die Verantwortung bezieht sich auf gesellschaftlich vorgegeben Maßstäbe. Indem Mädchen und Frauen sich diese Maßstäbe aneignen, ordnen sie sich in eine Normalität ein, die eng verknüpft ist mit der Unterwerfung unter die gesellschaftlichen Vorstellungen vom Frau-Sein. Da die Körper beständig sichtbar sind, eignen sie sich ausgezeichnet als Objekt notwendiger Kontrolle.[6] Die Kontrollfunktion übernehmen neben den propagierten Körperleitbildern in den Medien sowohl Gleichaltrige als auch Erwachsene aus dem sozialen Umfeld. Die abwertenden Äußerungen verweisen auf die Standards unserer Leistungsgesellschaft: Selbstdisziplin und Leistungswille lassen sich nur am schlanken Körper ablesen.

„Ein Erlebnis mit einem Jungen auf der Straße ist doch recht tief hängengeblieben. Der ging hinter mir her, und ich hörte ihn zu einem anderen sagen: ‚Guck mal, die Dicke!'"

Die Blicke von außen, die Maßstäbe, die an ihren Körper angelegt werden, richten die Mädchen auch auf sich selbst. Aufgrund der Unerreichbarkeit der Idealstandards werden diese Blicke zu Defizit-Blicken, die die jeweilig empfundenen Mängel in den Mittelpunkt rücken. Die damit verbundene Angst, die soziale Anerkennung zu verlieren, wird scheinbar bewältigt über die Strategien des Verdeckens oder über die Modellierung des Körpers selbst.

„Dann setzte eine Phase ein, wo ich anfing, mein Gewicht irgendwie unter Kontrolle haben zu wollen... Ja, und dann habe ich jede Menge Diäten hinter mich gebracht, aber ich war nie sehr glücklich dabei. Diät war eben die Praxis, die auch alle anderen Mädchen handhabten, das war völlig normal. Du hattest ein besseres Gefühl, wenn die zwei Kilos eben nicht mehr drauf waren."

Durch das Aneignen der Umgangsweisen mit den Abweichungen, der Strategien des Verdeckens und Hervorhebens[7], werden die Maßstäbe verinnerlicht. Der Versuch, vermeintliche Mängel – z.B. auch über die Kleidung – zu kaschieren, verstärkt jedoch eher Gefühle der Unzulänglichkeit, da die Mädchen wissen, daß sie etwas vortäuschen. Der Blick auf sich selbst als Er-scheinung, als etwas Her-gestelltes forciert die Abspaltung des Körper-Seins. Der Körper wird als etwas Fremdes erlebt, etwas, das sie haben und für andere herrichten.

„Ich habe sehr stark auf mein Äußeres geachtet und dabei sehr viel über Kleidung demonstriert. Zuerst über sehr modische Kleidung und dann über das Gegenteil, über Kleidung aus dem Second-Hand. Ich hab' das Gefühl, daß das soviel Raum eingenommen hat, daß ich mich selbst kaum wahrgenommen habe dabei. Das hat mit Sicherheit etwas mit körperlichen Empfindungen zu tun gehabt, daß ich immer versuchen mußte, mich irgendwie optisch aufzuwerten, daß ich mit dem Rest wahrscheinlich nicht zufrieden war, daß so die Möglichkeit bestand, mich trotzdem positiv zu finden. Als ich etwa 16 Jahre alt war, kam ja die Indische Welle mit ihren weiten Kleidern. Mit diesen Kleidern habe ich meinen Körper kaschiert. Ich habe ihn damit regelrecht zurückgenommen... Obwohl ich meinen Körper nach außen hin kaschiert habe, habe ich meinen Körper ständig im Blickfeld gehabt, ihn ständig beachtet."

Die Spiegelung durch andere und die eigene subjektive Wahrnehmung, mit dem Körper nicht zu genügen, nicht „richtig" zu sein, hat auch Konsequenzen für den Bewegungsraum von Mädchen. Die damit verbundenen Scham- und Schuldgefühle, den eigenen Körper „nicht im Griff zu haben", gehen einher mit einer scheinbar „freiwilligen" Reduzierung des Bewegungsraumes.

„Ich kann mich an Zeiten erinnern, wo ich ungern auf die Straße gegangen bin. Die Wahrnehmung meines Körpers hat bei mir zu einer Art Inaktivität geführt. Das hatte zur Konsequenz, daß ich noch molliger wurde."

Die Einengung der Bewegungsmöglichkeiten bezieht sich auch auf die bisher gemachten Bewegungserfahrungen.

„Ich bin richtig an die Sachen (beim Fußballspielen, G.S.) rangegangen, bin aggressiv gewesen. Das hat sich im Laufe der Zeit immer mehr abgebaut... Auch im Schulsport habe ich mich eher kraftloser wahrgenommen. Ich hatte weniger Durchsetzungsfähigkeiten als die Jungen – die hatten mehr Kraft voraus."

Die Zeiten, in denen geduldet wurde, daß Mädchen sich wie „halbe Jungen" verhalten können, sind nun vorbei. Nicht nur das Äußere soll jetzt der Normalität angepaßt werden, sondern auch die Körpersprache und die Bewegungsformen.

„Ich hab' immer gedacht, weibliche Bewegungen passen nicht zu mir, ich bin eh' ein halber Junge. So war Gymnastik bei mir immer mit Widerständen verbunden, andererseits habe ich gedacht, du willst nicht immer halber Junge sein. Es muß doch auch noch etwas anderes geben. Wenn ich mich da abgewandt hätte (von der „typischen" Mädchenrolle, G.S.), hätte ich mich gegen sämtliche gesellschaftliche Normen bewegt."

Die Zurichtung zum „richtigen" Mädchen geschieht über die negative Sanktionierung von Normverletzungen. Die subtilen Andeutungen und das Schweigen an entsprechender Stelle verweisen auf einen sexuellen Kontext. Nicht selten versuchen Mütter[8], die um die Sexualisierung des Körpers ihrer Tochter „wissen", das Mädchen über ihre Anweisungen vor Blicken oder sogar körperlichen Übergriffen zu schützen.

„Ich kann mich noch an eine Situation mit meiner Mutter im Bus er-

innern. Ich hatte einen Rock an, was für mich keine andere Bedeutung hatte, als ob ich eine Hose getragen hätte. Um es bequem zu haben, stellte ich einen Fuß auf die Radkappe auf, so daß meine Beine etwas auseinanderfielen. Meine Mutter sagte darauf zu mir: ‚So setzt sich ein Mädchen nicht hin!' Ich fragte: ‚Wieso denn nicht?', meine Mutter antwortete: ‚Das gehört sich einfach nicht für ein Mädchen.'"
Die Redeweisen um Körper und Sexualität verstärken die Verunsicherung des heranwachsenden Mädchens in bezug auf ihren Körper- und Bewegungsraum. Über Anweisungen – „halt die Beine zusammen" oder auch „wasch dich da unten" – lernen die Mädchen, daß es etwas an ihrem Körper gibt, das verborgen bleiben sollte, ja dessen sie sich schämen müssen. Es wird ihnen vermittelt, daß körperliche Übergriffe auf ihr eigenes Fehlverhalten zurückzuführen sind. Diese Botschaften verhindern, daß Mädchen die empfundene Wut angemessen ausagieren, sich wehren – die Folge ist vielmehr ein Zurücknahme des Selbst.

„Ich kann mich noch an eine Situation erinnern, da war ich so 12, 13 Jahre alt, da habe ich auf dem Schulhof Gummitwist gespielt. Ein Junge hat mir dabei unter den Rock geguckt und sich über meine Unterhose lustig gemacht. Ich war zugleich unheimlich wütend und habe mich sehr geschämt. Ich hab' gedacht, hoffentlich hat das niemand mitgekriegt. Ich hab' dann versucht, die Beine zur anderen Seite zu drehen, so zu springen, daß man nichts sieht. Wahrscheinlich war mir das zu anstrengend – das hat dann nämlich aufgehört, daß wir auf dem Schulhof gespielt haben."

Eltern oder nahestehende Erwachsene meinen auch Mädchen zu „schützen", indem sie sexuelle Strebungen, die Suche nach neuen Erfahrungen oder eine Phase des Experimentierens, nicht unterstützen, sondern eher behindern oder beschränken. Die Botschaften, die die Mädchen in bezug auf Körper und Sexualität erhalten, sind dadurch in höchstem Maße doppeldeutig. Auf der einen Seite wird den Mädchen nahegelegt, sich für Blicke von Männern attraktiv zu machen, auf der anderen Seite erfolgen stärkere Einschränkungen, verstärkte Kontrollen, um zu verhindern, daß sie selbst sexuell aktiv werden. Rita Freedmann konstatiert, daß die unterschwellig vermittelte Botschaft vor allem von Müttern, die für ihre Töchter hübsche Kleider aussuchen, aber gleichzeitig Ausgangssperren verhängen, lautet: „Pack dich konsumgerecht ein – aber laß dich nicht konsumieren! Sei verführerisch, aber mach mir keine Schande, indem du dich verführen läßt."[9]

Auch Väter reagieren auf die Körperveränderungen ihrer Töchter eher ambivalent. Sind sie einerseits stolz auf die zu Frauen herangewachsenen kleinen Mädchen, ziehen sie sich andererseits aus Angst vor Kontrollverlust und Schuldgefühlen zurück oder verschärfen ihre Kontrolle, damit niemand anderes „ihrem" kleinen Mädchen zu nahe treten kann. Die „Inbesitznahme" der Tochter kann einmal über abwertende Äußerungen wie Nutte oder Hure geschehen, um eigene sexuelle Strebungen des Mädchens zu unterbinden, oder auch über sexuelle Annäherungen bis hin zur Vergewaltigung führen (vgl. auch den Beitrag von Birgit Palzkill in diesem Buch).

Für die verstärkte Sexualisierung ihres Körpers, die gesellschaftlich erfolgten Disziplinierungen zum Mädchen, die eine große psychische und physische Verunsicherung nach sich ziehen, machen die Mädchen die Entwicklung ihres Körpers verantwortlich. Ursache und Wirkung werden wie bei der Verantwortung für sexuelle Übergriffe vertauscht, was, auch aufgrund einer fehlenden Sprache und fehlender AnsprechpartnerInnen, zur Vereinzelung führen kann. Die Körperveränderungen erleben Mädchen deshalb häufig als Schock, nun doch Frau zu werden.

„Und ich kann mich noch sehr gut daran erinnern, als ich plötzlich wahrgenommen habe, daß sich plötzlich meine Brust entwickelt hat, daß ich, ja, sehr geschockt war. Das war ein echter Schock. Es war kein freudiges Ereignis, wie ich häufiger von anderen erfahren habe, die dann freudestrahlend zu den Eltern marschiert sind, ‚ich hab' sie jetzt endlich, ja, toll, astrein'. Es war eher so, auch das noch, jetzt geht es los. Die schöne Zeit war vorbei, wo man am Strand oben ohne rumlaufen konnte. Es war klar, jetzt muß ich einen Bikini anziehen."
Die Mädchen lehnen vor allem das mit den Körperveränderungen erwartete „weibliche" Körpermanagement ab, das mit einer Einschränkung ihres Körper- und Bewegungsraumes verbunden ist. Weiblichkeit und alles, was gesellschaftlich damit assoziiert wird, soll im wahrsten Sinne des Wortes vom eigenen Körper abgetrennt werden.

„Als meine Brust sich entwickelt hat, das fand ich schrecklich. Ich wollt's nicht haben... Das behindert mich nur bei der Bewegung. Ich hab' gedacht, ich brauch' sie einfach nicht, sie ist überflüssig, und sie ist mir nur im Weg. Sie gehört einfach nicht richtig zu mir. Ich kann mich noch daran erinnern, daß ich mit sechs Jahren meine Mutter gefragt habe, ob sie noch Kinder haben will. Als sie die Frage verneinte, habe ich ihr empfohlen, doch ihre Brüste abzuschneiden."
Die Ablehnung des entwickelten Körpers ist eng mit dem Sporttreiben der Mädchen verknüpft. Der „weibliche" Körper und der sportlich-funktionelle Körper lassen sich in der Vorstellung der Mädchen nicht zusammenbringen. Das Wachsen der Brüste, das sich nicht verbergen läßt, ist mit Scham- und Peinlichkeitsgefühlen besetzt. Die Veränderungen, die ihnen selbst fremd sind, lösen Ängste aus, Anlaß für Bemerkungen anderer zu werden oder dem leistungsmäßigen Betreiben einer Sportart „im Wege zu stehen".

„Als ich das erste Mal trainiert (in der Leichtathletik, G.S.) habe und einen BH anhatte, da habe ich nur gedacht, hoffentlich merkt das keiner."
„Bei meinem Busen habe ich gedacht, der soll bloß nicht zu groß werden, der stört mich dann beim Basketballspielen."
Mit der ersten Menstruation wird das Frau-Werden zur Gewißheit: Sie ist das Symbol des Frau-Seins, der Eintritt ins gebärfähige Alter. Soziale und kulturelle Aspekte bzw. Umgehensweisen mit der Menstruation haben großen Einfluß auf das eigene Erleben und die eigene Wertschätzung. Emily Martin konstatiert, daß im 18. und 19. Jahrhundert mit der veränderten Sicht auf den Körper, der mit der Organisation und Effizienz einer Fabrik verglichen wurde, Menstruation als Produktionsausfall erschien. Das staatliche Interesse richtete sich vor allem auf die Gebärfähigkeit von Frauen und deren Kontrollmöglichkeit. Insbesondere Mittelschichtfrauen haben die auch heute noch in medizinischen Diskursen verbreitete Definition von Menstruation als abfallproduzierendem Fehlschlag übernommen.[10] Auch Erica Mahr weist auf den Umstand hin, daß die soziale Wertschätzung der Menstruation eng mit der Meinung der Ärzte verknüpft ist. In einer Hamburger Studie waren neun von zehn Ärzten davon überzeugt, „daß Frauen prämenstruell anfälliger für psychische Störungen seien, zwei Drittel der Befragten meinten, daß die hormonellen Störungen während des Zyklus ausgeprägte psychische Veränderungen zur Folge hätten, und über die Hälfte der Ärzte sieht die Frauen im Zusammenhang mit der Menstruation in ihrer Leistungsfähigkeit beeinträchtigt".[11]

Durch die bereits erfahrenen Einschränkungen und durch die geringe soziale Bewertung des Frau-Seins insgesamt wird die Menstruation als Symbol dieses Status eher mit negativen Empfindungen besetzt.

„Ich hatte 'ne Freundin, die war auch so knabenhaft wie ich, und als die dann ihre Tage kriegte, das war so ernüchternd festzustellen plötzlich, ja, wir sind doch offensichtlich Frauen. Es läßt sich nicht verbergen."

Das durchschnittliche Alter der ersten Menstruation wird in der Literatur etwa von 12,5 bis 13,5 Jahren angegeben. Bei meiner Interviewstudie mit Sportstudentinnen liegt es bei etwa 15 Jahren. Eine mußte sich sogar einer Hormonbehandlung unterziehen, um den Zyklus zu initiieren. Auffällig ist, daß die erste Menstruation, die zu einem relativ späten Zeitpunkt einsetzt, mit einer positiven Einstellung verknüpft wird.

„Ich war heilfroh, daß die (die Menstruation, G.S.) erst so spät kam (mit 18 Jahren, G.S.). Ich habe das öfter mitgekriegt von den anderen. Wir haben uns ja auch besprochen und so... Also ich war glücklich und zufrieden, so knabenhaft zu sein. Das hat mir Spaß gemacht."

Es scheint nicht zufällig, daß weit über die Hälfte der befragten Sportstudentinnen relativ spät menstruieren. Durch die Sportkarriere erfährt das Mädchen eine frühe Disziplinierung und Kontrolle des Körpers in der Aneignung sportlicher Fertigkeiten und Techniken der Körperbeherrschung, die mit einer hohen sozialen Anerkennung verbunden sind. Die soziale Anerkennung verlagert sich mit der Pubertät auf eine „weibliche" Körperinszenierung. Der scheinbare Verlust der eigenen Körperkontrolle durch die Körperveränderungen und die Menstruation und der Verlust umfassender Bewegungsmöglichkeiten lassen eine Aufschiebung der nicht zu vermeidenden Konflikte, die mit dem Frau-Sein in unserer Gesellschaft verbunden sind, durch die sportliche Aktivität vermuten. Im konflikthaften Prozeß des Frau-Werdens, d.h. den bereits erfahrenen Einschränkungen des Körper- und Bewegungsraumes, erscheint die positive Besetzung der späten Entwicklung plausibel. Zudem wird innerhalb des Sportsystems, in dem der Männerkörper die Norm ist, der biologische Zyklus des Frauenkörpers als Abweichung behandelt, die zu Last der Mädchen und Frauen fällt. Es gilt, diese „Störung" zu beseitigen oder sie zumindest unauffällig zu machen. Die Ängste und Probleme der Mädchen werden innerhalb dieses Systems nicht thematisiert. Sie haben dafür zu sorgen, daß man „es" nicht sieht, nicht riecht und keinerlei Auswirkungen auf die sportliche Leistung spürbar werden. Dies gilt selbst dann, wenn die Beseitigung der „Störung" gegen den eigenen Körper gerichtet zu sein scheint.

„Kurz vor einem Wettkampf dann hatte ich Blut in der Hose. Da wußte ich, jetzt ist es soweit. Und ich habe mich fast einen ganzen Tag lang vergewaltigt (mit dem Einführen eines Tampons, G.S.), weil's so weh tat. Aber ich wußte, ich muß das Ding reinkriegen. Ich muß morgen turnen, und ich habe keinen Bock mit so 'ner dicken Binde und dann in dem Anzug. Es war für mich völlig klar, daß ich Tampons benutzen würde. Ich hatte keine Wahl."

Auch Frauenzeitschriften unterstützen eher die Angst von Frauen, mit ihrer Menstruation aufzufallen. Die Werbung preist den Tampon als passenden Hygieneartikel an, mit dem die Blutung verborgen werden kann und ein ungehindertes Sich-Bewegen oder Sporttreiben möglich wird.

„Die Menstruation empfand ich als sehr unangenehm. Man roch einfach anders... Mit den Binden kamst du dir ganz schön albern vor, auch im Sport. Durch meine Tante bin ich dann schnell zu Tampons gekommen."

So verwundert es nicht, daß bei der Verwendung eines Hygieneartikels, bei dem das Fließen des Blutes zu spüren ist, Menstruation eher mit Krankheit assoziiert wird. Der „unnormale" Zustand wird zum Auslöser, sich nicht bewegen, geschweige sich sportlich betätigen zu können.

„Am Anfang habe ich ja nur Binden genommen, weil meine Mutter meinte, daß Tampons gesundheitsschädigend sind. Die stauen das Blut im Körper zurück. Es war äußerst unangenehm. Mit zusammengekniffenen Beinen wollte ich das Fließen des Blutes aufhalten. Ich kann mich noch gut an eine Situation bei einer Freundin erinnern. Ich merkte plötzlich, daß ich meine Blutung kriege, und habe dann die ganze Zeit starr gesessen. Ich hab' gedacht, wenn ich mich nicht bewege, dann fließt es nicht so schnell. Da habe ich total drunter gelitten. Die kriegten mit, daß ich mich nicht bewegen wollte, und haben gelacht. Ich hätte mich am liebsten in eine Ecke gesetzt und gewartet, daß es vorbei ist. Zu einer Feier bin ich auch einmal nicht hingegangen, weil es so stark blutete. Es war 'ne Krankheit, da konnte ich nichts mehr machen. Ich habe dann z.B. eine Woche mit dem Sport ausgesetzt. Als ich dann Tampons genommen habe, hatte ich das Gefühl, endlich kann ich wieder unter Menschen gehen."

Nicht nur die Menstruation von Mädchen und Frauen wird innerhalb des Sportsystems ausgegrenzt, sondern auch eine eigene Sexualität. Ein kurzer Rückblick auf die Körperpolitik der originär männlichen Domäne Sport zeigt die Zusammenhänge. Alfred Richartz beschreibt, daß in den Anfängen der Turnbewegung Frauen ausgeschlossen wurden, um die Lüste von Männern nicht unnötig über den Anblick von Frauenkörpern zu wecken. „Frisch, fromm, fröhlich, frei" war die Devise der Leibeserziehung des 19. Jahrhunderts. Abhärtung, die Kontrolle des Körpers und damit auch die Kontrolle über sexuelle Phantasien bei gleichzeitiger Verankerung von Moral und sexuellen Normen waren latente Ziele der Philantrophen. „Die Körperpolitik und der implizite Sinn des sozialen Arrangements Turnplatz ist aus der bildungsbürgerlichen Konstruktion der Sexualität entwickelt worden."[12] Damit fungierte die Institution als Verlängerung individueller Abwehrmechanismen, wobei die sozialräumliche Ausgrenzung von Frauen, sozusagen der „Kontaktabbruch zum Liebesobjekt", das wichtigste Spezifikum dieses Zusammenhangs darstellte. Mit dem 20. Jahrhundert und dem Beginn einer neuen Körperkultur vollzieht sich ein Strukturwandel. „Die Umformung von Geschlechterverhältnis und Sexualität verdichtet sich zu einem neuen Begriff: ‚Kameradschaft'."[13] Frauen wurden nun zwar den strengen Bekleidungs- und Bewegungsvorschriften des 19. Jahrhunderts enthoben, aber die Abwehrmechanismen richteten sich nun auf die Wahrnehmung von Frauen als sexuelle Wesen. Als „anständiger Kamerad" oder „feiner Kerl" wurden sie zu der männerbündischen Organisation des Sports zugelassen. In der Abspaltung der sinnlichen Wahrnehmung des Körpers konnte ein rein funktionaler Körperumgang unter der Zielsetzung von Abhärtung praktiziert werden. Alfred Richartz spricht von dem „institutionalisierten Diktat der Geschlechtslosigkeit", das Frauen zwar mehr Bewegungsfreiheit zugestand, aber um den Preis, eine eigene sexuelle Aktivität peinlichst zu vermeiden.

Die Verdrängung der Geschlechtlichkeit von Mädchen und Frauen läßt sich im patriarchal geprägten Sportsystem auch heute finden. Im Leistungssport Turnen z.b. sollen auf der einen Seite die Bewegungen „typisch Weibliches" zum Ausdruck bringen, für den Betrachter erotische Ausstrahlungskraft besitzen, auf der anderen Seite wird ein geschlechtsloser Körper verlangt.

„Ich glaube, es war ganz viel das Bild der Turnerin in mir, die man im Fernsehen bei der Weltmeisterschaft oder der Olympiade zu sehen bekam. Da ist eben auch viel Körperbild von außen. Turnerinnen haben einfach schmal und schlank zu sein, mehr oder weniger geschlechtslos. Und das war bei mir eben nicht so. Ich war zu dick, vor allem an den Hüften, zu weiblich."

Turnen ist aber nur ein Beispiel. So war (ist?) es insgesamt gängige Praxis, auf der Ebene des Hochleistungssports an jungen Mädchen hormonelle Manipulationen vorzunehmen, die als Anabolika-Intersexe bekannt geworden sind. Dies ist zwar ein extremes, aber folgerichtiges Ergebnis des „institutionalisierten Diktats der Geschlechtslosigkeit". Dieses Diktat setzt sich bis auf die Ebene des Leistungssports und sogar Schulsports fort. Es gilt die Regel: „Sportlich leisten, als ob die Frauen gerade nicht menstruieren, und sei es durch eine manipulative Verschiebung der Regel."[14] Für die Körperveränderungen der Mädchen im Zuge der Geschlechtsreife gilt das gleiche. Wichtig ist allein, daß der Körper entsprechend den geforderten Leistungen funktioniert – die damit verbundenen Gefühle müssen abgespalten werden, um im System verbleiben zu können.

„Körperveränderungen, Verletzung, Schmerz hatten keinen Platz in diesem System (Leistungssport, G.S.). Andere Gefühle ebenso wenig. Wenn, dann allein in deinem stillen Kämmerlein. Wichtig war nur, daß der Körper funktionierte."

Welche Auswirkungen hat nun die erwartete „weibliche" Körperinszenierung auf soziosexuelle Entwicklungsmöglichkeiten von sportlich-aktiven Mädchen? Die Widersprüchlichkeiten, denen Mädchen bei der gesellschaftlich erwarteten Einordnung in Normalität begegnen, beziehen sich auch auf die Geschlechterorientierung. Die gesellschaftlich verordnete Heterosexualität verweist Mädchen mit der Pubertät auf ihren eigentlichen Bestimmungsort. Ohne Freund sind sie nur halb so viel wert.[15] Mädchenfreundschaften, vorher toleriert, wenn auch nicht sonderlich ernstgenommen, werden nun als „pubertäre Übergangserscheinungen" definiert. Sind die Kontakte zu anderen Mädchen erotischer

Natur[16], werden sie als psychosexuelle Unreife oder gar als Psychopathologie gewertet. Freundschaften zu Mädchen müssen nun zurücktreten, weil Jungen diesen Platz einnehmen und die Erschließung von öffentlichen Räumen ohne sie nahezu undenkbar ist.

Im „Arrangement der Geschlechter" nehmen weit über die Hälfte der von mir befragten Frauen zunächst eine geschlechtsneutrale Position ein. Die nur scheinbar freiwillige Wahl dieser Strategie, „Ich hab' mich freiwillig reduziert aufs Kumpel-Sein", ergibt sich jedoch aus den widersprüchlichen Anforderungen mit Eintritt in die Pubertät. Die spezifischen Ambivalenzen der sportlich-aktiven Mädchen werden in der Zusammenfassung des Typischen ihrer Lebensweltaneignung bis zur Pubertät deutlich.

In der Kindheit scheint für diese Mädchen zunächst eine eher umfassende Bewegungsaneignung möglich.[17] Sie raufen und balgen, spielen Fußball oder verbringen ihre Freizeit mehrheitlich mit Jungen – andere Mädchen sind in der „Welt draußen" nicht präsent (vgl. Heidi Scheffel und Gabriele Sobiech in diesem Buch). Im Sportverein wird von ihnen viel Mut und körperlicher Einsatz verlangt. Die sportliche Leistungsfähigkeit, das Erleben der Funktionstüchtigkeit ihres Körpers und der sportliche Erfolg, der mit einer hohen sozialen Anerkennung verbunden ist, verschafft den Mädchen großes Selbstbewußtsein und den Willen, sich zu behaupten und durchzusetzen. Der Preis für ihr untypisches Verhalten, das in der Kindheit noch erlaubt wird, ist, daß sie als „halber Junge" gelten und behandelt werden.

Diese „geschlechtsneutrale" Einordnung findet auch innerhalb des Klassengefüges statt: Die sportlich-aktiven Mädchen sind die Starken, die Wortführerinnen und Klassensprecherinnen, die eher an den Aktivitäten der Jungen teilnehmen. Aber zur Jungengruppe gehören sie qua Geschlecht nicht, von den „typischen" Mädchen grenzen sie sich ab. Die größeren Bewegungsräume und die damit verbundenen Entwicklungschancen verengen sich mit Eintritt in die Pubertät zunehmend. Das Besondere der sportlich-aktiven Mädchen liegt in der fast unauflöslichen Ambivalenz der positiven Besetzung des sportlich-funktionellen Körpers und der mit der Geschlechtsreife erwarteten „weiblichen" Körperinszenierung. Aufgrund der gesellschaftlichen Erwartungen verspüren die Mädchen nun die Unmöglichkeit, die Aktivitäten mit den Jungen fortzusetzen.

„In der Volksschulzeit habe ich viele Raufereien mit Jungens gehabt... Auch später haben wir viele Spiele mit Körperkontakt gespielt. Aber irgendwann hat das schlagartig aufgehört."

Von Mädchen wird mit Eintritt in die Pubertät verlangt, daß sie sich auf die „Institution Heterosexualität" einlassen. Diese impliziert, daß das

Mädchen nun einem Mann angehören, mit oder ohne Beruf einen Haushalt betreiben und Kinder gebären soll. Erst durch die Verortung an der Seite eines Mannes gelangen Mädchen zu gesellschaftlicher Bedeutung, die vorher gemachten Erfahrungen mit Jungen oder Jungengruppen müssen umdefiniert werden.

Der Einsatz, um über den Jungen oder Mann „Zugang zu höherem gesellschaftlichen Ansehen, zu materieller Sicherheit, zu erweiterten Lebensräumen oder zur Autonomie gegenüber den Eltern"[18] zu gelangen, ist die Inszenierung des Körpers von Mädchen und Frauen gemäß gesellschaftlicher Weiblichkeitsvorstellungen. Der Körper wird zum Objekt und zugleich zur Ware im Tausch gegen Anerkennung, Zuneigung und imaginierter Körperlust. Nur innerhalb des Sportsystems können sich die Mädchen mit Eintritt in die Pubertät weiterhin „untypisch" bewegen, aber alles, was mit „Frau-Sein" in Verbindung steht, soll aufgrund des „instutionalisierten Diktats der Geschlechtslosigkeit" außen vor bleiben.

Die Mädchen selber wollen verständlicherweise beides: auf der einen Seite die Anerkennung als Frau und die damit imaginierte Zuwendung und Zärtlichkeit[19], auf der anderen Seite die Möglichkeit, sich weiterhin umfassend zu entwickeln, d.h. auch, sich nach untypischen Mustern bewegen zu können. Sie wollen geliebt werden, aber nicht um den Preis der Begrenzung ihres Körper- und Bewegungsraumes. Doch gerade hier machen sie die Erfahrung, daß das Begehren der Jungen sich eher auf die typisch „weiblichen" Mädchen richtet. Die „jungenhaften" Mädchen, mit denen sie in ihrer Kindheit gespielt und gerauft haben, sind auch jetzt die geschlechtsneutralen Kameraden, die Kumpel, mit denen man zwar Pferde stehlen kann, die jedoch als Partnerinnen für eine Liebesbeziehung nicht vorstellbar sind.

„Bei Feten hatte ich oft das Gefühl, ich bin nicht so der Typ, auf den Jungen anspringen, oder ich habe mich nicht zu so einem gemacht... Es hat zu der Zeit nicht geklappt, daß ich mich für jemanden interessierte oder der für mich – außer Kumpelei."

Die Auswirkungen eines solchen Körpermanagements sind zwar einerseits der Schutz vor der Reduzierung auf die Körperhülle, andererseits bleibt das eigene Begehren, wenn es sich auf Jungen richtet, unerfüllt.

„Zu Männern hatte ich ein Kumpelverhältnis. Das hat mich total angenervt. Da wollte ich auch etwas anderes. Du möchtest auch als was anderes gesehen werden als nur als Kumpel."

Die Konflikte, die die Mädchen häufig nur mit sich selbst austragen[20], sind keine individuellen Probleme, sie sind gesellschaftlich und kulturell bedingt. Rita Freedman bezeichnet die Normen der Schönheit, die Normalität von Weiblichkeit als eine Form der kulturellen Neurose oder sozialer Pathologie. Während Mädchen und Frauen nur dann als attraktiv gelten, wenn sie mit ihrem Körper dem gegenwärtigen Schönheitsideal entsprechen, sich zusätzlich „weiblich" bewegen und verhalten, gehört zur attraktiven Präsentation von Jungen und Männern Leistungsfähigkeit und Effektivität. Körperbild und Selbstbild sind nicht wie bei Frauen auf fatale Weise eng verknüpft. Wenn das Selbstbild des Mädchens synonym wird mit der Attraktivität ihres Körpers für andere, wird sie große Schwierigkeiten haben, die eigene Selbstachtung aufrechtzuerhalten, solange sie nicht jemanden findet, der sie für attraktiv und begehrenswert hält. „Sie muß ständig in den Augen der anderen nach der Spiegelung ihres Selbstwerts suchen."[21]

„In der Clique wurde ich wohl gemocht, aber nicht als Frau geliebt. Meine Schwester war die Frau, die geliebt wurde, und ich war der Kumpel. Die Leute konnten eher was mit mir anfangen. Aber dieses nicht Nicht-angemacht-Werden signalisierte mir, ich bin doch keine richtige Frau. Davon ist bis heute noch was übriggeblieben wie: Ich bin nicht attraktiv über meinen Körper, sondern über das, was ich über meine Persönlichkeit bin."

Die Auswirkungen dieses negativen Körperbildes können zu Minderwertigkeits-, Scham- und Schuldgefühlen bis hin zu psychosomatischen Symptombildungen führen.

„Bis zu 13 Jahren hatte ich keine Verletzung. Dafür kam das dann mit 17 dicke." (Mit 17 Jahren wurde ihr Zyklus durch eine Hormonbehandlung initiiert. Die einsetzende Entwicklung ihres Körpers war „mit großen Problemen" verbunden. G.S.) „Mit 17, 18 habe ich jedes Jahr im Krankenhaus gelegen. Einmal war's ein Bänderriß, dann eine Knieoperation. Das hat sich dann im Sportstudium fortgesetzt. Da habe ich das, was ich erreichen wollte, nicht erreicht, also mich körperlich fit zu halten... Das war sicherlich kein Zufall, daß sich das (die Verletzungen, G.S.) damals häufte."

Andere Formen der Verweigerung – gerade auch bei sportlich-aktiven Mädchen –, die als Reaktion auf die erwartete „weibliche" Körperpräsentation, die Einschränkung des Körper- und Bewegungsraumes, zu werten sind, sind Eßstörungen, wie z.B. Magersucht und Bulimie, die immer auch selbstzerstörerische Tendenzen aufweisen.

Die Strategien, die die Mädchen wählen, um in den gegebenen widersprüchlichen Strukturen handlungsfähig zu bleiben, sind jedoch nicht einfach Strategien der Anpassung oder der Verweigerung, es handelt sich vielmehr um differenzierte Überlebensstrategien. Solange sie nicht selbstbestimmt, ob innerhalb oder außerhalb des Sportsystems, über den eigenen Körper verfügen, eigene Bedürfnisse und Interessen entwickeln und eigene Lebenspläne verfolgen können, die sich nicht automatisch auf Mann, Familie und Kinder richten, solange Mädchenbeziehungen nicht ein eigener Wert zugesprochen wird und auch Liebesbeziehungen zwischen Mädchen nicht als anerkannte Möglichkeit der Lebensgestaltung gelten, werden Mädchen letztendlich zu solchen Strategien greifen (müssen).

Die Veränderung dieser Strukturen scheint nur möglich in der langfristigen und großräumigen Etablierung einer Gegenkultur, in der Schaffung eigener Bewegungsräume für Mädchen und Frauen, einer mädchen- und frauenparteilichen Körper- und Bewegungsarbeit, wie sie in den feministischen Ansätzen dieses Buches geschildert werden.

### ANMERKUNGEN

1   Unter patriarchaler Kultur verstehe ich in Anlehnung an Carol Hagemann-White das „kulturelle System der Zweigeschlechtlichkeit", in dem Geschlecht neben Klasse und Rasse als soziale Strukturkategorie erscheint, die Männern und Frauen in der Gesellschaft Status, Funktionen, insgesamt die Lebenschancen zuteilt. Die Marginalisierung der Kultur von Frauen, die Vereinseitigung ihres Arbeitsvermögens bei gleichzeitiger Behinderung der Entfaltung all ihrer Subjektpotentiale sind Resultate der Höherbewertung des einen (der Männer) auf Kosten des anderen Geschlechts (der Frauen) (vgl. Gudrun-Axeli Knapp).
2   Nancy Henley, *Körperstrategien*, Frankfurt 1989, S. 7.
3   Birgit Cramon-Daiber in: Gravenhorst, Lerke, u.a., *Lebensort Familie*, Opladen 1984, S. 130.
4   „Sportlich-aktiv" bezieht sich auf die Sportbiografie von Sportstudentinnen, mit denen ich im Rahmen meines Dissertationsprojektes Interviews durchgeführt habe. Die meisten der befragten Frauen besuchten bereits im Vorschulalter einen Turnverein. Typisch für die Vereinssportkarriere ist das leistungsmäßige Betreiben einer oder zwei Sportarten im Sportverein. Die folgenden Zitate sind den Interviews entnommen.
5   Christine Woesler de Panafieu (in: Michael Klein (Hg.), *Sport und Geschlecht*, Hamburg 1983) unterscheidet die Körper-Hülle, die von Männern begutachtet und beurteilt wird, vom Körper-Innen. Dieses ist ein nicht identifizierbarer Rest aus Imaginationen, Tagträumen, Autoerotik usw., der in der äußeren Reduzierung von Frauen auf ihren Körper nicht aufgeht. Sie sieht an dieser Stelle Ansatzpunkte möglicher Veränderung.
6   Vgl. Frigga Haug, 1983.
7   Das Wissen um bestimmte Maßstäbe, um bestimmte Proportionen kann aber auch Kompetenz bedeuten. Es ist nach Frigga Haug eine erworbene Kompetenz innerhalb der Unmöglichkeit, über den eigenen Körper Selbstbestimmung zu erlangen. „Als ich Busen kriegte, war es eher so: ‚Guck mal, was ich hab!'. Ich habe dann hautenge Pullis getragen. Das habe ich auch ausgespielt."
8   Die Mütter nehmen in dem Entwicklungsprozeß der Töchter als positives oder negatives Vorbild eine besondere Rolle ein. Die Lebensbedingungen der Mütter, ihr verinnerlichtes Verhältnis zu Körper und Sexualität hat dabei eine entscheidende Bedeutung für die Entwicklungschancen der Mädchen.
9   Rita Freedman, *Die Opfer der Venus*, Zürich 1989, S. 164.
10  Emily Martin, *Die Frau im Körper*, Frankfurt 1989, S. 140.

11 Erica Mahr, *Menstruationserleben*, Ergebnisse der Frauenforschung Bd. 6, Weinheim und Basel 1985, S. 80.
12 Alfred Richartz, „Sexualität – Körper – Öffentlichkeit", in: *Sozial- und Zeitgeschichte des Sports*, 4. Jg., 1990, Heft 3, S. 64.
13 Ebd., S. 69.
14 Henning Eichberg, „Körperlichkeit, Identität und Entfremdung", in: *Sportpädagogik*, 4. Jg., 1984, S. 11.
15 „Da am Vorhandensein eines Freundes das Gelingen der Entwicklung eines Mädchen zur ‚richtigen' Frau gemessen wird, gehen Mädchen notfalls auch Beziehungen zu Jungen ein, mit denen sie sich eigentlich nichts zu sagen haben" (Pagenstecher u.a., in: Kavemann u.a., *Alltag und Biografie von Mädchen*, 1985, S. 110).
„Ich wollte schon einen Freund haben, um dabei zu sein, aber das, was wir damals veranstaltet haben, hat mir nie besonders gefallen. Ich kann mich noch an den ersten Kuß erinnern, da habe ich gedacht, ich müßte kotzen. Ich hab' gedacht, das soll jetzt Liebe sein... ja wunderbar."
16 Da keine weitverbreiteten positiven Leitbilder und Identifikationsmöglichkeiten für lesbische Mädchen und eine ebensowenig hochbewertete Beziehungskultur existieren, bedeutet dies, daß sie entweder auf Druck ihres sozialen Umfeldes heterosexuelle Beziehungen eingehen oder mit den verbundenen Ängsten, Konflikten oder Diskriminierungen allein fertig werden müssen.
17 Nahezu alle befragten Frauen wuchsen in ländlichen Gegenden auf, wo allein durch die Umgebung eine Vielzahl von Bewegungsmöglichkeiten zur Verfügung steht. „Also Bewegung hat immer eine große Rolle gespielt. Wir haben in der Nähe von einem großen Wald gewohnt."
18 Lising Pagenstecher u.a., a.a.O., S. 111.
19 Die Realisierungsmöglichkeiten der psychischen Bedürfnisse von Mädchen, die Zärtlichkeit und Zuwendung wollen, sind jedoch aufgrund der Bewertung genitaler Sexualität, die in öffentlichen, von Männern beeinflußten Bereichen einen hohen Stellenwert einnimmt und in den Männlichkeitsvorstellungen vieler Jungen wiederzufinden ist, erheblich eingeschränkt (vgl. Pagenstecher, a.a.O.).
20 Weder die Familie noch die Schule sind Orte, an die die Mädchen sich mit ihren Problemen und Gefühlen wenden können. Lising Pagenstecher u.a. gehen davon aus, daß im Sexualkundeunterricht über Sexualität lediglich unter dem Fortpflanzungsaspekt informiert wird. Die vielfältigen Möglichkeiten, Sexualität auszuleben, oder eine den ganzen Körper einbeziehende Sinnlichkeit werden nicht thematisiert.
21 Rita Freedman, a.a.O., S. 171.

Birgit Palzkill

## Was hat sexuelle Gewalt mit Sport(abstinenz) zu tun?

Körper- und Bewegungsentwicklung in Gewaltverhältnissen

Gewalt und Sport: Das Thema hat Tradition in der sportwissenschaftlichen Diskussion, und die Sportseiten der Tagespresse sind voll von Berichten über die „Brutalisierung des Sports", „Aggressionen auf dem Spielfeld", „Ausschreitungen und Gewalt in den Stadien" etc. Der Sportsoziologe Gunter Pilz sprach schon vor fast zehn Jahren von einer „kaum mehr zu überblickenden Fülle von Publikationen zum Thema ‚Sport und Gewalt'". Doch in nahezu all diesen Veröffentlichungen zum Thema geht es ausschließlich um die Aggression und Zerstörungswut, mit der Männer sich gegenseitig malträtieren. Ist überhaupt einmal die Rede von Frauen, was in weniger als einem von zehn Fällen vorkommt, geht es um das Verhalten der Frauen untereinander und um die Sorge, Frauen könnten im Sport „männliches" Gewalt- und Aggressionsgebaren nachahmen und in der „Brutalisierung des Frauensports" ihre vermeintlich natürliche Friedfertigkeit verlieren. Selbst unter dem Stichwort „geschlechtsspezifische Gewalt" sucht frau vergebens nach einer Veröffentlichung, die sich mit sexueller Gewalt, mit der Gewalt von Männern gegen Frauen beschäftigt. Während wir in den letzten zwanzig Jahren mit zunehmendem Erschrecken „die Allgegenwärtigkeit der Männertaten in Schlafzimmern und ehelichen Wohnungen, in Parks und auf den Straßen, in Diensträumen und Automobilen" (Christina Thürmer-Rohr) zur Kenntnis nehmen mußten, scheint der Sport hiervon merkwürdig unberührt. Der Sport als letzte Bastion für die Sehnsucht nach Frieden zwischen den Geschlechtern, eine letzte Insel der „heilen Welt"? Schließlich sehen sich Sportlerinnen und Sportler gern als eine große Gemeinschaft, die „große Familie des Sports".

Doch gerade die Familie ist ins Gerede gekommen. Ausgerechnet der Ort, der – nach herrschenden Vorstellungen – am engsten mit den Sehnsüchten nach Schutz und Geborgenheit in Verbindung zu bringen ist, erweist sich zunehmend als das genaue Gegenteil. Spätestens seit Florence Rush Ende der siebziger Jahre „das bestgehütete Geheimnis", den sexuellen Mißbrauch von Männern an Kindern, gelüftet hat, sind immer neue, kaum faßbare Fakten ans Licht gekommen. Nach einer Studie im Auftrag des Bundeskriminalamtes in Niedersachsen (1985) ist davon auszugehen, daß in den alten Bundesländern der BRD jährlich dreihunderttausend Kinder sexuell mißbraucht werden. Für die neuen Bundesländer liegen noch keine Zahlen vor. Ein Bericht des Fernsehmagazins Panorama (9.4.1991) hat jedoch erst kürzlich deutlich gemacht, daß in ostdeutschen Familien ebenfalls von einem erschreckenden Ausmaß an Gewalt auszugehen ist. Dabei mag an dieser Stelle dahingestellt bleiben, ob diese Gewalt im Zuge der gesellschaftlichen Umwälzungen real gestiegen ist oder auch in der DDR bisher nur tabuisiert wurde.

Die Täter, die Kinder sexuell mißbrauchen, sind fast ausschließlich (98 Prozent) Männer. Nur in einem von ca. zwanzig Fällen ist der Täter dem Kind völlig fremd. Weit mehr als ein Drittel sind Väter bzw. Stiefväter oder Partner der Mutter, bei einem weiteren guten Drittel handelt es sich um Männer aus dem näheren Umfeld, um Erzieher, Lehrer, Nachbarn, Pfarrer etc.. Die Täter sind also keineswegs der so oft beschworene „fremde, böse Onkel" oder Männer, die als „kranke, asoziale Triebtäter" gesellschaftlich ausgegrenzt werden können, sondern es handelt sich um ganz „normale" Männer, die aus allen gesellschaftlichen Schichten stammen.

Die Opfer sind zu 80 bis 90 Prozent Mädchen.[1] Nach Schätzungen aus den USA ist jede dritte bis vierte Frau als Mädchen sexuell mißbraucht worden. Für ein Mädchen ist dabei die durch den Mißbrauch erlebte Ohnmacht auch deshalb besonders schwerwiegend, da ihnen das Erwachsenwerden keinen Ausweg, kein Entrinnen vor der Gewalt verspricht. Mit dem Heranwachsen zur Frau eröffnet sich nicht die fragwürdige Aussicht, von der Seite der Ohnmacht auf die Seite der Macht zu wechseln.[2] Viele Mädchen erleben in der eigenen Familie, daß auch die Mutter der Gewalt des Vaters ausgesetzt ist und sich offensichtlich nicht wehren kann. Aber auch die Mädchen, die in der eigenen Familie keine offene Gewalt erfahren, werden gewahr, daß nicht nur für Mädchen, sondern auch für erwachsene Frauen die Angst vor Vergewaltigung allgegenwärtig ist. Selbst wenn hierüber nicht offen gesprochen wird, vermittelt sich diese Angst einem Mädchen doch nonverbal und indirekt. Allein die Erfahrung, daß Mutter, Schwester, Tante und Freundin ohne männliche Begleitung nur ungern oder gar nicht nachts „alleine" auf die Straße gehen, reicht aus, um die Welt draußen als für Mädchen wie für Frauen diffus gefährlich zu erleben. Darüber hinaus wird jedem Mädchen und jeder Frau über sexistische „Anmache" und alltägliche Übergriffe vermittelt, als Frau per se ein potentielles Vergewaltigungsopfer zu sein.

Die offen und subtil vermittelte Angst vor Vergewaltigung ist selbstverständlicher Bestandteil der Sozialisation von Frauen. Sie ist so alltäglich, daß wir uns ihrer oft kaum noch bewußt sind, durchzieht alle Lebensbereiche und hat massive Auswirkungen auf alle Mädchen und

Frauen. Vergewaltigungen und sexueller Mißbrauch sind nur die Spitze des Eisberges sexueller Gewalt, die Frauen alltäglich fürchten läßt, Opfer dieser Männergewalt zu werden. Erschreckend oft werden die Befürchtungen der Frauen zur bitteren Realität. Nur ein Indiz von vielen ist das Ergebnis einer Umfrage des Stern, nach der jede fünfte Ehefrau angibt, von ihrem Ehemann schon einmal mit Gewalt zum Geschlechtsverkehr gezwungen worden zu sein. Weder innerhalb noch außerhalb der Familie sind Mädchen und Frauen vor sexueller Gewalt von Männern sicher.

In der „Familie des Sports" werden diese Fakten in zweierlei Hinsicht tabuisiert und ignoriert. Zum einen bleibt die Sportwissenschaft merkwürdig stumm in bezug auf die Frage, welche Auswirkungen die Erfahrung und die Angst vor sexueller Gewalt auf die Bewegungs- und Körperentwicklung von Mädchen (und Jungen) hat. Zum anderen wird so getan, als gäbe es innerhalb des Sports keine sexuelle Gewalt. Sexuelle Belästigungen, Vergewaltigungen und sexueller Mißbrauch, den Sportler, Trainer, Funktionäre und Fans an Frauen innerhalb und im Umfeld des Sports ausüben, werden nicht thematisiert.

Vielleicht steckt hinter diesem Schweigen die Angst vor einer Diffamierung des Sports, die Angst, den Sport als den letzten Winkel von „heiler Welt" auch noch zu verlieren – rauben uns doch die täglichen Meldungen über Morde, Kriege und Gewalt auch so schon die Luft zum Atmen. Doch Illusionen können diese Sehnsüchte nicht stillen. Sie stellen einen weiteren Angriff auf die betroffenen Mädchen und Frauen dar und dienen nur denen, denen die Tabuisierung sexueller Gewalt nutzt. Ich will daher im folgenden eine erste Annäherung an das Thema unternehmen. Beim gegenwärtigen Stand der Diskussion heißt das vor allen Dingen, Fragen zu stellen und Mut zu machen, Wege zu ihrer Beantwortung zu suchen. Dabei werde ich mich auf den Zusammenhang von sexueller Gewalt und Bewegungs- und Körperentwicklung beschränken. Ich werde mich ausschließlich auf Mädchen und Frauen konzentrieren, obwohl ich davon ausgehe, daß sexuelle Gewalt von Männern an Jungen auch für diese bei ihrer Sozialisation in die herrschende Männerrolle eine wesentliche Bedeutung spielt.[3]

Sexuelle Gewalt setzt unmittelbar am Körper des Mädchens bzw. der Frau an. Sie zielt auf die Zerstörung der körperlichen und seelischen Integrität. Ein solcher Angriff muß Auswirkungen auf das Verhältnis zum eigenen Körper, auf den Umgang mit dem Körper, auf seine Bewegung, Wahrnehmung und Darstellung haben. Wenn ein Drittel bis ein Viertel aller Frauen als Mädchen sexuellen Mißbrauch erlitten haben und die Angst vor sexueller Gewalt allgegenwärtig ist, handelt es sich zudem nicht nur um die Traumatisierung einzelner. Sexuelle Gewalt ist vielmehr, als zentraler Bestandteil der Sozialisation von Frauen, nicht nur mit der individuellen, sondern auch mit der kollektiven Bewegungs- und Körpergeschichte von Frauen in Verbindung zu setzen. Ich werde mich also auf sexuellen Mißbrauch von Mädchen als eine zentrale und folgenreiche Erfahrung sexueller Gewalt konzentrieren. Ich gehe davon aus, daß die dabei gewonnenen Erkenntnisse auch ein Licht auf die Folgen anderer Ausprägungen sexueller Gewalt werfen, denen Frauen alltäglich ausgesetzt sind.

In den inzwischen zahlreichen, meist autobiographischen Romanen sowie in der Fachliteratur zum Thema werden eine Vielzahl psychischer Folgewirkungen von sexuellem Mißbrauch beschrieben, von denen einige in bezug auf Körper und Bewegung m.E. besonders relevante Auswirkungen haben.

Sexueller Mißbrauch ist eine massive Verletzung der körperlichen und seelischen Integrität, die gegen den Willen des Mädchens und unter Mißachtung ihrer Gefühle geschieht. Das Mädchen spürt, daß das, was geschieht, nicht richtig ist und eigentlich nicht geschehen sollte. Der Täter ist jedoch in der Regel eine Person, der das Kind vertraut, ein Erwachsener, der – aus der Kinderperspektive gesehen – weiß, was richtig und was falsch ist, und von dem das Mädchen abhängig ist. Dieser Widerspruch ist aus der Perspektive des Kindes nicht auflösbar. Die Erfahrung, daß ich „etwas spüre und wahrnehme, das eigentlich nicht wahr sein kann und darf", führt dazu, daß das Mädchen seiner eigenen Wahrnehmung mißtrauen muß. Dies gilt für die mit dem Mißbrauch verbundenen Gefühle, ebenso wie für die *Wahrnehmung des eigenen Körpers*. Um der Verwirrung nicht länger ausgesetzt zu sein und die schmerzhafte Erfahrung am eigenen Leib nicht mehr zu spüren, wird daher die eigene Körperwahrnehmung partiell oder völlig ausgeblendet. Thijs Besems und Gerry van Vugt haben die Erfahrung gemacht, „daß sämtliche Inzestbetroffenen sich nur beschränkt wahrnehmen. Bestimmte Körperteile verdrängen sie aus ihrer Wahrnehmung völlig."[4]

Diese Einschränkung der Körperwahrnehmung führt zusammen mit der Erfahrung, „daß jemand, dem ich vertraue oder den ich sogar liebe, mit meinem Körper etwas tut, was nicht richtig ist", zu einer *Negativbewertung und Ablehnung des eigenen Körpers*. Denn das Mädchen kann sich dies nicht anders erklären, als daß etwas mit ihrem eigenen Körper nicht stimmt. Dieser Schluß liegt um so näher, je jünger das Mädchen und je enger die Beziehung zum Täter ist. Der eigene Vater zum Beispiel wird von einem Mädchen geliebt und gebraucht. Das Bild des liebenden, guten Vaters darf und kann nicht zerstört werden, so daß die Ursache der Misere von dem Mädchen in der eigenen Person, insbesondere im eigenen Körper gesucht werden muß. Dieser wird als schlecht, schmutzig und böse angesehen und abgelehnt.

Häufig ist dies mit der Angst verbunden, andere Menschen könnten dem Körper seine vermeintliche Schlechtigkeit und das, was ihm geschieht, ansehen. „Aus dieser Angst, daß jeder es an ihrem Körper ablesen kann, meiden viele Betroffene Situationen, in denen sie sich ausziehen oder umziehen müßten. Obwohl sie gerne an Gruppen teilnehmen würden, die schwimmen, turnen, Jazzballet oder Aerobic machen, können sie es aus diesen Gründen nicht."[5] Der Versuch, den eigenen Körper möglichst zu verdecken und ihn nicht zu spüren, sowie die damit verbundene Einschränkung des Bewegungsverhaltens schneidet den Bezug zum Körper immer weiter ab. So entwickelt sich eine Spirale aus Körperablehnung und Bewegungseinschränkung, die in ein immer negativeres Körperbild führt und sich zu einem regelrechten Körperhaß steigern kann.

Die Ausblendung der Körperwahrnehmung ist in der Regel nicht nur mit einer negativen Bewertung des Körpers verbunden, sondern auch mit einem falschen Körperbild, d.h. mit völlig unrealistischen Vorstellungen über die eigenen Körperformen und die Möglichkeiten und Grenzen der körperlichen Handlungsfähigkeit. Dies gilt insbesondere für die Einschätzung der Körperkraft. Die Mißbrauchssituation ist wesentlich geprägt von der Erfahrung völliger Ohnmacht. Der Wille des Mädchens wird gebrochen, es erlebt sich als machtlos und ausgeliefert. Die eigene Kraft kann und darf gegen die Kraft des Täters nicht zur Wirkung gebracht und kann somit nicht überprüft werden. Das Mädchen bleibt entweder in der Illusion verfangen, „eigentlich" über unendliche Kräfte zu verfügen, und fühlt sich schuldig, diese nicht gegen den Täter gerichtet zu haben, oder aber es hält sich für völlig kraftlos. Beides führt dazu, daß keine realistische Einschätzung der eigenen Körperkraft entwickelt werden kann. (Ein Großteil der Arbeit in Selbstverteidigungskursen für Frauen zielt darauf ab, Frauen eine realistische Einschätzung ihrer Körperkraft zu ermöglichen.)

Die fehlende Wahrnehmung und Wertschätzung der eigenen Körperkraft kann oft nur schwer durch neue Erfahrungen mit anderen Menschen korrigiert werden. Der Grund hierfür liegt in einer weiteren schwerwiegenden Folge des sexuellen Mißbrauchs, den Schwierigkeiten mit Körperkontakt. Viele Mädchen und Frauen haben aufgrund der Mißbrauchserfahrung Angst vor Körperkontakt. Sie haben nicht gelernt, sichere Körpergrenzen zu ziehen, da diese ihre Grenzen gegen ihren Willen durchbrochen wurden. Sie haben erfahren müssen, daß spielerischer und zärtlicher Körperkontakt von einer anderen Person sexualisiert und für deren Bedürfnisse ausgenutzt wurde. Aufgrund dieser

Erfahrung können sie sich Körperkontakt nur als sexualisierten Kontakt vorstellen und die vielfältige Palette körperlicher Kontakte nicht erleben. Spielen, raufen, kämpfen, massieren, all dies erscheint als gefährlich, als waghalsiges Unterfangen ohne sicheren Ausgang. Die Konsequenz ist, daß Frauen oft versuchen, Körperkontakt gänzlich zu meiden, oder ihn ausschließlich in sexuellen Kontakten[6] suchen. Sie meiden damit auch alle Situationen, in denen sie erwarten, Körperkontakt herstellen zu müssen, wie etwa PartnerInnenübungen bei der Gymnastik etc. Einerseits liegt hierin ein wichtiger Schutz und eine Grenzsetzung gegen die Mißbrauchserfahrung. Andererseits reduziert diese Form des Schutzes die Möglichkeiten, den grenzverletzenden und zerstörerischen Mißbrauchserfahrungen andere, vielfältige und schöne Erlebnisse entgegenzusetzen.

Ein Mädchen, das sexuellem Mißbrauch ausgeliefert war bzw. ist, hat allen Grund, die Lust am und die Nähe zum eigenen Körper zu verlieren. Um die schmerzhaften Erfahrungen am eigenen Leib nicht spüren zu müssen, wird eine mehr oder weniger große Distanz zum eigenen Körper aufgebaut, werden die Körpergefühle aus der Wahrnehmung gedrängt, werden Gefühle vom Körper abgezogen.

*„Unsportliche" und „Sportbesessene" – Sport(Abstinenz) als Überlebensstrategie*
Die Frage stellt sich, welche Konsequenzen sich hieraus in bezug auf die Bewegungsentwicklung und das Verhältnis zu Sport und Bewegung ergeben. Zum einen müssen sicherlich die vielbeschriebene „Unsportlichkeit" von Frauen und das Meiden von Sport und Bewegung im Zusammenhang mit sexuellen Gewalterfahrungen gesehen werden.

Regine Ulmer stellt dazu fest: „Was die Abwendung von Sport und Bewegung generell betrifft, so handelt es sich hierbei nicht nur um ein oftmals als normal angesehenes Verhalten von Frauen. Es ist neben anderen Gründen ein Zusammenhang mit sexuellen Gewalterfahrungen zu vermuten. Dieser liegt darin, daß mit der Abwendung auch die Wahrnehmung des Körpers, die Wahrnehmung von Schmerzen und der Kontakt mit anderen auf körperlicher Ebene sowie in einem auf den Körper bezogenen Umfeld vermieden oder so weit als möglich reduziert wird. Konkret bedeutet dies: keine Aufregung im Körper; den Körper ruhig halten; kein Schwitzen; keine körperlichen Berührungen; keine Konfrontation mit der eigenen Kraft und Kraftlosigkeit; keine Konfrontation mit der eigenen Erschöpfung; keine Konfrontation mit durch den Sport hervorgerufenen Schmerzen, weil sie an andere Schmerzen erinnern; keine Konfrontation mit der Kraft/Kraftlosigkeit anderer; keine Konfrontation mit den Körpern anderer; die Umgehung von Umkleideräumen und Duschen. Entsprechend der Überlebensstrategie, den Körper so weit als möglich abzutrennen, um möglichst wenig von ihm und allem in ihm Verankerten wahrzunehmen und zu erinnern."[7]

Doch auch das Gegenteil, die Hinwendung zum Sport und exzessiven Sporttreiben, kann letztendlich eine ähnliche Strategie in der Auseinandersetzung mit sexueller Gewalt bedeuten. Der moderne Sport mit seinem funktionalen Körperverständnis verheißt Körperbeherrschung, die Beherrschung des eigenen Körpers mit der Aussicht, die erlittene Ohnmacht vergessen zu machen. Dies gilt insbesondere für den Leistungssport, kann jedoch auch z.B. auf exzessive Formen von Joggen, Aerobic oder Krafttraining zutreffen. Die Funktionalisierung des eigenen Körpers für die sportliche Leistung, seine Unterwerfung unter die Prinzipien von Rationalität, Linearität, Wachstum und Ökonomie lassen ihn als Maschinenkörper verfügbar werden – verfügbar nicht für andere, sondern für sich selbst.

Einerseits bietet sportliches Training die Möglichkeit, sich der eigenen Kraft, der Durchsetzungs- und Selbstbehauptungsfähigkeit zu vergewissern und sie zu vergrößern und damit der in der sexuellen Gewalt erfahrenen Zerstörung des Vertrauens in den eigenen Körper entgegenzutreten. Der Sport kann damit eine große Bedeutung für das Bestreben einer Frau erlangen, durch die Gewalterfahrung in ihrer Persönlichkeit nicht gebrochen zu werden. Andererseits kann das Sporttreiben jedoch auch zu einer Flucht vor den Ohnmachtserfahrungen werden und so die Auseinandersetzung mit diesem Trauma und seine Überwindung verhindern. Der in der Gewalterfahrung erlittenen Ohnmacht und Verletzung wird die Illusion von Allmacht und körperlicher Unversehrbarkeit durch Training und Sport entgegengesetzt. Dies führt zu einer enormen psychischen Abhängigkeit vom Sport, zu einer „Mystifikation" von Körperkraft und zu dem Zwang, ein Körperbild aufzubauen und aufrechtzuerhalten, das nicht der Realität entspricht und Allmächtigkeit suggeriert.

Einen anderen Aspekt des Sporttreibens, der dieses zu einer Überlebensstrategie von Frauen in den herrschenden Gewaltverhältnissen werden läßt, beschreibt Regine Ulmer anhand der Aussage einer Betroffenen: „Ihre bis an die Grenzen der Belastbarkeit und darüber hinaus gehende sportliche Betätigung stellte für sie die einzige Möglichkeit dar, überhaupt eine Art von Körpergefühl zu entwickeln. Denn den Körper erlebte sie so leblos, daß nur sehr starke körperliche Gefühle sie überhaupt ihres Körpers versichern konnten. Und: Die dabei empfundenen körperlichen Schmerzen erscheinen vor dem Hintergrund der sexuellen Gewalterfahrung als eine Möglichkeit, die erinnerten, aber nicht faßbaren, nicht be-greifbaren Schmerzen zu lokalisieren, sie an einer bestimmten Stelle im Körper zu bannen. Dieser Mechanismus ist auch aus der therapeutischen Arbeit bekannt: der erlittenen Verletzung einen greifbaren, offensichtlichen Ausdruck zu geben."[8]

*Überlebensstrategie Leistungssport*
Im Leistungssport kommen darüber hinaus noch strukturelle Ebenen des Leistungssportsystems zum Tragen, die den Mechanismen der Überlebensstrategie von Betroffenen entsprechen, sie ergänzen und festschreiben. „Denn hier ist der Zugriff auf den Körper nicht nur insofern funktionell, als vom Körper eine gewisse Tüchtigkeit und Leistung erwartet wird. Er ist vielmehr auch funktionell in der Weise, als der Körper über das Training hinaus einem starken Reglement unterworfen wird. Hier ist vor allem das Eßverhalten von Bedeutung. Speziell in Sportarten, in denen der Körper selbst zum Kriterium der Leistung wird (z.B. Rhythmische Sportgymnastik, Tanz, Turnen), orientiert sich die Nahrungsaufnahme und -verweigerung an den geforderten idealen Körpermaßen. Daß diese eher auf ein Verschwinden des Körpers zielen, denn auf eine den körperlichen und psychischen Erfordernissen gerecht werdende Ernährungsweise, hat u.a. Anke Abraham (1984) eindrücklich beschrieben. Die starke Reglementierung des Eßverhaltens bis hin zur Nahrungsverweigerung ist aber gerade auch ein häufig beobachtetes Verhalten nach sexueller Gewalterfahrung. Das bedeutet, daß sich hier die sportartspezifischen Anforderungen mit den Mechanismen des Überlebens treffen und ergänzen. „Die Härte, die ein solcher Zugriff auf den Körper erfordert, ist eine Härte im Umgang mit dem Körper, die zugleich auch vor ungewollten Erinnerungen schützt. Mit dem Verschwinden des Körpers weicht auch die Erinnerung und Wahrnehmung."[9]

Eine weitere wichtige Rolle bei der Bewältigung der Gewalterfahrungen kann im Leistungssport zudem die Spiegelung der eigenen Potenz und Macht im sportlichen Erfolgserlebnis spielen. Die öffentliche Bestätigung ihrer körperlichen Fähigkeiten und Leistungen ermöglicht es der erfolgreichen Leistungssportlerin, eine Illusion von Allmacht aufzubauen, mit der sie die erlittene Ohnmacht in der Verdrängung zu halten und zu beherrschen sucht. Fehlt dann allerdings diese Bestätigung, drohen die verdrängten Gefühle die Sportlerin zu überfluten und ihre Lebensgewißheit und Individualität zu vernichten.

Damit aber ist die Abhängigkeit vom Erfolg so existentiell, daß er *um jeden Preis* gesucht werden muß. Und dieser Preis kann äußerst hoch sein: Zum Beispiel werden trotz langfristiger gesundheitlicher Schäden Verletzungen nicht ausgeheilt, wenn es einem kurzfristigen Erfolg dient. Die Hemmschwelle für die Einnahme verbotener, gesundheitsschädlicher oder gar persönlichkeitsverändernder Dopingmittel ist unter einem großen inneren Erfolgszwang erheblich herabgesetzt. Hinzu kommt, daß die Abhängigkeit von den Personen, die die Erfolgsbedingungen (Nominierung zu wichtigen Wettkämpfen, Spieleinsatz etc.) vermeintlich oder faktisch setzen, enorm verstärkt wird. Bei Konflikten mit TrainerInnen oder FunktionärInnen wird es bei einer solch großen Abhängigkeit kaum möglich, einen eigenen Standort zu beziehen. Das schließt auch die Gefahr erneuter Erfahrung und Erduldung von offener oder subtiler sexueller Gewalt durch Männer, z.B. durch Trainer und Funktionäre, ein. Damit aber kann die Überlebensstrategie Leistungssport in genau die Gewaltverhältnisse führen, die die Frau als Sportlerin zu überwinden hoffte.

Wie aus dem bisher Skizzierten deutlich wird, kann der Sport – und insbesondere der Leistungssport – einerseits eine Überlebensstrategie für die Erfahrungen sexueller Gewalt darstellen. Andererseits scheint der im heutigen Sport vorherrschende rein funktionale Körperbezug eine wirkliche Bewältigung eher zu behindern als zu unterstützen, da er die Distanz zum eigenen Körper und die Ausgrenzung von Körperwahrnehmungen nicht aufzuheben vermag, sondern diese im Gegenteil eher verschärft.

## Schulsport

Die hier diskutierten Fragen stellen sich in besonderer Weise für den Schulsport, da er alle Mädchen erfaßt und ein Mädchen sich ihm in der Regel nicht entziehen kann. Ein traditioneller Unterricht, der vornehmlich die Verbesserung der körperlichen Leistungsfähigkeit in bestimmten Sportarten wie etwa Leichtathletik, Ballspiele und Turnen im Auge hat, läuft Gefahr, einen rein funktionalen Bezug zum eigenen Körper herauszubilden bzw. zu verstärken. Darüber hinaus leistet er mit dem Versuch, von außen vorgegebene Bewegungs- und Körpermuster möglichst genau zu kopieren, einer Ästhetisierung und Stilisierung des eigenen Körpers Vorschub. Beides vergrößert die Distanz zum eigenen Körper und verschärft eher die Ausgrenzung von Körperwahrnehmungen, als es sie aufhebt.

Die wiederbelebten Ansätze eines ganzheitlichen Sportunterrichts haben dagegen die Einheit von Bewegen, Handeln, Erleben und Denken zu ihrem Ziel erklärt. Doch was geschieht mit einem Mädchen, das die Einheit aufgrund der fortgesetzten Erfahrung sexueller Gewalt an ihrem Körper eben nicht herstellen kann? Was geschieht, wenn sich dieses Mädchen ständig mit der Forderung und der von außen gesetzten Norm konfrontiert sieht, den eigenen Körper spüren, ihn in seiner Bewegung und Form präsentieren oder die eigenen Gefühle verbalisieren zu müssen?

In der ganzheitlichen Bewegungserziehung haben sich m.E. Normen herausgebildet, die Grenzverletzungen geradezu provozieren. Im Zuge der Forderung nach Offenheit und Freiheitlichkeit laufen z.b. Mädchen, die bei Entspannungs- oder PartnerInnenübungen Körperkontakt – insbesondere zu Jungen – meiden, ebenso Gefahr, ausgegrenzt zu werden, wie solche, die ihren Körper, so gut es geht, durch weite „unförmige" Kleidung zu schützen suchen.[10] Die Erfahrung, den von außen gesetzten Normen, insbesondere dem „lockeren", ungezwungenen und authentischen Umgang mit dem eigenen Körper, nicht genügen zu können, verstärkt wohl eher das ohnehin schon vorhandene Gefühl, „irgendwie falsch" und „nicht richtig" zu sein. Hierdurch wird der ursprünglich durch die Mißbrauchserfahrung aufgebaute, überlebensnotwendige Schutz der Vermeidung von Körpernähe und der Abspaltung von Körperwahrnehmungen entweder weiter verschärft und zementiert oder unterlaufen. Letzteres bedeutet, daß das Mädchen erneut erfahren muß, wie von außen und ohne ihr Einverständnis in ihre Lebensstrategie eingegriffen und diese durchkreuzt wird. Dies stellt an sich schon eine erneute traumatisierende Ohnmachtserfahrung dar, ist aber um so zerstörerischer, da gleichzeitig keine anderen Überlebensstrategien angeboten werden.

Welche Chancen hat also Sportunterricht? Verschärft er die Probleme, ist er den Mädchen zusätzliche Belastung und Qual, oder kann er ihnen auch Hilfe zum Überleben sein? Wenn er hilfreich sein will, wie muß er gestaltet sein? Worauf müssen LehrerInnen besonders achten? Was müssen sie wissen? Wir haben bisher kaum Antworten auf diese Fragen. Dies gilt für den schulischen wie für den außerschulischen Bereich.

*Mehr als überleben*
Was für die einzelne Frau hilfreich ist und was nicht, wird im Detail sicher niemals endgültig beantwortet werden können. „Denn was die einzelne heute als eine Hilfe und Stütze im Leben mit Gewalterfahrungen empfindet, kann übermorgen etwas sein, das sie hindert, neue Erfahrungen mit ihrem Körper und im Umgang mit ihm kennenzulernen. Und: Jede Frau reagiert auf ihre Weise auf sexuelle Gewalt und entwickelt ihre Strategie zu überleben."[11] Dennoch stellt sich die Frage, wie eine Sport- und Bewegungskultur aussehen muß, die Frauen und Mädchen weder die Flucht ergreifen noch sie in einem rein funktionalen Körperbezug steckenbleiben läßt.

In der feministischen Diskussion sind bisher erst einzelne Aspekte genannt worden, die aufzeigen, in welche Richtung weiter gesucht werden muß. Heidi Scheffel und Gabriele Sobiech führen in ihrem Beitrag in diesem Buch aus, welche Rolle den Erfahrungen mit sexueller Gewalt im Zusammenhang mit den Sportspielen zukommt. Sie benennen dabei eine Reihe von bei Frauen und Mädchen häufig zu beobachtenden Ängsten wie die <u>Angst vor dem Ball</u>, vor direkter körperlicher Auseinandersetzung, die Angst vor dem Zuschlagen (etwa beim Volleyball-Schmetterschlag) oder die Angst zu treten (etwa beim Fußball). Darüber hinaus werden in der feministischen Diskussion einzelne Fallbeispiele diskutiert, die z.b. den plötzlichen Übergang von raumgreifendem, kraftvollem, durchsetzungsfreudigem hin zu „typisch weiblichem" Bewegungsverhalten und den Verlust von Spaß am Sport direkt mit Gewalterfahrungen in Zusammenhang bringen.

Wesentliche Hinweise könnten sich aus der Arbeit der Selbstverteidigungsbewegung ergeben, die sich ja schon seit längerer Zeit intensiv mit den Gewalterfahrungen von Frauen und Mädchen auseinandersetzt und sicherlich nicht zufällig den zahlenmäßig weitaus größten Teil der feministischen Sport- und Bewegungskultur ausmacht (vgl. den Beitrag von Ruth Dördelmann und Ellen Supinski in diesem Buch). Darüber hinaus könnten die Erfahrungen aus der therapeutischen Arbeit betroffener Frauen hilfreich sein. Thijs Besems und Gerry van Vugt haben hier eine Reihe von Beobachtungen gemacht, die auch für die Sportpraxis von Bedeutung sind. Sie schreiben: „Obwohl jede Betroffene auf eigene Weise mit ihrem Körper auf die Erlebnisse reagiert, sind in ihren Erfahrungen viele Gemeinsamkeiten. In unseren Erfahrungen mit erwachsenen Frauen sind folgende Aspekte auf körperlicher Ebene prägnant: Angst vor Berührung. – Erschrecken bei Berührung von Oberschenkel, Po, Bauch, Schultern. – Sich nicht nahe zu anderen setzen oder nahe bei anderen stehen. – Nicht bei Spielen wie Kitzeln, Raufen usw. mitmachen. – Hüftgelenk und Oberschenkel nicht bewegen: Es ist, als ob der Bereich zwischen Nabel und Knie zugeschlossen ist. – Kein spontanes Bewegungsspiel. – Angst, auf dem Rücken zu liegen."[12] Eine Sport- und Bewegungspraxis, die Mädchen und Frauen gerecht werden will, muß solche Zusammenhänge ins Auge fassen. Die hier Tätigen und Unterrichtenden müssen das Wissen und die Sensibilität erlangen, die notwendig ist, um Signale und Verhaltensweisen von Mädchen und Frauen vor diesem Hintergrund verstehen und adäquat reagieren zu können.

Bisher ist dieses Wissen über die Zusammenhänge zwischen sexueller Gewalt und der Körper- und Bewegungsentwicklung noch sehr dürftig; die hier skizzierten Verbindungslinien werfen eine Vielzahl von Fragen auf. Doch wollen wir eine Sport- und Bewegungskultur, die die herrschenden Gewaltverhältnisse nicht reproduziert, sondern aufzuheben sucht, so gilt es, Antworten zu finden. Dies setzt voraus, daß die herrschende sexuelle Gewalt von Männern gegen Mädchen und Frauen im Sport zum Thema gemacht wird. Neben dem oben Gesagten erfordert dies in erster Linie einen Austausch unter den Sportlerinnen,

Übungsleiterinnen, Trainerinnen etc. selbst. Die Sportwissenschaft ist darüber hinaus aufgerufen, die Zusammenhänge zwischen Bewegungsentwicklung und sexueller Gewalterfahrung systematisch in den Blick zu nehmen. Das bedeutet auch, sogenanntes typisch „weibliches" Bewegungsverhalten auf diesem Hintergrund zu hinterfragen und die Strukturen des herrschenden Sportsystems auf ihre hilfreichen und ihre hinderlichen Strukturen bei der Bewältigung sexueller Gewalt hin zu untersuchen. Hierzu wären Interviewstudien sowohl mit „sportabstinenten" Frauen als auch mit (Leistungs-)Sportlerinnen denkbar. Insbesondere muß die Notwendigkeit eigener Räume für Mädchen und Frauen, in denen sie unabhängig von Männern eine Sport- und Bewegungskultur entwickeln können, unter diesem Aspekt diskutiert werden. Für die Schule bedeutet dies, die Frage der Koedukation neu zu stellen.

Nicht zuletzt erscheint es mir auf der anderen Seite als sehr wichtig, daß die Frauen, Betroffenengruppen und Institutionen, die sich mit sexueller Gewalt beschäftigen, stärker als bisher die Körper- und Bewegungsbiographie von Mädchen und Frauen und ihr Verhältnis zu Sport und Bewegung in den Blick nehmen. Es gilt, die eigene „Unsportlichkeit", das Desinteresse an Sport und Bewegung, die Angst vor bestimmten Bewegungs- und Auseinandersetzungsformen oder auch die eigene Sportbesessenheit, den Zwang, täglich zu joggen, Aerobics oder Krafttraining zu machen, nicht als ein für uns Frauen selbstverständliches Verhältnis zum eigenen Körper hinzunehmen. Denn Sport und Bewegung bieten vielleicht mehr und andere Möglichkeiten, als wir denken, uns den Spaß und die Lust am eigenen Körper wieder anzueignen, die uns durch sexuelle Gewalt von Männern genommen wurde.

### Anmerkungen

1 Zunächst erschien es so, daß nahezu ausschließlich Mädchen Opfer sexuellen Mißbrauchs sind. Mit zunehmender Sensibilisierung für das Thema und die Folgen sexuellen Mißbrauchs gerieten jedoch auch mehr und mehr Jungen in den Blick, die von Männern sexuell mißbraucht werden. Heute können wir davon ausgehen, daß 80 – 90% der Betroffenen Mädchen und 10 – 20% Jungen sind. In mancher Beziehung ist die Situation für betroffene Jungen und Mädchen gleich. Aufgrund der Tatsache, daß die Täter Männer, also im Falle des Jungen gleichgeschlechtlich sind, hat der Mißbrauch jedoch insbesondere in bezug auf die Entwicklung der geschlechtlichen Identität bei Mädchen und Jungen verschiedene Auswirkungen.
2 So werden zu wollen wie ein Mann, ist jedoch auch für Mädchen keine selten anvisierte Perspektive und ein Überlebensversuch in der Mißbrauchssituation. Die eigene Geschlechtlichkeit wird abgelehnt und so weit wie möglich geleugnet. Mit zunehmendem Alter führt diese Strategie jedoch in immer schwerwiegendere Konflikte mit der Geschlechtsidentität, so daß sie ab der Pubertät kaum mehr durchgehalten werden kann.

3 Vgl. Nele Glöer/Irmgard Schmiedeskamp-Böhler, *Verlorene Kindheit. Jungen als Opfer sexueller Gewalt,* München 1990.
4 Thijs Besems/Gerry van Vugt, *Wo Worte nicht reichen. Therapie mit Inzestbetroffenen,* München 1990, S. 60.
5 Ebd., S. 58
6 Dies kann bis hin zu den von Luise Hartwig (1991) beschriebenen prostitutiven Überlebensstrategien führen.
7 Regine Ulmer, *Zum Zusammenhang von sexueller Gewalt und (Leistungs-)Sport,* unveröff. Ms., Berlin 1991, S. 1.
8 Ebd., S. 2.
9 Ebd.
10 In diesem Zusammenhang spielt der Schwimmunterricht mit der dabei üblichen eng anliegenden Badekleidung eine herausragende Rolle.
11 Regine Ulmer, a.a.O., S. 2.
12 Besems/Vugt, a.a.O., S. 59.

Ich danke Heidi Scheffel, Regine Ulmer und Astrid Peter für ihre Unterstützung und konstruktive Kritik bei der Arbeit an diesem Beitrag.

Doris Schmidt

„SCHÖNER – SCHLANKER – STRAFFER"

Überlegungen zu Gesundheit und Fitness

Gesundheit – dieser Begriff hat sich in den letzten Jahren zu einem beliebten, häufig werbewirksam eingesetzten Schlagwort entwickelt und ist in aller Munde. Im wahrsten Sinne des Wortes. So gibt es Vollwertnahrung mittlerweile nicht mehr nur in Bio-Läden und Reformhäusern zu kaufen. Ihre Produkte finden sich auch in den Regalen vieler Supermärkte und Lebensmittelabteilungen von Kaufhäusern, zwar nicht in der Vielfalt und Reichhaltigkeit, dafür leicht und praktisch handhabbar, z.B. Vollkornreis im Kochbeutel oder komplette Vollwertgerichte in Dosen und Folien, die frau (und mann) nur noch zu erhitzen braucht. Die Zahl derjenigen, die kein Fleisch und keinen Aufschnitt essen, nimmt beharrlich zu, so daß sich die Hersteller von Fleischwaren bereits gezwungen sehen, darauf hinzuweisen, daß ihre Produkte nicht per se gesundheitsschädigend sind. Restaurants der internationalen Küche bieten zunehmend vegetarische Gerichte an. Auch die in vielen Frauenzeitschriften nach wie vor hoch im Kurs liegenden Schlankheitskuren für Frauen beziehen die entsprechenden ernährungswissenschaftlichen Erkenntnisse inzwischen mit ein. Getränkehersteller wie Coca Cola bringen kalorien- und coffeinarme Erfrischungsgetränke auf den Markt. Schokolade, Pralinen, Kekse und Kuchen gibt es in immer größerer Auswahl in kalorien- und zuckerarmer Ausführung. Die Zigarettenindustrie richtet ihr Augenmerk verstärkt auf leichte Zigaretten mit geringeren Schadstoffwerten – jenseits dessen, daß auf den Packungen ohnehin seit Jahren die Warnung des Bundesgesundheitsministers vermerkt ist, daß Rauchen der Gesundheit schadet.

Die Tendenzen zu gesundheitsbewußter Ernährung haben ihre Entsprechungen in der herrschenden Sport- und Bewegungslandschaft. Überall – ob in kommerziellen Sport- und Fitness-Studios, in Vereinen oder Volkshochschulen – entstehen gesundheitsorientierte Sport- und Bewegungsangebote, nicht selten gekoppelt mit Ernährungsberatung und medizinischer Betreuung. Krankenkassen und Bezirksämter richten Stellen für Sportlehrerinnen und -lehrer zwecks Gesundheitsberatung ein. Laufen bzw. Joggen hat sich zu einer regelrechten Bewegung entwickelt. Reiseveranstalter werben mit Prospekten für gesunde Wochenenden und Wochen. Fernöstliche Bewegungsrichtungen wie Tai Chi,

Shiatsu oder Yoga haben ihren exotischen Charakter und Ruf verloren. Auch wenn die verkürzte Aufzählung so klingen mag: Ich rede nicht gegen gesundheitsbewußte Ernährung, gegen gesundheitsbewußten Sport, gegen ein gesundheitsbewußtes Leben überhaupt. Was mich an dem skizzierten Gesundheitsboom skeptisch und mißtrauisch stimmt, ist, daß Gesundheit wie nie zuvor als Ware verkauft, daß sie für alle möglichen Ziele und Produkte vereinnahmt wird – geschickt und je nach Produkt auch umweltfreundlich verpackt.

In immer krasserem Widerspruch zu den vielfältigen Formen der individuellen Gesundheitsorientierung stehen demgegenüber die Schädigung und Zerstörung der Umwelt, die seit Jahrzehnten aus wirtschaftspolitischem Kalkül systematisch betrieben und in Kauf genommen werden. Ölteppiche gigantischen Ausmaßes verseuchen das Meer im Nahen Osten – seit neuestem auch große Teile des Mittelmeeres –, vernichten die Tier- und Pflanzenwelt und gefährden die Trinkwasserversorgung, schwarze Rauchwolken der brennenden Ölfelder machen den Tag zur Nacht, saurer Regen vernichtet die Landwirtschaft der ganzen Region. Was im Winter mittlerweile schon seit Jahren der Smog beschert, vollbringt nun im Sommer das Ozon.

Letzten Sommer habe ich mich gefragt, ob es künftig wohl noch angebracht ist, im Urlaub eine Fahrradtour zu machen, bei der ich mich körperlich anstrenge, folglich die Lungen geweitet und besonders aufnahmebereit für das ganze Gift sind. Menschen, die bis dato keine Kopfschmerzen kannten, hatten im letzten Sommer ausgesprochen häufig damit und mit Übelkeit zu kämpfen. Zu den verstärkt auftretenden Beeinträchtigungen zählen auch ausgetrocknete Augen, die sich wie Reibeisen anfühlen. Im Urlaub traf ich Menschen, die in der großen Sommersonnenhitze zum Teil nur noch mit von Chemie bedeckten Händen und Armen herumlaufen konnten, weil ihre Haut Ausschläge und Blasen aufwies. Während des Sommersemesters bin ich mit dem von mir geleiteten Frauensportkurs trotz äußerlich traumhaften Wetters in der stickigen Schulturnhalle geblieben, wenn/weil an den Tagen Meldungen über gefährdende Mengen Ozon über den Äther gingen.

Unter anderem diese beispielhaft aufgelisteten, die Umwelt und damit das Lebensumfeld aller Menschen (und Tiere) schädigenden und zerstörenden Einflüsse engen den Bewegungsraum von Menschen immer gravierender ein. Und sie machen mehr als deutlich, daß Gesundheit und Sport-Bewegung nicht losgelöst von den gesellschaftspolitischen Bedingungen betrachtet werden können, sondern in einem unmittelbaren Zusammenhang mit ihnen stehen. Gleichzeitig muß sich auch der Sport selbst bzw. müssen sich die im Sport Verantwortlichen und die Sporttreibenden mit den durch seine Ausübung verursachten und/oder intensivierten Umweltbelastungen auseinandersetzen. Daß darüber hinaus Sport nicht automatisch gesund ist, haben spätestens die Formen des praktizierten Hochleistungssports und – auf breitensportlicher Ebene – die gesundheitsschädigenden Auswirkungen unreflektierten Sporttreibens wie z.B. in den Anfängen der Laufbewegung gezeigt.

Dieser Einstieg soll veranschaulichen, daß für mich die Auseinandersetzung mit der Thematik Gesundheit und Fitness in die zentralen Überlebensfragen der Gegenwart eingebunden ist. Dazu gehören neben der benannten Umweltfrage die Technikfrage, die Nationenfrage, die Wohlstandsfrage, die AusländerInnenfrage, die Dritte-Welt-Frage... Was mir dabei wichtig zu sein scheint, ist, sich klarzumachen, daß diese existentiellen Probleme nicht Probleme sind, „die die Umwelt, die Technik, die Dritte Welt machen, sondern... Probleme von Menschen in Machtverhältnissen, Probleme, die Menschen machen oder mitmachen oder mitzumachen gezwungen sind, Menschen, die an ihrem jeweiligen gesellschaftlichen Ort zu bestimmten und nicht irgendwelchen Menschen geworden sind und die Probleme durch ihr Denken und Handeln, ihr Denken- und Handelnlassen mit hervorbringen".[1]

Dieses Machtverhältnis wiederum ist aus meiner feministischen Sicht ein patriarchales, dessen Fundament der Ausschluß und die Funktionalisierung von Frauen ist, das aber gleichzeitig nicht auf die „Frauenfrage" reduziert werden kann. Es beinhaltet vielmehr alle Unterdrückungsformen, mit denen Frauen und Männer (wenn auch in unterschiedlicher Weise) konfrontiert sind, gegenüber denen sie sich verhalten, aktiv und passiv, stabilisierend und Widerstand leistend und lebend. Das heißt auch, daß das patriarchale Machtverhältnis alle, Frauen und Männer, betrifft und Veränderungen daran von Frauen und Männern geleistet werden müßten, wenn auch aus unterschiedlicher Perspektive und mit unterschiedlichen Konsequenzen. Denn das Patriarchat und seine Auswirkungen sind keine „intime Angelegenheit von Frauen".[2]

Vor diesem Hintergrund möchte ich eine kleine Auswahl von Fakten vergegenwärtigen, die beispielhaft verschiedene alltägliche und gesellschaftliche Bedingungen für heterosexuelle und lesbische Frauen und Mädchen[3] umreißen. Dabei ist die Aufteilung in die Bereiche Arbeit/Beruf, Alltag, Gesundheitswesen und Körperlichkeit eher eine Hilfskonstruktion, denn z.B. der „Aspekt" Körperlichkeit ist ein ganz grundsätzlicher, der überall zum Tragen kommt.

*Arbeit/Beruf*
- Die politische und wirtschaftliche Macht liegt in den Händen von Männern.

- Frauen haben trotz besserer Bildungsabschlüsse schlechtere Chancen, eine adäquate qualifizierte Position im Berufsleben zu bekommen.
- Von den Leichtlohngruppen sind ausschließlich Frauen betroffen.
- Hausarbeit, Pflege von Angehörigen u.ä. wird nach wie vor weitgehend Frauen überlassen – unbezahlt.
- Frauen müssen für die gleiche Anerkennung ihrer Arbeit mehr leisten.
- Beruflich/politisch erfolgreiche Frauen müssen immer auch ihr Frau-Sein und ihre Weiblichkeit[4] unter Beweis stellen.
- Frauen werden am Arbeitsplatz sexuell belästigt.

*Alltag*
- Jedes dritte bis vierte Mädchen wird sexuell mißbraucht.
- Zwei Drittel der Frauen sind mindestens einmal in ihrem Leben mit Formen sexueller Gewalt wie Vergewaltigung und sexueller Mißhandlung konfrontiert worden.
- Frauen werden in der Werbung häufig zum (Sexual-)Objekt degradiert.
- Frauen werden in der Sprache unsichtbar gemacht.
- Frauen (und Männer) unterliegen der heterosexuellen Norm. Lt. WHO (Weltgesundheitsorganisation) gilt Homosexualität – ein Begriff, der sich im alltäglichen Sprachgebrauch meist auf Männer bezieht – nach wie vor als Krankheit.

*Gesundheitswesen*
- Frauen leben länger als Männer.
- Frauen gehen häufiger zum Arzt.
- Frauen werden mehr Medikamente verschrieben.
- Frauen und Männer haben unterschiedliche Krankheiten.
- Frauen zahlen höhere Krankenkassenbeiträge, begründet mit Schwangerschaft und Geburt. In diesem Zusammenhang stellt Alexa Franke die von ihr nicht nur humoristisch gemeinte Frage, warum eigentlich noch nie jemand auf die Idee gekommen ist, daß die Bundesanstalt für Arbeit die Kosten für Schwangerschaft und Geburt übernimmt.[5]
- Bei Frauen steigt der (bezeichnenderweise oft heimliche) Suchtmittelgebrauch stetig an.
- Frauen stellen die größte Konsumentengruppe im Gesundheitswesen dar.

*Körper/lichkeit*
- Frauen haben mit Menstruation, der Entwicklung eines neuen Or-

gans, dem Busen, Schwangerschaft, Geburt und Klimakterium einen spezifischen Körperrhythmus und einen spezifischen Zugang zu ihrem Körper.
- Diese an ganze Lebensabschnitte gekoppelten körperlichen Vorgänge und Befindlichkeiten werden zu medizinisch relevanten Phasen erklärt und zum Teil als Krankheit eingestuft und behandelt.
- Für Frauen gilt ein ungleich schärferes Schönheitsdiktat als für Männer, das sich sowohl auf ihre erste als auch ihre zweite Haut (Kleidung) bezieht. In der Folge werden Frauen nach wie vor sehr stark nach ihrem Aussehen, ihrer körperlichen Attraktivität bewertet bzw. wird ihr Aussehen zumindestens immer mit-bewertet.

Diese Strukturen, die die individuelle und gesellschaftliche Realität jeder Frau und jedes Mädchens prägen und beeinflussen, werden nach meiner Überzeugung bislang auch nicht dadurch außer Kraft gesetzt, daß
- Mädchen und Frauen heute mehr Wahlmöglichkeiten im Hinblick auf ihre Rolle haben als früher,
- sich Frauenförderpläne in allen relevanten Gruppierungen, Parteien, Gewerkschaften, Institutionen durchsetzen,
- Satzungen in ihrer Sprache geändert werden,
- Stellen explizit für Männer und Frauen ausgeschrieben werden,
- Mädchen mehr oder weniger sog. Männerberufe erlernen (können),
- Frauen auch in Führungspositionen zu finden sind usw.

Tatsache ist allerdings auch, daß Frauen (und Mädchen) diese Realität sehr unterschiedlich wahrnehmen, empfinden, bewerten und mit ihr umgehen. So kann z.B. die ausgeprägt frauenfeindliche Werbung, die u.a. Sport als Werbemittel für ganz verschiedene Produkte einsetzt, sehr unterschiedliche Reaktionen und Gefühle hervorrufen:
- Die einen fühlen sich dadurch als Frau diskriminiert, sprich abgewertet, und reagieren mit Zorn.
- Andere lächeln vielleicht milde und denken bei sich, „na, wenn die Männer das nötig haben – da stehe ich drüber".
- Wieder andere spüren ein leichtes Unbehagen, schieben dieses aber als nicht so wichtig weg oder trauen sich nicht, es zu äußern, um nicht belächelt zu werden.
- Einige schließlich können überhaupt nicht verstehen, wieso Frauen sich dadurch diskriminiert fühlen, und bewerten diese Reaktion als überempfindlich, distanzieren sich von so fühlenden und handelnden Frauen und/oder betrachten sie sogar als Männerhasserinnen.

Ich kenne diese Gefühle und Reaktionen ausnahmslos alle aus meiner eigenen Biographie und habe sie in den verschiedensten Schattierungen auch bei anderen Frauen erlebt. Sie veranschaulichen beispielhaft unterschiedliche Strategien, die Frauen (und Mädchen) bewußt und unbewußt entwickeln, um mit den skizzierten Bedingungen zu leben: indem sie sich nicht persönlich angesprochen und betroffen fühlen und/oder ihr Unbehagen schweigend schlucken und/oder lächelnd darüber hinwegsehen, -hören und -fühlen und/oder Zorn entwickeln und/oder Distanz durch Humor und Schlagfertigkeit herstellen und/ oder vermehrte Anstrengungen unternehmen, der weiblichen, heterosexuellen Rolle besonders zu entsprechen und/oder genau diese Rolle verweigern und/oder Neues ausprobieren und entwickeln.

In Anlehnung an die Diskussion um Heilung von sexueller Mißhandlung möchte ich diese Strategien als Überlebensstrategien bezeichnen.[6] Sie sind gleichzeitig individuell und gesellschaftlich wirksame Strategien. Und sie sind über viele Frauengenerationen hinweg entwickelt und weitergegeben worden. Sie sind Teil des (heimlichen) Wissens von Frauen um eine Gesellschaft, die ihnen nicht den Bewegungs-, Handlungs- und Denkraum zugesteht, wie ihn Männer selbstverständlich beanspruchen und haben. Wenn ich diesen Bedingungen die Gesundheitsdefinition der WHO zugrunde lege, ist unschwer zu erkennen, daß das physische, psychische und soziale Wohlbefinden von Frauen und Mädchen mehr oder weniger massiv beeinträchtigt wird und ist. Frauen entwickeln trotzdem Lebenslust, Kreativität und eine oft unglaubliche Energie zur Bewältigung ihrer vielen Aufgaben – hierbei helfen ihnen nicht zuletzt die skizzierten Strategien, auch wenn diese zum Teil selbstzerstörerische Anteile haben, indem sie z.B. die einzelne von sich selbst, ihrer Verletzbarkeit, ihren Bedürfnissen entfernen und entfremden (können).

Zu einer dieser Überlebensstrategien hat sich im letzten Jahrzehnt offensichtlich Fitness entwickelt. Frauen strömen scharenweise in die Fitness-Studios, gemischte wie spezielle für Frauen, deren Angebote von Gymnastik und Aerobic über Kraft- und Fitnesstraining an Geräten bis hin zu Wirbelsäulengymnastik und Jazztanz reichen. Das heißt, Fitness ist kein männliches Privileg. Darüber hinaus scheint mir Fitness eine Art Transportmittel für Gesundheit zu sein, die sich alleine nicht so gut verkaufen ließe. Denn Fitness „ist" mehr als Gesundheit. Fit zu sein – das verspricht Leistungsfähigkeit, Flexibilität, Selbstbewußtsein, Stärke, Attraktivität (= Schönheit), Jugendlichkeit, Wohlbefinden – und eben *auch* Gesundheit. Fitness ist und wird zu einem Lebensstil, zu dem auch das entsprechende Out-fit wie Kleidung und Gesichtsbräune gehören.

Was macht Fitness für Frauen so attraktiv, und warum sprechen Fitness-Anbieter gezielt Frauen an?

Sich in einem Fitness-Studio körperlich zu betätigen, beinhaltet u.a. zeitliche Flexibilität, persönliche Ansprache, individuelle Betreuung und ein individuell abgestimmtes Trainingsprogramm, das an den jeweiligen persönlichen Voraussetzungen anknüpft. Letzteres ist verbunden mit dem Fehlen eines unmittelbaren Leistungsvergleichs. Damit kommen die kommerziellen Fitness-Anbieter durchaus vorhandenen Bedürfnissen von und Bedingungen für Frauen entgegen. Die zeitliche Flexibilität z.B. ermöglicht Frauen mit Kindern eine körperliche Betätigung dann, wenn die Kinder im Kindergarten – sofern sie dort einen Platz bekommen – oder in der Schule sind. Einige Studios bieten sogar Kinderbetreuung an. Die persönliche Ansprache vermittelt ein Gefühl des Ernstgenommen-Werdens. Ein individuell abgestimmtes Trainingsprogramm ermöglicht, daß jede Frau „da abgeholt wird, wo sie gerade steht". Der fehlende unmittelbare Leistungsvergleich gestaltet das Sporttreiben – zumindestens auf den ersten Blick – streß- und konkurrenzfrei/er. Studios für Frauen bieten außerdem einen eigenen Raum, frei von Männerblicken und -urteilen. In Verbindung mit weiteren Angeboten wie Sauna und Massagen und dem charakteristischen Ambiente – (getönte) Spiegelwände, lärmschluckender Teppichboden, dezente Musik, gemütliche Sitzecke, Getränkebar – wird Frauen hier das Gefühl vermittelt, umsorgt zu werden, sich einfach wohl fühlen und fallen lassen zu können – etwas, wofür Frauen in der Regel immer selbst zuständig sind und meistens für andere, ob im Privaten oder Beruflichen.

Hierin sehe ich einen Grund für die Attraktivität der Fitness-Studios für Frauen. Darüber hinaus haben es die kommerziellen Fitness-Anbieter verstanden, das zeitgemäße Frauenbild aufzugreifen bzw. selbst mit zu modellieren. „Die Frau von heute präsentiert sich: selbstbewußt, durchsetzungsfähig, sportlich durchtrainiert, figurbetont – eben mit weiblichen Attributen nicht geizend", ist in einem Artikel „Frauen und Fitness" der Zeitschrift „Fitness Trends" nachzulesen.[7] Kraft- und Muskeltraining ist für Frauen heutzutage kein Tabu mehr – mit „einer" Einschränkung: „Möglichst wenig sichtbar, möglichst rücksichtsvoll gegenüber männlichen Empfindlichkeiten sollen die aufgepeppten Fibrillen (Mukelfäserchen) unter glatter Haut den ästhetischen Dienst verrichten, zu dem früher Hüfthalter und Mieder herhalten mußten"[8], zu dem des weiteren Bekleidung und Kosmetik gehören.

Nichts an Deutlichkeit zu wünschen übrig läßt auch die folgende Feststellung in der bereits erwähnten Zeitschrift: „Gerade in den Köpfen vieler Frauen, die der Doppelbelastung Familie und Beruf ausgesetzt (!D.S.) sind, hat die Erkenntnis Einzug gehalten, daß die Leistungsfähigkeit nur erhalten bleibt, wenn neben den genannten Streßfaktoren ein sportlicher Ausgleich besteht." Hier wird offen eingeräumt, daß die gesellschaftlichen Bedingungen für Frauen belastend sind. Doch wird nicht an ihnen gerüttelt, sie werden als naturgegeben und unveränderbar hingestellt. Statt dessen werden Angebote kreiert, die Frauen für die Belastungen fit machen und von deren Ursachen ablenken (sollen) – und an denen sich wiederum vor allem Männer eine goldene Nase verdienen. Anders ausgedrückt: Die zugestandene vermeintliche Selbstbestimmung von Frauen hat da ein Ende (zu haben), wo es um die Vorteile von/für Männer geht. Vor diesem Hintergrund stimmt auch mißtrauisch, wenn wohlwollend über die Bodybuildnerin Gabriele Sievers konstatiert wird, daß sie nicht von Aggressionen aufgeladen ist, weil sie ihren Ärger und Frust an ihren Maschinen abarbeitet.[9] Oder wenn gar Psychologen Frauen das Boxtraining mit Seilspringen und Gymnastik empfehlen, weil dabei auch (!) Frauen ihre Aggressionen auf harmlose (!) Weise loswerden.[10] Ich stelle nicht in Frage, daß Sport und Bewegung – für Frauen und Männer – durchaus eine sinnvolle Möglichkeit sein können, Aggressionen und Frust loszuwerden und damit auch zu kanalisieren. Was mir bei der inhaltlichen Einbindung dieser Empfehlung auffällt, ist, daß sie die alltägliche Gewalt von Männern negiert, was bedeutet, daß viele Männer ihre Aggressionen eben nicht auf harmlose Weise z.b. im Sport ausagieren. Andererseits sollen aber Frauen auf eben diesem Weg ihre Wut los werden anstatt z.B. am Ort des Geschehens.

Fitness wird offenbar als *ein* probates Mittel angesehen und eingesetzt, bestehende Herrschaftsstrukturen zwischen den Geschlechtern im neuen/alten Gewand aufrechtzuerhalten. Das neue Gewand ist die Präsentation eines scheinbar emanzipierten Frauenbildes mit den Merkmalen selbstbewußt, berufstätig mit und ohne Familie, finanziell unabhängig und/oder zumindestens aufgeklärt, bewußt und kritisch lebend. Hierfür werden zum Teil auch gezielt einige Forderungen der Frauen- und Lesbenbewegung vereinnahmt. Das alte Gewand ist die weiterhin bestehende Gültigkeit des Imperativs „gefalle dem Mann". Das heißt: Ein unhinterfragtes Ziel von so gestaltetem Sport bleibt „die" Schönheit, orientiert an männlichen Maßstäben *und* auf der Grundlage der heterosexuellen Norm.

Als Strategie setzt Fitness ebenso wie viele der o.g. gesellschaftlichen und alltäglichen Bedingungen unmittelbar am Körper an, indem Frauen ihn entsprechend formen und die berühmt-berüchtigten „Problemzonen" wegtrainieren. Die Verbesserung der eigenen Figur, der Kampf gegen Cellulite sind *eine* tragende Motivation vieler Fitness-Studio-Besucherinnen. Im Ansatz und in der Konsequenz stellt Fitness so einen Versuch dar, den eigenen Körper zu kontrollieren, was nicht selten einem Kampf gegen ihn gleichkommt. Denn dafür, daß Frauen nie das gerade herrschende Schönheitsideal erreichen (können), sorgt neben den individuell unterschiedlichen Körperformen rechtzeitig u.a. ein Wandel der Schönheitsvorstellungen und der entsprechenden Mode. Mit dem Ziel der Selbstkontrolle ist Fitness dann ein eher dürftiger Ersatz für fehlenden politischen, ökonomischen und gesellschaftlichen Einfluß (Jean Mitchell 1989). Gleichzeitig drückt Fitness aber auch ein Wunschbild von Frauen aus, das die Lust am körperlichen Auspowern, an Kraft und kraftvoller Bewegung, an Raumerweiterung, an Sinnlichkeit und positivem Körpergefühl beinhaltet. Ob Fitness mehr die Funktion einer Flucht aus einem unbefriedigenden und bedrückenden Alltag oder eher die der Veränderung von Wirklichkeit hat, hängt neben den jeweiligen Arbeits- und Lebenszusammenhängen auch von der Standortbestimmung und der Entscheidung jeder einzelnen Frau ab.

Diese Strukturen, das Modellieren von Eigenschaften, das Erarbeiten von Aussehen usw. gelten keineswegs nur für kommerziell betriebene Fitness- und Sportstudios, sondern haben u.a. in Form veränderter Sportrollen, Ansprüche und Bedürfnisse auch in die Sportvereine Einzug gehalten, die sich ihrerseits bemühen, dem Wandel mit entsprechenden Angeboten gerecht zu werden.

Die Entwicklung einer ganzheitlichen Sichtweise „rund um den ‚weiblichen' Körper" gehört/e zu den zentralen Forderungen und Errungenschaften der Frauen- und Lesbenbewegung. Die Auseinandersetzung mit „weiblicher" Sexualität, mit den vielfältigen Gewalterfahrungen von Frauen und Mädchen, mit Gesundheit und Krankheit, mit der Schulmedizin und dem Gesundheitswesen insgesamt hat die zugrundeliegenden Machtbeziehungen zwischen Frauen und Männern aufgezeigt und herausgearbeitet, daß die Geschichte „weiblicher" Körper durch ein hohes Maß an Enteignung und Fremdbestimmung gekennzeichnet war und ist. Diese Erkenntnisse fanden ihren Ausdruck in einer ganzheitlichen, frauenparteilichen Auffassung von Gesundheit, die diese nicht als Norm und statische Größe, sondern als einen umfassenden Heilungsprozeß begreift, dessen Ausgangspunkt die gesellschaftlichen *und* individuellen Bedingungen von Frauen sein müssen. Auf dieser Grundlage sind Möglichkeiten und Wege zu mehr Selbstbestimmung von und für Frauen gedacht und umgesetzt worden.

Die nun vielerorts propagierte Ganzheitlichkeit im Rahmen der Gesundheits- und Fitnessbewegung meint nicht selten nur den vermarktbaren Teil des Ganzen und ist so in meinen Augen auch ein fatales Beispiel dafür, wie Ansätze zur Aneignung des weiblichen Körpers wiederum zu Mitteln der Enteignung werden können: indem wieder einmal die anfangs benannten politischen und wirtschaftlichen Entwicklungen ausgeblendet werden – eine Tendenz, der leider auch von Teilen der Frauen- und Lesbenbewegung Vorschub geleistet wird. Die – häufig käuflichen – Angebote der Therapieszene, der Sportszene, der Freizeitindustrie und auch des Bildungswesens können in gewisser Weise zur Lebenshilfe für die einzelne Frau werden. Sie stellen insofern auch sinnvolle Lösungsversuche innerhalb der eigenen Person und Beziehung dar[11], die – neben dem schlichten Abschalten und Entspannen – die einzelne stärken, ihr mehr Selbstvertrauen geben und neue Möglichkeiten eröffnen können. Von hier können dann sehr wohl Impulse für Veränderungen ausgehen, die den Handlungs-, Denk- und Bewegungsraum der einzelnen Frau erweitern.

In der politischen Einschätzung der skizzierten Entwicklung ist es m.E. wichtig zu überprüfen, von wem welche Angebote in wessen Interesse und mit welchen Absichten gemacht werden. Ziele und Inhalte von Fitness, die sich offen oder verdeckt an der Devise „schöner – schlanker – straffer"[12] orientieren, lassen Frauen in den Grenzen der von Männern für sie vorgesehenen Rollen. Indem sie u.a. eine Schönheitsnorm setzen, die letztlich für keine Frau erreichbar ist, die die Existenz lesbischer Frauen negiert, weil ihr Maßstab die Heterosexualität ist, und die alle behinderten heterosexuellen und lesbischen Frauen von vornherein ausschließt, weil diese Norm (wie andere) von einem „vollständigen" Körper ohne sichtbare Behinderungen ausgeht.

Im Sinne eines Ausblicks halte ich
- die Begriffe Gesundheit, Krankheit und Behinderung kritisch zu hinterfragen,
- gesellschaftliche und individuell verinnerlichte Ausschlußmechanismen sowohl der Begriffe als auch von Sport und Bewegung in Form von Körper-, Bewegungs- und Schönheitsbildern, von Bewegungsinhalten, Vermittlungsformen und Bewegungsräumen bewußt zu machen und schrittweise aufzulösen,
- eine möglichst vielfältige Bewegungs- und Wissensbasis herzustellen und zu vermitteln, die an den gesellschaftlichen und individuellen Bedingungen von Frauen, ihren Möglichkeiten und Grenzen ansetzt und Lust auf Bewegung und Körper/lichkeit macht,

für wichtige Ansätze in einer feministischen Sport- und Bewegungskultur (zu einem feministischen Ansatz in bezug auf Kraft- und Fitnesstraining siehe Regine Ulmer in diesem Buch); um der Utopie ein Stück näher zu kommen, daß jede Frau und jedes Mädchen – gleich welcher Hautfarbe, Kultur- und Religionszugehörigkeit, ob heterosexuell, lesbisch, unsichtbar behindert oder nicht – ein Gefühl und Wissen dafür bekommen kann, was ihr wann und wie gut tut; damit Sport und Bewegung zu Gesundheit im Sinne eines umfassenden Heilungsprozesses beitragen (können), in dem nicht nur Symptome kuriert werden und ansonsten alles beim Alten bleibt.

## ANMERKUNGEN

1 Christina Thürmer-Rohr, *Feminismus und Erziehungswissenschaften*, unveröff. Vortrag, Berlin 1990. S. 4.
2 Ebd., S. 11. Wie Mann sich im Hinblick auf das Machtverhältnis zwischen den Geschlechtern mit patriarchalen Strukturen und Auswirkungen auseinandersetzen könnte, habe ich eindrucksvoll im Rahmen meiner Lehrveranstaltung an der FU Berlin beim Thema Gewalt erlebt. Nach zwei Sitzungen mit zum Teil kontroversen Auseinandersetzungen darüber zwischen den Studentinnen und Studenten erzählte ein Student folgende Erfahrung: Er kam nachts aus der U-Bahn auf eine Straße, die bis auf eine Frau, die wenige Meter vor ihm ging, menschenleer war: eine klassische Situation, die für die/eine Frau verunsichernd bis bedrohlich sein kann/ist, weil sie nicht sicher sein kann, ob der Mann sie in Frieden läßt oder nicht. Aus dieser Überlegung heraus hat sich der Student entschlossen, selber die Straßenseite zu wechseln, um ihr damit zu signalisieren, daß von ihm keine Gefahr ausgeht. Dies ist in meinen Augen ein *handelnder* Beitrag, mit dem Männer es nicht nur und immer wieder Frauen überlassen, an den Bedingungen etwas zu verändern.
3 In meinen Ausführungen gehe ich auf die grundlegenden Bedingungen ein, die mehr oder weniger sowohl heterosexuelle als auch lesbische Frauen betreffen. Aufgrund der Tatsache, daß in dieser Gesellschaft eine lesbische Identität nach wie vor weitgehend verneint und/oder verschwiegen wird, hat aber z.b. die Bedingung Gewalt für lesbische Frauen darüber hinaus noch einmal spezifische und damit andere Ausprägungen und Auswirkungen als für heterosexuelle Frauen. Diese Differenzierungen, hier bezogen auf den Themenkomplex Gesundheit und Fitness, lasse ich hier weitgehend außer acht. Zu fragen wäre z.B., ob heterosexuelle und lesbische Frauen Gesundheit (und Krankheit) für sich unterschiedlich füllen, worin mögliche Unterschiede bestehen und welche Konsequenzen dies haben könnte, müßte.
4 Ich verwende die Begriffe Weiblichkeit und weiblich in dem traditionellen Bedeutungszusammenhang, der damit „Eigenschaften" wie passiv, gefühlsbetont u.ä.m. umschreibt. Wenn diese Zuschreibungen nicht gemeint sind, versehe ich die Begriffe mit Anführungszeichen.
5 Alexa Franke, „Ist die Frau ein kranker Mensch?" in: *Psychologie Heute Special: Frauen, war das wirklich alles?*, Weinheim 1987, S. 69.
6 Vgl. Ellen Bass/Linda Davis, *Trotz allem. Wege zur Selbstheilung für sexuell mißbrauchte Frauen*, Berlin 1990.
7 Beate Krahmann, „Frauen und Fitness", in: *Fitness Trends* 1989.
8 Wilhelm Bittorf, „Jede Faser winselt um Gnade", in: *Spiegel* Nr. 2239, 27.5.89, S. 203.
9 Ebd., S. 213.
10 Vgl. Bianka Schreiber-Rietig, „Starke Frauen", in *Olympische Jugend*, 8/86, S. 10 – 14.
11 Christina Thürmer-Rohr, a.a.O., S. 8.
12 Im Kontext des zitierten Artikels in *Fitness Trends* liest sich das so: „Der fitnessbewußten Frau geht es nicht um olympisches Gold, sondern darum, im neuen Glanz zu erstrahlen... Das olympische Motto ‚schneller – höher – weiter' wird folglich den weiblichen Interessen modifiziert und lautet nun so: ‚schöner – schlanker – straffer'."

Dieser Artikel ist die überarbeitete Fassung eines Vortrags, den ich in der Frauen-Gesundheits-Werkstatt im Rahmen des Kongresses „Gesundheit in Bewegung" im November 1990 in Bremen gehalten habe.

Heidi Scheffel

## MädchenJungenSpiel

### Was ist das Gemeinsame im gemeinsamen Spiel von Mädchen und Jungen?

„Die physiologischen Bedingungen (Hormonspiel, Samenproduktion) machen den Mann zum sexuellen Frühstarter. Seine frühe Bereitschaft zur sexuellen Betätigung, ausgelöst durch die Signale der Frau, lassen ihn weitaus früher den Erregungsgipfel erreichen, als dies die Frau tut. Folgte der Mann seinem ‚Drange‘, so stiege er bereits wieder zu Tale, wenn die Frau gerade eben auf halber Strecke zu ihrem Gipfel ist. Das *Liebesspiel* (im Text kursiv, H.S.) schlägt hier eine Brücke, indem die Erregungskurve des Mannes verzögert (gehemmt), die der Frau entfaltet wird. Der Mann ‚entdeckt‘ mit allen Sinnen den Körper der Frau, umspielt ihre erogenen Zonen und steigert an der Erregungskurve der Frau entlang allmählich seine Aktivität. Die Frau läßt den Mann spüren, welche Wunder er bewirkt, und vermittelt ihm lange vor dem sexuellen Höhepunkt die Lust der Anerkennung. Diese bestärkt ihn in der ‚positiven Hemmung‘ der eigenen Befriedigung. Dieses Wechselspiel aus Selbst- und Fremdwahrnehmung und -bestätigung macht aus einem biologischen Akt der Kopulation ein höchst kunstvolles (nicht künstliches) *Spiel mit Regel* (im Text kursiv, H.S.)."[1]

Dieses Zitat ist keineswegs einem Medizinbuch entnommen und stammt auch nicht aus einer „Aufklärungsschrift für unsere Jugend". Nein, es findet sich in einem neueren Theorie- und Praxis*spiel*ebuch. Der Verfasser macht sich Gedanken über die Gemeinsamkeiten von Liebesspiel und Sportspiel, und diese Verbindung von Sport und Sexualität ist nicht zufällig. Sport als „eine ‚männliche‘ Aktivität bzw. eine ‚männliche‘ gesellschaftliche Inszenierung"[2] bedarf der scheinbaren „Potenz des Mannes", um die männliche Überlegenheit im Sport sicherzustellen. Dies gilt nicht nur für den aktiven Sportler, sondern schließt den passiven Sportler ebenso mit ein. Im Verhältnis von Fußballfan zu seiner Freundin ist er „der Mann, der die Frau geringschätzt, aber sie braucht. Sie gibt dem einsamen Kämpfer Wärme und Geborgenheit, sie gibt ihm die notwendige Stärke, über die er selbst ja gar nicht verfügt."[3]

Das gemeinsame Spiel[4] von Mädchen und Jungen im Sportunterricht trägt in seinem Kern ähnliche Züge: Die Mädchen erkennen die Überlegenheit der Jungen im Spiel an, stärken ihr Selbstvertrauen und werden als Gegenleistung scheinbar in ihren Kreis aufgenommen. Christina Thürmer-Rohr beschreibt diesen Ort von Frauen (und Mädchen) als „eine Welt, von der jede Frau spüren kann, daß es nicht wirklich ihre ist, auch wenn es allenthalben Platzzuweisungen für sie gibt. Frauen stellen diese Welt mit her und erhalten sie, aber sind in ihr nicht wirklich zu Hause. Sie sind nur mitgenommen worden unter Bedingungen."[5] Und: „Frauen haben und finden ihre ‚Heimat' beim Mann, sofern sie ihn bejahen, sie haben und finden eine ‚Heimat' in dieser Gesellschaft, sofern sie deren Männergemachtheit bejahen."[6]

Wie reproduziert sich im koedukativen Sportunterricht dieses Geschlechterverhältnis: der Mann als gesellschaftlicher Wertträger und Heimat für die Frau?[7] Grundlage für eine Antwort auf diese Frage ist eine Arbeit über koedukativen Sportunterricht in der Sekundarstufe I[8], die beschreibt, wie Mädchen den gemeinsamen Unterricht erleben und welche Handlungsmuster sie hierin entwickeln (müssen). Nach den Aussagen der von mir interviewten Mädchen, eigenen Beobachtungen als Lehrerin und den Aussagen vieler Kolleginnen und Kollegen[9] sind Ballspiele die „Achillesferse" im koedukativen Sportunterricht, an denen zentrale Vergesellschaftungsmuster wie durch ein Vergrößerungsglas deutlich werden.

Die Sportspiele, so wie sie zur Zeit im koedukativen Sportunterricht vermittelt werden, verstärken m.E. die traditionellen Geschlechterstereotype im Sport und verhindern bei den Mädchen den Aufbau von Eigenständigkeit, Selbstvertrauen und einer positiv besetzten Sportspielfähigkeit.

*„Ach, die Bälle!"*
*Mädchen und ihre Beziehungen zu den Sportspielen*
Die von mir interviewten Mädchen geben fast durchgängig an, daß die Jungen in den Ballspielen besser sind. Ein Mädchen stellt treffend fest:
„Am meisten habe ich das Gefühl bei den Ballsportarten, daß die Jungen das viel lieber machen und auch viel besser können. Ich finde, da gibt es manchmal ganz schöne Unterschiede, wenn man das so sieht."
Auch wenn es sehr gute Spielerinnen in einer Gruppe gibt, gibt es in der Regel mindestens einen Jungen, der noch besser ist als sie. Auf diese Weise wird das Bild vom leistungsstarken Jungen und leistungsschwachen Mädchen immer wieder hergestellt. So antwortet ein Mädchen auf die Frage, mit wem sie am liebsten zusammenspielt:
„Ja, mit den Guten. Das sind die Jungen. Es gibt auch gute Mädchen, aber die sind dann eben nicht ganz so gut wie die besten Jungen."

Die Mädchen geben größtenteils an, daß sie Ballspiele nicht mögen:
„Also so Basketball und sowas, das mag ich nicht so gerne, Ballspiele mag ich eigentlich nur Volleyball, sonst mag ich keine Ballspiele."
Ein Mädchen antwortet spontan auf die Frage, was sie am liebsten im Sportunterricht abschaffen würde:
„Ach, die Bälle!"
Als Begründung gibt sie an:
„Ja, also früher habe ich sehr gerne Spiele mitgemacht, aber jetzt mache ich das nicht mehr so gerne. Z.B. Basketball und sowas, so ganz schwere Sachen, was man nicht so ganz schnell begreifen kann... und wir (sie und ihre Freundin, H.S.) müssen immer mit den ganzen Jungen zusammen, und dann finden wir das ganz blöd, und dann setzen wir uns an den Rand, und dann gucken wir nur zu... Die Jungens, die wollen natürlich immer den Jungen den Ball zuwerfen, und uns werfen sie nie, und dann sagen sie immer: ‚Ja, wieso stehst du da in der Ecke rum', aber wenn wir dastehen, ich habe mich immer da vorne hingestellt. Was kam, war, einmal habe ich den Ball abgekriegt."
Ein weiteres Mädchen antwortet auf die Frage, ob sie gerne Spiele mit Bällen mag:
„Nein, weil ich da nicht so gut den Ball kriege, weil ich nicht so gut fangen und werfen kann, und dann werfen die mir den Ball nicht so oft zu."
Ähnlich äußert sich ein Mädchen über ihre Freundin:
„Aber im Sport, die ist immer ein bißchen ängstlich. Wenn ihr ein Ball zugeworfen wird, kneift sie immer die Augen zu, fängt nicht richtig, weil sie nichts sieht... Also das letzte Jahr hat sie kaum noch am Sportunterricht teilgenommen, weil sie deshalb nicht wollte. Sie hat auch keine Lust dazu, aber als sie dann eine 6 im Sport gekriegt hat, hat sie gesagt: ‚So, jetzt muß ich machen', weil sie braucht ihr Fos (ein Schulabschluß, H.S.)."
Ein Großteil der von mir interviewten Mädchen erlebt sich also in der Beziehung zu den Jungen selbst als leistungsschwächer, spielt Ballspiele – bis auf einzelne Ausnahmen – nicht mehr gerne und hat vor Bällen manchmal Angst.

Heidi Knetsch, Claudia Kugelmann und Martina Pastuszyk haben in einer Interviewstudie ähnliche Ergebnisse erhoben. Danach bedeuten Ballspiele für Mädchen und Frauen Angst, Versagen und Wertlosigkeit. „Diese Selbstbilder sind entstanden in geschlechtsspezifischen Sozialisationsprozessen und durch die situativen Bedingungen des Schulsportalltags: Sport wurde formgebunden präsentiert, der Schulsport war im wesentlichen das Abbild des institutionalisierten außerschulischen

Sports. Die Dominanz der ‚äußeren Bilder' der Sportspiele hat die Gestaltung positiver ‚innerer Bilder' verhindert."[10]

Wie erklären die Mädchen selbst diese Phänomene: schlechteres Leistungsniveau, weniger Spaß und mehr Unbehagen? Den naheliegendsten Grund in bezug auf die unterschiedliche Leistungsfähigkeit sehen die Mädchen in den unterschiedlichen Bewegungserfahrungen von Mädchen und Jungen im Kindesalter:

„Meistens sind ja auch die Jungen ballgewandter, weil die früher, als sie klein waren, auch immer mit dem Ball gespielt haben."

Darüber hinaus führen sie die Ursachen der unterschiedlichen Leistungsfähigkeit auf die Ungleichheit im Sportartenangebot für Männer und Frauen zurück:

„Ja, also ich denke, für die Jungen wird mehr angeboten... Fußball – es ist meistens alles nur für Jungen... Wenn wir jetzt ein Spiel machen, dann kommen die Jungen ja mehr dran, weil die das halt schon können, weil die in Fußball sind. Also in X. gibt es wohl Mädchenfußball, aber da habe ich schon gehört, die sind wohl alle zusammen. Bei den Jungen gibt es die A-Jugend, B-Jugend und C-Jugend, und bei den Mädchen sind alle zusammen."

Diese beiden Begründungszusammenhänge tragen in der Tat, wie vielerorts nachgewiesen, zu den beschriebenen Phänomenen bei (vgl. den Beitrag von Gabriele Sobiech und mir in diesem Buch). Auch in reinen Mädchengruppen haben Ballspiele einen anderen Stellenwert als in Jungengruppen. Im koedukativen Sportunterricht gibt es jedoch eine Reihe weiterer Faktoren, die dazu beitragen, daß die Mädchen mit wachsendem Alter zunehmend Spaß und Selbstvertrauen an den Ballspielen verlieren.

*„Beweg' doch deinen fetten Arsch durch die Gegend!"*
*Was Mädchen so alles zu hören bekommen.*
Das Auffälligste an den Aussagen der Mädchen war die Durchgängigkeit und Häufigkeit, mit der sie angaben, beim Spielen von den Jungen „angemacht" zu werden. Diese Anmache kann grob unterschieden werden in Äußerungen, die sich direkt auf das Spielgeschehen beziehen, und solche, die Spielgeschehen und Mädchenanmache vermischen. Die Mädchen zitieren ganz wenige Äußerungen der Jungen, die als sachbezogene Kritik bewertet werden könnten, wie:

„Du hast bekloppt gespielt."
„Du kannst das nicht!",

die m.E. zwar nicht sachbezogen, sondern wertend, aber zumindest nicht mit sexistischer Anmache durch die Jungen verbunden sind. Diese Art von Kritik durchzieht die Spiel- und Sportstunden, so daß die Mädchen entweder aus dem Spielfeld gedrängt werden oder sich selbst zurückziehen:

„Manchmal, wenn dann eine von uns etwas eher falsch macht, dann ‚ja, hast du wieder nicht aufgepaßt' oder so, und was mir beim Volleyball sehr aufgefallen ist, immer wenn der Ball kam, war er praktisch dann da und hat die anderen praktisch verdrängt, nicht immer, aber oft, daß die anderen seltener an den Ball kamen."

Eine andere beschreibt diese Verknüpfung von Leistungs- und Durchsetzungsvermögen einerseits und der Kritik der Jungen andererseits ähnlich:

„Ballfangen finde ich immer so chaotisch, weil die Jungen fangen den Ball immer, und dann sagen die: ‚Ja, die Mädchen können nicht fangen', also die Jungen stellen sich hin, dann schmeißt der eine zu dem und dem und dem. Ja, und die Mädchen, die stehen da hinten herum und stören auch schon... Und die Jungen, die verteilen sich einfach, wo sie hinwollen. Ja, und dann stehen wir meistens immer ganz hinten, ganz hinten in der Ecke."

Diese Kritik bleibt nicht ohne Konsequenzen:

„Ich spiele ganz gerne Fußball. Ich habe nichts dagegen. Nur wenn ich dann in einer Mannschaft bin, wo die Jungen mich jedesmal schief angucken, wenn der Ball nicht da landet, wo ich ihn hinhaben wollte, und mich dann immer gleich anmachen, wenn's nicht so klappt, wie es sein sollte, dann habe ich da auf so etwas keinen Bock, und dann sage ich auch von vorneherein: ‚Ja, dann vergesse ich halt immer mein Sportzeug', weil ich weiß, das ist für mich sowieso dann nur Streß, das ist kein Sport, das ist Streß bzw. keine Atmosphäre."

In allen Beispielen wird deutlich, daß den Mädchen die Spielkompetenzen von den Jungen abgesprochen und sie aus dem Spielgeschehen gedrängt werden, oder sie gehen irgendwann von selbst, weil sie auf diese Art von Kritik „keinen Bock" mehr haben.

Lassen die Mädchen sich jedoch trotz dieser Kritik nicht aus dem Spielgeschehen drängen, werden sie nicht nur leistungsbezogen kritisiert, sondern sexistisch angemacht:

„...Nimmt bloß die Bälle weg, und wenn wir uns dann unsere eigenen Bälle nehmen, dann fängt er an zu meckern: ‚Mußt du aufpassen, hast du das nicht gesehen?' Wenn ein Ball ins Netz reinfällt: ‚Hei, wärst du da nicht drangegangen, wäre viel besser gewesen'... Ja, und der hat noch ganz andere Sachen drauf: Schlampe, Hure und Co!"

„Wenn man Hockey spielt und man ist nicht so schnell wie der Junge in der Gegenmannschaft, dann heißt es immer: ‚Beweg' doch deinen fetten Arsch durch die Gegend', und so Schoten kommen dann rüber."

Die Anmache der Jungen bezieht die Mädchen in ihrer Geschlechtlichkeit fast immer mit ein: So wird das Mädchen doppelt getroffen. Leistungsbezogene Kritik vermischt sich mit sexistischer Anmache, wenn die Mädchen dem Frauenbild der Jungen nicht entsprechen.

„Ja, das sind halt auch so, wo ich denke, von wegen Anmachen, wenn man halt als Mädchen nicht so gut ist und sich halt auch nicht so benimmt, wie Jungen's gerne möchten."

Selbst wenn ein Mädchen leistungsstark ist, bleibt es für Jungen möglich, das Mädchen ausschließlich aufgrund ihrer Geschlechtlichkeit anzumachen. Die Aussage eines sehr gut fußballspielenden Mädchens belegt dies eindringlich. Ein fußballschwacher Junge diskriminierte sie mit folgender Äußerung:

„Ich dachte, Fotzen könnten kein Fußball spielen!"

Den Zusammenhang zwischen sportlicher Kritik und sexistischer Anmache zu durchschauen und die vielleicht auch gerechtfertigte Kritik von der sexistischen Diskriminierung zu trennen, ist für die Mädchen sehr schwer. Dies hat Konsequenzen. Das gering entwickelte Selbstvertrauen der Mädchen, bezogen auf ihre Ballspielfähigkeiten, und der zunehmende Verlust an Spaß und Freude muß in direktem Zusammenhang mit der sexistischen Anmache und der darin erlebten Frauenabwertung gesehen werden.

Die Mädchen selbst stellen diesen Zusammenhang nicht her. Sie benennen zwar verschiedene Gründe für ihre Ballspieldistanz, lassen sie aber unverbunden nebeneinanderstehen. Sie sehen nicht, daß die Vormachtstellung der Jungen nur zum Teil auf deren größeren Spielerfahrungen etc., zu großen Teilen aber auf den gesellschaftlich hergestellten Männer- und Frauenbildern beruht, die die massive Abwertung der Mädchen durch die Jungen in den Köpfen der Mädchen selbstverständlich werden läßt. Statt dessen arrangieren sich die Mädchen weit mehr, als notwendig wäre, mit dieser Vormachtstellung der Jungen und sehen diese dann im nachhinein aufgrund „objektiver" Gegebenheiten gerechtfertigt:

„Die Jungen, finde ich, können auch besser spielen und deshalb war es so am besten" (bei Schulmeisterschaften mußten die Mädchen auf die Ersatzbank, 6. Klasse, H.S.).

*„Macht echt Spaß!"*
*Mädchen unter sich*
Daß die Mädchen sich mehr als notwendig arrangieren, zeigt sich besonders eindrucksvoll angesichts der positiven Erfahrungen, die Mädchen in bezug auf reine Mädchenspielgruppen angeben.

„Im Mädchenfußball (Schularbeitsgemeinschaft, H.S.) hat mir das auch richtig Spaß gemacht, da war das halt nicht mit den Jungen, daß die immer dachten, wir würden nicht so toll an den Ball gehen und so. Da habe ich dann auch etwas mehr Fußball gelernt als im Kurs, im Sportkurs... Ich finde es besser, wenn man mit den Mädchen zusammenspielt, weil dann kriegt man öfter den Ball, und dann kann ich auch besser spielen und so... Ich denke mir, bei den Jungen, die spielen auch immer etwas härter und sagen dann, da hättest du rangehen müssen an den Ball und so weiter, und meckern an einem mehr rum. Und im Mädchenfußball war das eben nicht so, wir haben alle gelernt, waren alle ungefähr auf derselben Stufe, manche waren halt ein bißchen besser, aber wir hatten alle, denke ich mir, die gleichen Probleme mit den Jungen. Und deshalb haben wir den anderen auch nicht so angeschrien und so, und dann auch mit dem Wählen, da wurden dann auch die Besseren gewählt, aber nicht wie bei den Jungen, da wurden dann auch die Schlechteren früher gewählt, nur weil es Jungen waren. Und deshalb hat es mir auch so einen Spaß gemacht, da war nicht so ein Ehrgeiz, Kampf und so, und da haben wir auch friedlicher gespielt und so, und es war halt eine angenehmere Atmosphäre als im Kurs."

Andere Mädchen erleben das für sich ähnlich positiv. Eine sehr gute Ballspielerin stellt den Zusammenhang von reinen Mädchengruppen und wachsendem Selbstvertrauen her:

„Also wenn ich nicht gegen die Besten (die Jungen, H.S.) spielen muß, wenn die Besten in einer Mannschaft sind, dann ist das so normal so. Dann fühle ich mich halt stärker, als wenn ich so die Schwächste bin."

Hier wird deutlich daß die Mädchen nicht grundsätzlich nicht gerne Ball spielen, wie dies häufig als Selbstverständlichkeit angenommen wird:

„Was ich gerne machen würde, ist also Volleyball, Handball, Fußball, Basketball, Baseball, ja so."

„Da muß man sich dann halt selbst durchsetzen und mit dem Ball halt rennen. Ja, daß man halt viel Ausdauer kriegt und total frei sein und laufen kann, wie man will und nicht nach Vorschrift wie beim 50m-Lauf zum Beispiel, sondern richtig Freilauf."

Man(n) und frau machen es sich häufig zu einfach und nehmen die Ballspieldistanz der Mädchen hin, ohne genau hinzuschauen, wo die wahren Gründe hierfür liegen.

*Und doch wollen die Mädchen lieber mit den Jungen spielen.*

Vor diesem Hintergrund erstaunt, daß die Mädchen selbst sich nicht eindeutig für Sportunterricht in reinen Mädchengruppen aussprechen. Ein Großteil der Mädchen fragt offensichtlich nicht weiter nach, warum ihnen das Spielen in reinen Mädchengruppen mehr Spaß macht und sie

„mehr lernen" und ob sie diese Organisationsform für sich nicht lieber hätten. Sie machen ihre Erfahrungen statt dessen „produktiv" für das gemeinsame Spielen mit den Jungen nutzbar:
„Also im Sportunterricht als erstes haben die (Jungen, H.S.) uns ein bißchen spöttisch angeguckt, aber als sie sahen, daß wir auch gelernt haben (im Mädchenfußball, H.S.), genauso wie manche anderen Jungen, dann meinten sie: ‚Mh, mh!' Viele von uns haben dann einfach auch besser gespielt als manche Jungen, und dann haben sie uns nicht mehr so angeguckt. Als ein paar (Jungen, H.S.) dann wieder keine Lust hatten, wenn wir in Verfügung (besondere Unterrichtsform, auch Wunschstunde genannt, H.S.) Fußball gespielt haben, haben ich und A und B mitgespielt. Dann haben die uns gar nicht spöttisch angeguckt und haben uns dann öfter den Ball abgegeben, weil sie gesehen haben, daß wir da Spaß dran haben, uns auch bemühen... beim Wählen habe ich dann schon bemerkt, jetzt wählen sie erst die Jungen, auch wenn die schlechter sind als die Mädchen."
Nur eines der von mir interviewten Mädchen besteht darauf, daß ihr das Spielen mit den Mädchen mehr Spaß macht. Doch sie wird von ihren Mitschülerinnen immer wieder daran erinnert, daß Mädchen und Jungen „zusammenkommen müssen":
„Die meisten Mädchen, die Jungen eigentlich nicht so, haben ja immer so blöde Sprüche dann, wenn man gerade auseinanderspielt, ‚dann kommt man eigentlich nie zusammen', sagen sie! Da haben Mädchen gegeneinander gespielt und Jungen gegeneinander gespielt... das ging auch zu Anfang ganz gut, bloß ist dann bei den Jungen was schief gegangen. Ich weiß auch nicht warum. Ich habe das nicht genau richtig mitgekriegt. Auf einmal rief uns dann X (die Lehrerin, H.S.) zusammen... Dann habe ich gefragt: ‚Was ist denn jetzt los. Wir spielen doch alle gut hier!'... Die (Jungen, H.S.) haben es nicht geschafft, nicht geregelt mit dem Wählen oder so, und dann kam auf einmal, da hat A (ein Mädchen, H.S.) vorgeschlagen: ‚Wir können doch alle zusammen spielen', und das wurde dann gemacht."
Hier kommt ein weiterer Aspekt zum Tragen, der auch in der allgemeinen Schulforschung immer wieder bestätigt wurde: die soziale (Allein-)Verantwortung der Mädchen für den Schulfrieden. Die Mädchen sorgen dafür, daß der soziale Friede im Unterricht wieder hergestellt wird und Mädchen und Jungen zueinanderfinden. Sie tun dies ohne zu fragen, was es für sie selbst für Vorteile hat. Da auch die LehrerInnen dieses selbstverständliche Handeln der Mädchen i.d.R. nicht in Frage stellen, wird dies zur Selbstverständlichkeit, die das herrschende Geschlechterverhältnis als scheinbar „natürliches" immer wieder konstituiert. So wird erklärlich, wie ein Mädchen auf die Frage, mit wem sie

am liebsten zusammenspiele, antworten kann, „mit den Guten – und das sind die Jungen", um einige Zeit später in bezug auf einen Mädchensportunterricht, in welchem auch Fußball, Basketball etc. gespielt wird, zu sagen:
„Ja, dann würde ich vielleicht auch ein bißchen besser sein. Das wäre auch nicht schlecht."
Diese Mädchen sehen durchaus die Vorteile der reinen Mädchenspielgruppen und benennen sie ausdrücklich. Warum ziehen sie für sich aber nicht die Konsequenz, mehr solcher Räume zu fordern? Diese Frage läßt sich nur beantworten, wenn wir die von Widersprüchen durchzogene Sozialisation von Mädchen in den Blick nehmen. Die Mädchen würden mit solch einer Verknüpfung Widersprüche aufdecken, die sie nicht oder nur schwer verarbeiten könnten. Denn für sie ist der koedukative Sportunterricht zu einer Selbstverständlichkeit geworden, an der sie von der ersten Klasse an teilnehmen. Sie haben sich in diesen eingefunden und Strategien und Erklärungsmuster entwickelt, um darin zurechtzukommen, und werden dafür auch auf unterschiedliche Weise belohnt.

Die Geschlechterorientierung bei Mädchen (und Jungen) ist ab der Pubertät auf ein ausschließlich heterosexuelles und geschlechtshierarchisches Beziehungsgefüge ausgerichtet und eingeschränkt. Eine gelungene Persönlichkeitsentwicklung wird bei Mädchen insbesondere daran gemessen, ob sie Erfolg bei Jungen/Männern haben, also in der Lage sind, heterosexuelle Beziehungen einzugehen. Dies hat weitreichende Konsequenzen. Die Mädchen beziehen sich weniger auf sich selbst und andere Mädchen als auf die Jungen. So verschwinden häufig eigene Bedürfnisse und Interessen, die der Jungen treten in den Vordergrund. Der Wert, den Mädchen sich selbst und dem eigenen Geschlecht beimessen, verringert sich.[11] Letztlich hat sich so für einen Großteil der von mir interviewten Mädchen das Bedürfnis, „in gemischten Gruppen Sport zu treiben", entwickelt. Der Widerspruch zwischen dem Wunsch nach koedukativem Sportunterricht und den Erfahrungen in reinen Mädchengruppen läßt sich dadurch unsichtbar machen, daß die einzelnen Realitätsbereiche voneinander getrennt werden, so getan wird, als habe das eine nichts mit dem anderen zu tun.[12] Damit bleiben aber auch die beschriebenen, im koedukativen Sportunterricht aufgebauten Erklärungsmuster unhinterfragt und erscheinen als „natürlich" und selbstverständlich.

Zweifelsohne entwickeln Mädchen auch in reinen Mädchengruppen eine Balldistanz, so daß die Forderung nach geschlechtergetrennten Räumen nicht ausreicht. Die Sportspieldidaktik und -methodik muß dringend einer geschlechtsdifferenten Revision unterzogen werden. Reine Mädchenräume würden jedoch eine wesentliche Ursache, nämlich die Anmache und die Abwertung der Mädchen durch die Jungen, ausschalten. Alle Interviewaussagen und die Beobachtungen von LehrerInnen und mir selbst bestätigen, daß gerade in den Ballspielen die Mädchen in gemischten Gruppen keine Räume für sich haben, permanent gespiegelt bekommen, daß sie die Schwächeren sind, und dabei Anpassung an die Jungendominanz oder totale Verweigerung entwikkeln. Mit Mädchenräumen würden die Voraussetzungen dafür geschaffen, daß Mädchen sich eine Spielkultur umfassender als bisher aneignen können. Auf dieser Grundlage können sie dann selbstbestimmt entscheiden, wie und ob sie spielen wollen oder nicht.

Ob dies Auswirkungen auf das eingangs zitierte Liebesspiel der Geschlechter hat?

## ANMERKUNGEN

1 Günter Hagedorn, *Spielen*, Reinbek 1987, S. 94f.
2 Michael Klein, „Sportbünde – Männerbünde?", in: *Männerbande – Männerbünde*, Bd. 2, Köln 1990, S. 137.
3 Zit. nach: Peter Becker, „Fußballfans", in: *Männerbande*, ebd., S. 155.
4 Unter Spiel werden hier primär die folgenden Sportspiele gefaßt: Fußball, Handball, Volleyball, Basketball, Hockey.
5 Christina Thürmer-Rohr, „Die Gewohnheit des falschen Echos", in: *Beiträge zur feministischen Theorie und Praxis*, Heft 17, 1986, S. 115f.
6 Dies., *Vagabundinnen*, Berlin 1987, S. 179.
7 Vgl. Jutta Brauckmann, *Die vergessene Wirklichkeit*, Münster 1984.
8 Ich habe mit zwölf Mädchen der Sekundarstufe I (Realschule, Gesamtschule und Gymnasium in Stadt und Land) Interviews durchgeführt. Entgegen der vielerorts vorherrschenden Meinung, daß im Vorschul- und Grundschulalter das gemeinsame Sporttreiben von Mädchen und Jungen aufgrund weitgehender gleicher anatomischphysiologischer Entwicklung unproblematisch ist, hat Rudolf Engel (1986) festgestellt, daß das Interesse der 6-jährigen Jungen und Mädchen in unterschiedlichen Richtungen geschlechtsspezifisch differenziert ist und zwar in Anlehnung an die von der Gesellschaft vorgegebenen Rollenerwartungen. Es kann also davon ausgegangen werden, daß die folgenden Ausführungen im Kern auch auf die jüngeren Mädchen zutreffen.
9 Ich beziehe mich überwiegend auf LehrerInnenfortbildungen, die ich zum Thema „Mädchen im koedukativen Sportunterricht" durchgeführt habe.
10 Knetsch/Kugelmann/Pastuszyk, „Die Wiederentdeckung des Spiels", in: *Sportpädagogik* 1, 1990, S. 61.
11 Vgl. Pagenstecher u.a., in: *Alltag und Biographie von Mädchen 9*, Opladen 1984.
12 Vgl. Michael Klein, in: *Materialien zur Soziologie des Alltags*, Opladen 1978.

Inge Berndt

## FRAUEN UND MÄDCHEN IM ORGANISIERTEN SPORT
Erfahrungen in Vereinen und Verbänden

*Die Teilnahme von Frauen und Mädchen am organisierten Sport*
Die Jahresbilanzen des Deutschen Sportbundes zeigen: Immer mehr Menschen treiben Sport. Und in zunehmendem Maße sind es Frauen und Mädchen, die die steigenden Mitgliederzahlen im DSB bewirken. Im Jahr 1950 gab es insgesamt 3,2 Millionen Mitglieder; bis 1991 ist diese Zahl auf fast 24 Millionen angewachsen. Der Anteil weiblicher Mitglieder betrug 1950 10 Prozent; er liegt im Jahr 1991 bei 37 Prozent. Das sind weit über sieben Millionen Frauen, die damit zur größten Frauenvereinigung in Deutschland gehören.

Es ist deutlich erkennbar: Mädchen und Frauen haben Zugang zu sportlicher Aktivität gefunden. Diese Tendenz ist nicht nur an Mitgliederzahlen im Deutschen Sportbund abzulesen, sie wird auch im weiteren Rahmen – über den organisierten Sport hinausgehend – notiert. So zeigt beispielsweise Jürgen Zinnecker an einem Vergleich zweier Jugendstudien die Zunahme der sportlichen Aktivitäten, die bei Mädchen und jungen Frauen im Alter zwischen 15 und 24 Jahren deutlicher ausfällt als in der männlichen Vergleichsgruppe gleichen Alters.

|  | Jugend '54 | Jugend '84 | Erwachsene '84 (45 – 54 Jahre) |
|---|---|---|---|
| alle | 47 | 72 | 41 |
| männlich | 60 | 75 | 46 |
| weiblich | 35 | 69 | 36 |

*Tab. 1: Zeitvergleich über verschiedene „Jugendstudien". Eigene sportlichen Aktivitäten. Prozentuale Anteile aller Befragten.*[1]

Aber auch für Frauen mittlerer und älterer Jahrgänge ist Sport attraktiv geworden. Eine besonders deutliche Entwicklung verzeichnete in den 80er Jahren der Deutsche Turnerbund. In der Gruppe der 36- bis 50-jährigen Frauen gab es einen Zuwachs von über 40 000 neuen Teilnehmerinnen. Jeweils 50 000 neue Mitglieder kamen aus der Gruppe der 50- bis 60-jährigen und der über 60-jährigen Frauen.

Eine wesentliche Ursache dieser Entwicklung liegt in der Sportorganisation selbst, die mit dem Programm „Zweiter Weg" (1959) damit begonnen hat, den „Sport für alle" zu öffnen. Andere Aktionen wie „Trimm Dich" und „Spiel mit" folgten. Unter dem Motte „Sport ist im Verein am schönsten" wirbt der DSB nun vor allem mit Angeboten für bisher noch Außenstehende – vielleicht auch für nicht mehr ganz so stark motivierte Mitglieder. Er verspricht: „Aus Randgruppen werden Zielgruppen."

Gehören Frauen und Mädchen im Sport zu den Randgruppen? Wie erfolgreich sind ihre auch in anderen Lebensbereichen erkennbaren Bemühungen, sich von traditionellen Rollenmustern zu lösen und sich an eigenen Interessen und Bedürfnissen zu orientieren? Im Sport können vor allem Großvereine mit mehr als 1000 Mitgliedern ein vielfältiges Programm für Sportaktivitäten unterschiedlicher Art anbieten. Der Frauenanteil ist in solchen Vereinen auf 47–53 Prozent angestiegen. Aber nur 5 Prozent aller Sportvereine weisen diese Bedingungen auf, und sie sind fast ausschließlich in größeren Städten zu finden. In Kleinvereinen mit weniger als 300 Mitgliedern wird dagegen häufig nur eine Sportart betrieben ( am häufigsten Fußball und Schießen) Hier beträgt der Frauenanteil höchsten 25 Prozent. Vereine mittlerer Größe weisen eine ansprechende Vielfalt an Sportarten auf – eine breitensportliche Orientierung, die von Mädchen und Frauen häufiger nachgefragt wird, gibt es jedoch nur selten. 10 Prozent aller Vereine sind noch immer reine Männervereine.

Für die Vereinsmitgliedschaft von Jugendlichen macht Jürgen Baur, der verschiedene Jugendstudien analysiert und an einer Untersuchung zum Sport in der Alltagswelt von Jugendlichen in Nordrhein-Westfalen mitgearbeitet hat, auch auf die Probleme der Fluktuation aufmerksam: „Nach eigenen Angaben gehören 54 Prozent der Jungen und nur etwa 38 Prozent der Mädchen einem Sportverein an. Umgekehrt waren annähernd 25 Prozent der Mädchen und nur knapp über 10 Prozent der Jungen noch nie Mitglied eines Sportvereins. Der Anteil der ehemaligen Mitglieder liegt bei den weiblichen Jugendlichen mit 44 Prozent deutlich höher als bei den männlichen Jugendlichen mit 33 Prozent."[2] Mädchen haben demnach noch immer – im Vergleich zu Jungen – Reserven gegenüber den Sportvereinen. Diese Reserven äußern sich in geringeren Eintrittsquoten und in weniger festen Bindungen an den Verein.

Noch gravierendere Reserven gegenüber dem organisierten Sport zeigt Christa Kleindienst-Cachay[3] an Untersuchungen zum Sportengagement von Mädchen und Frauen aus sozialen Unterschichten. Nach Analysen der Studien von Schlagenhauf (1977), Deutsche Sportjugend: Sack (1986) und Deutsche Shell: Fuchs (1985) resümiert sie: „Nur knapp 5 Prozent der weiblichen Sportvereinsangehörigen sind ungelernte bzw. angelernte Arbeiterinnen." Hauptschülerinnen sind zu etwa 26 Prozent,

Realschülerinnen zu 40 Prozent und Gymnasiastinnen zu mehr als 50 Prozent in Sportvereinen organisiert. In der Hauptschule sind noch immer Kinder der sozialen Unterschichten mit 58,9 Prozent überrepräsentiert. Auch der Anteil ausländischer Schülerinnen, unter denen türkische Mädchen überwiegen, ist in der Hauptschule besonders hoch. Er lag bei der von Christa Kleindienst-Cachay untersuchten Gruppe im Großraum Stuttgart bei 65 Prozent. Nur etwa jede fünfte treibt Sport im Verein. Am schulischen Wettkampf „Jugend trainiert für Olympia" nahmen nach einer Untersuchung von Elke Rickal 29 Prozent Mädchen, aber 70 Prozent Jungen teil. Die Zahl der beteiligten Hauptschülerinnen war vermutlich sehr klein, wurde jedoch über die amtliche Statistik der Kultusministerien nicht erfaßt. Auf ein generelles Desinteresse der Hauptschülerinnen am sportlichen Wettkampf darf nach Christa Kleindienst-Cachay trotzdem nicht geschlossen werden, denn auf Befragen äußerten 61 Prozent der befragten Mädchen ihr Interesse an Wettkämpfen in der eigenen Schule sowie mit anderen Schulen.

Insgesamt gesehen hat sich nicht nur die Zahl der sporttreibenden Frauen und Mädchen sowie der Grad ihrer Organisation im Verein erhöht, auch die inhaltliche Seite des von Frauen betriebenen Sports hat sich beträchtlich ausgeweitet. Zumindest ideell betrachtet haben Frauen nun traditionell männliche Sportarten erobert wie die Mannschaftsspiele Fußball, Eishockey und Wasserball, den modernen Fünfkampf sowie Gewichtheben und Radrennen und auch den Marathonlauf, der die lange bestrittene weibliche Ausdauerleistungsfähigkeit so deutlich dokumentiert. Traditionell weibliche Sportarten wie rhythmische Sportgymnastik und Synchronschwimmen sind zusammen mit vielen anderen Disziplinen in das Programm der Olympischen Spiele aufgenommen worden und genießen damit öffentliche Aufmerksamkeit.

Ungeachtet dieser deutlichen Verschiebungen im offiziellen Status zeigen auch neuere Untersuchungen und Bestandserhebungen, daß Frauen und Mädchen vor allem Sportarten mit Möglichkeiten zur ästhetischen Gestaltung, zur gesundheitlichen Orientierung und zur sozialen Kontaktpflege betreiben. Wettkämpfe, insbesondere solche, die einen hohen körperlichen Einsatz und direkte Auseinandersetzung mit Gegnern erfordern, sind weniger gefragt. In der Tabelle 2[4] sind Sportarten mit hohem Anteil weiblicher Mitglieder zusammengestellt, die diese Tendenz verdeutlichen.

| Sportart | % Anteil Frauen |
| --- | --- |
| Turnen | 68,5 |
| Sportakrobatik | 65,2 |
| Reiten | 60,0 |

| | |
|---|---|
| Rollsport | 56,8 |
| Tanzen | 55,6 |
| Volleyball | 48,5 |
| Schwimmen | 42,4 |
| Tennis | 41,9 |
| Badminton | 41,5 |

Führend in dieser Reihe ist der Deutsche Turnerbund, der auch gemessen an der absoluten Zahl weiblicher Mitglieder (beinahe 2,3 Millionen) mit großem Abstand an der Spitze liegt, gefolgt vom Deutschen Tennis-Bund mit mehr als 736 000 Spielerinnen.

Der Trend der Frauen zu Sportarten ohne eigentlichen Gegner und direkten Körperkontakt zeigt sich auch an der Art der bevorzugten Spiele, bei denen die Gegner ganz klar getrennt agieren. Neben Tennis gehören auch Badminton und Volleyball zu dieser Gruppe. Ein weiteres Element bei Frauen im Sport fällt auf: Sie vermeiden nicht nur harte, strenge Wettkämpfe, sondern auch Gefahrensituationen. Diese Tendenz zum ausgeprägten Selbstschutz schützt auf der einen Seite die Frauen vor schädigenden Übergriffen und Zerstörungen vor allem im Hochleistungssport. Sie nimmt aber auf der anderen Seite auch den Frauen die Möglichkeit, sich als leistungsfähig und kompetent zu erfahren. Angst zu erleben und zu überwinden, eigene Kräfte eingesetzt und schwierige Situationen erlebt und gemeistert zu haben, vermittelt die Erfahrung des Könnens, der Selbständigkeit, des Stolzes. Ohne dieses Erleben, zusammen mit der Erfahrung des Mißerfolgs, der Grenzen der eigenen Möglichkeiten, kann niemand ein realistisches Selbstbild aufbauen. Lotte Rose drückt dies so aus. „Der Mangel an Risiko- und Schmerzerfahrungen beraubt Mädchen und Frauen der Chance, zu spüren, zu was sie fähig sind, sich als Heldinnen zu erleben, die Macht des eigenen Körpers zu erleben, seine Kräfte, Geschicklichkeiten und Fertigkeiten."[5]

*Sport für Frauen – zwischen Angebot und Nachfrage*
Nach Jürgen Baur entstehen Unterschiede zwischen Jungen und Mädchen in der Bevorzugung bestimmter sportlicher Aktivitäten hauptsächlich im Verlauf geschlechtstypischer Sozialisationsprozesse. Mädchen und Jungen wachsen in unterschiedlichen Lebensverhältnissen auf, ihnen werden bestimmte Verhaltensweisen und Einstellungen zu Bewegung, Spiel und Sport nahegebracht. „Die sozial vermittelten geschlechtstypischen sportiven Erfahrungen werden damit zugleich zu individuellen Handlungsregulativen."[6]

Die Sportorganisationen selbst haben auf direkte und indirekte Weise einiges zur Vermittlung geschlechtstypischen sportiven Verhaltens beigetragen. Im Wettkampfbereich waren es in vielen Fällen Verbote und Ausgrenzungen, mit denen Frauen und Mädchen von bestimmten Formen des Sporttreibens ausgeschlossen und auf andere Aktivitäten verwiesen wurden. Aus der Vielzahl hier zu nennender Bereiche sollen drei Beispiele genauer betrachtet werden:

*1. Beispiel: Olympische Spiele.* Die Geschichte der Olympischen Spiele der Neuzeit zeigt eine zunächst zögernde Entwicklung weiblicher Beteiligung: Zwischen 1900 und 1936 sind Frauen in nur wenigen Disziplinen vertreten. Golf (1900) und Bogenschießen (1904) verschwanden schnell wieder aus dem Programm; im Tennis entstand zwischen 1904 und 1988 eine lange Pause; andere, ebenfalls exklusive Sportarten wie Segeln (seit 1908) und Fechten (seit 1924) wurden ergänzt durch Eiskunstlaufen (seit 1908), Schwimmen (seit 1912), Gymnastik und Leichtathletik (seit 1928) sowie alpines Skilaufen (seit 1936). Die Teilnahme an den Wettkämpfen in der Leichtathletik hatten sich die Frauen auf dem Hintergrund der Gründung eines eigenständigen Verbandes im Jahr 1921, der *Federation Sportive Feminine Internationale* (FSFI) selbst erstritten. Dieser Verband wurde 1936 in die *International Amateur Athletic Federation* (IAAF) integriert.

Bei den Olympischen Spielen der Nachkriegszeit ab 1948 stieg die Beteiligung der Frauen langsam an. Es wurden vor allem die großen Mannschaftsspiele für Sportlerinnen in die Wettkämpfe einbezogen. Einen bemerkenswerten Aufschwung nahm die Teilnahme der Frauen an Olympischen Spielen erst mit der vorwiegend wirtschaftlich bedingten Expansion der Spiele in den 80er Jahren. Noch immer aber gibt es innerhalb der Sportarten eine Reihe von Disziplinen, von denen Frauen durch Votum der offiziellen (männlichen) Gremien ausgeschlossen sind. Ein Vergleich mit den Zulassungsmodi für Athleten zeigt, daß Frauen immer noch einen großen Nachholbedarf haben, denn in vielen Sportarten starten Männer in weitaus mehr Einzeldisziplinen als Frauen. Auch die Zahl der nicht-olympischen Sportarten unterscheidet sich zuungunsten der Frauen.

*2. Beispiel: Zur Entwicklung der Frauen-Leichtathletik.* Entwicklungen im Wettkampfsport der Frauen lassen sich besonders deutlich am Beispiel der Frauenleichtathletik in Deutschland nachzeichnen. Seit der Gründung des ersten Deutschen Leichtathletikverbandes, der *Deutschen Sportbehörde für Athletik* (DSBfA) im Jahr 1928, gab es auch in der Frauenleichtathletik eine erkennbare Entwicklung im Angebot von Wettkämpfen, so z.B.:

1907 in München: Damenwettgehen;

1909 in Dresden: Weitsprung und Wettlauf für Mädchen;
1910 in Berlin: Damen-Dreikampf.
Aber die Wettkämpfe der Damen erregten Aufmerksamkeit. Nicht ohne Grund äußerte sich Alice Profe, eine Berliner Ärztin, über gleiche anatomische und physiologische Gesetzmäßigkeiten bei Männern und Frauen als Voraussetzung für körperliche Aktivitäten. Der Medizinprofessor Dubois-Reymond appellierte an die Verantwortlichen, „altväterliche Vorurteile" zu durchbrechen und „die eigentlichen athletischen Übungen im Laufen, Springen, Steinstoßen, Schleuderballwerfen" auch für Frauen und Mädchen zugänglich zu machen.[7] Ungeachtet dessen gab es aber immer wieder vor allem von Ärzten und Funktionären vorgebrachte Einwände gegen die Frauenleichtathletik. Sie wurden – auch von Frauen – mit biologisch-medizinischen, ästhetischen und moralischen Argumenten begründet. Insgesamt gesehen blieb deswegen die Leichtathletik für Frauen unter dem Einfluß der öffentlichen Zurückhaltung eher im Hintergrund.

In der Folge veränderter gesellschaftlicher Bedingungen konnten jedoch nach dem Ende des 1. Weltkrieges die Ansprüche der Frauen nicht mehr übersehen werden. So gründete die DSBfA 1919 unter männlicher Leitung einen Ausschuß für Frauensport. Im gleichen Jahr entstanden Damen-Sportabteilungen in mehreren großen Leichtathletik-Clubs. Das sich entwickelnde Wettkampfprogramm unterlag allerdings erheblichen Einschränkungen: Die vom Ausschuß für Frauensport 1919 erstellte „1. Wettkampfordnung für Frauen" schrieb vor, daß Frauen nur an zehn Tagen im Jahr an Wettkämpfen teilnehmen, dabei pro Tag nicht mehr als vier Konkurrenzen bestreiten und dabei wiederum nur zwei Laufwettbewerbe über höchsten 200 m absolvieren durften. Die ersten Damen-Meisterschaften in der Leichtathletik fanden 1920 in Dresden statt. Frauen kämpften in den vier Disziplinen: 100 m, 4 x 100 m, Weitsprung und Kugelstoßen um die Medaillen, während Männer sich im gleichen Jahr um 22 Meistertitel bewerben konnten.

Nach wie vor aber gab es massive Widerstände gegen den Frauenleistungssport. 1922 schreibt ein hoher Funktionär in einem Lehrbuch für Leichtathletik: „Der Kampf verzerrt das Mädchenantlitz, er gibt der anmutigen weiblichen Bewegung einen harten, männlichen Ton. Er läßt die Grazie verschwinden, mit der das Weib sonst gewohnt ist, alle Bewegungen auszuführen. Der Kampf gebührt dem Manne, der Natur des Weibes ist er wesensfremd. Darum weg mit den Damen-Leichtathletik-Meisterschaften."[8]

Machtkämpfe entstanden auch auf internationaler Ebene im Zusammenhang mit der Gründung des Internationalen Frauensportverbandes 1921 in Paris. Dem Einfluß des FSFI, vor allem dem der französischen und britischen Athletinnen, ist die Aufnahme leichathletischer Disziplinen für Frauen in das olympische Programm 1928 zu danken. An den Bildern der Erschöpfung nach Beendigung des Laufs aber entzündete sich wiederum heftige Kritik, die schließlich zur Streichung dieser Laufstrecke aus dem internationalen Frauen-Wettkampfprogramm führte. In Deutschland wurde die Abschaffung des 800-m-Laufs für Frauen vom Vorsitzenden des DSBfA verordnet, nachdem der Reichskommissar, ein absoluter Laie, die Strapaze der Mittelstrecke für „Unfug" erklärt hatte. Erst nach dem 2. Weltkrieg – im Jahre 1954 – wurde die 800-m-Strecke für Frauen wieder in das Programm der Deutschen Meisterschaften aufgenommen. Damit wurde ein wesentlicher Anstoß für die Entwicklung der Laufdisziplinen in Deutschland gegeben. Die Diskussion um die Laufstrecken spiegelt das nach wie vor zähe Ringen um andere Disziplinen im Frauensport wider, das auch auf internationaler Ebene noch nicht abgeschlossen ist. Die jüngste Nachricht zu diesem Thema besagt für die deutsche Leichtathletik: „Hammerwerfen für Frauen, weibl. A-Jugend, B-Jugend und Schülerinnen, wird in das Wettkampf- und Meisterschaftsprogramm aufgenommen."[9]

*3. Beispiel: Frauen und Fußball.* Sportangebote für Frauen und geschlechtspezifische Vorlieben und Aversionen für oder gegen bestimmte Sportarten sind auch zum Thema des Deutschen Fußball-Bundes (DFB) geworden. Bereits in den 50er Jahren begannen Frauen Fußball zu spielen. Weil die offizielle Unterstützung des Verbandes ausblieb, nutzten private Veranstalter das Interesse und organisierten Schauveranstaltungen. Der DFB sprach 1955 unter Androhung von Strafe ein offizielles Verbot des Frauenfußballs aus und berief sich dabei auf medizinische Bedenken. Ungeachtet dessen nahm die Zahl fußballspielender Frauenmannschaften zu, und in Italien wurde eine erste inoffizielle Weltmeisterschaft ausgetragen. Unter dem Druck dieser Ereignisse revidierte der DFB seine Entscheidung. Er bekam vom Deutschen Sportärztebund bestätigt, daß bei Berücksichtigung gewisser spieltechnischer Vorschriften keine Bedenken aus medizinischer Sicht bestänanden, und beschloß im Oktober 1970 die offizielle Zulassung des Frauenfußballs. Durch Öffnen dieses traditionell männlichen Sportbereichs ist zwar ein erweitertes Angebot für Frauen und Mädchen entstanden, die Realität weist jedoch eine große Zahl hemmender Faktoren auf. Dazu gehören eine hohe Fluktuation, die das Fortbestehen von Mannschaften immer wieder gefährdet, eine geringe Interessenvertretung der Frauen im Verein und Verband sowie ungünstige Trainingsbedingungen und ein Mangel an ausgebildeten Trainerinnen und Trainern. Der Sieg der deutschen Frauen bei der Europameisterschaft 1989 hat dem Frauenfußball zweifellos einen beachtlichen Aufschwung gebracht. Es bleibt abzuwarten, welche nachhaltigen Einflüsse sich aus dieser Situation für die Zukunft ergeben.

*Frauen in der Führung des organisierten Sports*
Die Sportvereine und -verbände werden ehrenamtlich geführt. Etwa 1,8 Millionen ehrenamtlich und nebenamtlich tätige Menschen sorgen dafür, daß der riesige Deutsche Sportbund mit allen seinen Mitgliedsorganisationen und seiner schwer überschaubaren Organisationsstruktur „funktioniert". Die politische Bedeutung dieser Aussage ist unübersehbar, und sie bekommt mit Blick auf den Anteil der Frauen in der Führungsriege eine zusätzliche Kraft. Die Tabelle 3 [10] gibt einen Überblick darüber, in welchem Maß Frauen in den wichtigsten ehrenamtlichen Gremien des DSB vertreten sind.

| Anzahl der Gremien | Mitglieder gesamt | davon Frauen |
|---|---|---|
| Kommissionen (6) | 43 | 4 |
| Beiräte (3) | 41 | 4 |
| Empfehlungsausschüsse für Ehrungen (4) | 27 | 4 |
| Bundesausschüsse (6) | 42 | 2 |
| Bundesausschuß Frauen im Sport (1) | 7 | 7 |

Der prozentuale Anteil der Frauen in sämtlichen Gremien auf der Ebene des Bundes wird mit 14 Prozent angegeben. Noch ungünstiger sieht die weibliche Beteiligung in den Spitzenverbänden mit 5 Prozent sowie in den Präsidien der Förderverbände mit 7 Prozent und in den Präsidien der Landessportbünde mit 9 Prozent aus. Hohe Anteile von Frauen gibt es demgegenüber bei ehrenamtlichen Übungsleiterinnen ohne jegliches Entgelt (27 Prozent), bei Jugendleiterinnen (23 Prozent), Betreuerinnen, Schieds- und Kampfrichterinnen (21 Prozent). Mit der Frage nach den Bedingungen, die zu dieser Situation beigetragen haben, hat sich Georg Anders beschäftigt. Er kommt zu dem Ergebnis, daß von Sportorganisationen besonders „Personen gesucht werden, die
- ihre Zeit trotz Berufsarbeit frei disponieren können,
- Hilfsmittel aus dem beruflichen Bereich (und Finanzmittel) für ehrenamtliche Tätigkeit einsetzen können (Telefon, Postversand, Erledigung von Schreibarbeiten usw.),
- Erfahrung in Geschäftsabwicklung besitzen,
- bei Außenkontakten Zugang zu gesellschaftlich einflußreichen Gruppen besitzen oder – noch besser – ihnen selbst angehören.

Solche Merkmale treffen besonders auf Personen zu, die berufliche Positionen mit hohem Sozialprestige innehaben. In der Tat finden sich in den Verbänden... selbständige Kaufleute und Unternehmer, Freiberufler sowie Beamte und Angestellte in leitenden Funktionen deutlich überrepräsentiert."[11]

Der DSB hat angesichts der sich aus dieser Konstellation ergebenden Rekrutierungsprobleme und der ungünstigen Wahlchancen für viele Gruppen in verschiedenen Bereichen das Verfahren der Berufung eingeführt, um auch Partner (und Partnerinnen) aus anderen gesellschaftlichen Bereichen in die Führungsspitze zu integrieren. Unter solchen Überlegungen wurde bereits 1950 Frauenarbeit im DSB satzungsmäßig abgesichert – in Form eines gewählten ehrenamtlichen Gremiums, jetzt „Bundesausschuß für Frauen im Sport", dessen Vorsitzende Mitglied im Präsidium des DSB ist. In fast allen Landessportbünden gibt es ebenfalls ehrenamtliche Frauengremien; Frauen sind in den Präsidien mit 16 Prozent vertreten. Weitaus ungünstiger stellt sich die Situation in den Spitzenverbänden dar. Von 53 Verbänden haben nur 15 eine Frauenbeauftragte.

Die Situation der Frauen im Sport bedarf angesichts der hier vorgestellten Probleme vor allem im Bereich der Führungsstruktur der engagierten Parteinahme. Darauf wird auch im siebten Sportbericht der Bundesregierung (1991) ausdrücklich hingewiesen. Über längere Zeit wurde die Frage der Quotenregelung diskutiert. Diese Entscheidung wurde zugunsten eines anderen Weges, der Entwicklung von Frauenförderplänen, zurückgestellt.

*Frauenförderpläne im Sport*
*Zielsetzung und Begründung:* Die Debatten um das Für und Wider der Einführung von Quotenregelungen im Sport hatten deutlich gezeigt: Das Ziel, mehr Beteiligung von Frauen an der Führung, fand allgemeine Zustimmung. Offen gezeigter Widerspruch regte sich kaum. Sein Sinn dagegen, seine Bedeutung für den Sport und seine positive Wirkung für die Menschen im Sport wurden ganz unterschiedlich eingeschätzt. Auch über die Ursachen für das Fehlen der Frauen in den Führungsgremien und über die Chance, diese Situation zu verändern, gab (und gibt) es kontroverse Meinungen. „Wir sollten zunächst die im Sport selbst liegenden Möglichkeiten aufspüren und nutzen, um die Situation der Frauen zu verändern." Diese Anregung, vorgetragen auf der Vollversammlung des Bundesausschusses für Frauensport im Frühjahr 1986 in Augsburg, als es um das Pro und Contra des Antrags zur Quotenregelung ging, wurde zum Schlüsselsatz für die Arbeit der kommenden Jahre.

Viele hatten die Durchsetzung der Quotenregelung für aussichtslos gehalten, viele trauten sich die dafür notwendige Kraft und Geduld nicht zu. Die Strukturen im Sport sind noch stärker männlich geprägt und männlich orientiert, als dies beispielsweise in der Politik und der Wirtschaft der Fall ist. Im Sport wird das Prinzip der Ehrenamtlichkeit mit den Merkmalen der Freiwilligkeit, der Gemeinschaftsorientierung und der Uneigennützigkeit hoch bewertet. Auch hier werden tradierte Rollenbilder deutlich, denn in erster Linie kommt den Frauen – wie auch in der Familie – der unbezahlte Teil ehrenamtlicher Aufgaben zu, der Eigenschaften wie Hilfsbereitschaft, Fleiß und bescheidene Zurückhaltung zu beliebten weiblichen Attributen, die in Festreden zu würdigen sind, werden läßt. Auch deswegen ist es gerade für sie besonders schwierig, eine Quotenregelung durchzusetzen.

Die Idee, sich anstelle der Einführung von Quoten systematisch der Frauenarbeit im DSB zu widmen, wurde nun geradezu mit Elan aufgenommen. Sie half zunächst den Vertreterinnen der Mitgliedsorganisationen aus einem Dilemma: Die schwierige Entscheidung über einen Antrag zu Einführung einer Quotenregelung bei Wahlen und Berufungen konnte zurückgestellt werden, ohne daß sich ein Gefühl des Mißerfolgs und der Hilflosigkeit ausbreiten mußte. Man hatte Zeit gewonnen, sich auf vertrauter Ebene, nämlich im Bereich des Sports selbst, erneut mit der Frauenfrage zu beschäftigen.

Im Bundesausschuß für Frauensport wurde damit eine Phase intensiver systematischer Planungsarbeit ausgelöst. Eine erste gründliche Beschäftigung mit den zu erarbeitenden Fragen fand im Rahmen der Planung, Durchführung und Auswertung der Vollversammlung 1987 in Berlin statt. Diese Vollversammlung stand unter dem Thema: „Die Zukunft von Frauen in unserer Gesellschaft und im Sport." Den Mittelpunkt bildeten zwei Podiumsdiskussionen zu Perspektiven von Frauen in der Gesellschaft und zu Perspektiven für den Sport von Frauen. Wir gewannen auf dieser Vollversammlung notwendige Einsichten über Zusammenhänge von Handlungsmöglichkeiten für Frauen in gesellschaftlichen Institutionen und im Sport.

Auch die Ergebnisse des Frauenforums auf dem Kongreß „Menschen im Sport 2000", der im selben Jahr in Berlin stattfand, deuteten in die gleiche Richtung: Frauen müssen ihre Sache selbst in die Hand nehmen; sie müssen selbst aktiv werden, um ihre Situation zu verändern.

Damit vertiefte sich die Erkenntnis, daß insbesondere im Sport Frauenförderpläne hilfreicher und letztlich erfolgreicher sein können als einfache Quotenvorgaben. Während Abstimmung und Beschluß von solchen Regelungen einmalige und relativ abstrakte Vorgänge sind, die im Vorfeld zu diskutierende Ziele festlegen, ohne auf noch folgende Probleme und Sachbezüge direkt einzugehen, orientiert sich ein Plan zur systematischen Förderung sowohl am Ziel als auch am Weg zum Ziel. Damit können mehr Menschen, vor allem diejenigen, die den sportlichen Alltag gestalten, in die Maßnahmen im Sinne eines Entwicklungsprozesses einbezogen werden.

Immer wieder hat sich gezeigt, daß Gebote und Gesetze allein nicht ausreichen, um Veränderungen tradierten Denkens und Verhaltens auszulösen. Vielmehr ist es notwendig, in realen Situationen faktische Voraussetzungen anzulegen, mit denen Veränderungen bewirkt werden können.

*Orientierung an vergleichbaren Plänen:* Auf diesem gedanklichen Hintergrund begannen wir, systematisch danach zu fragen, welche unterschiedlichen Voraussetzungen bei Frauen im Gegensatz zu ihren männlichen Partnern für eine Mitarbeit in Führungsgremien gegeben sind und wie eine Änderung ungünstiger Voraussetzungen bewirkt werden könne. Eine wesentliche Grundlage der Beratungen gewannen wir aus den in vergleichbaren gesellschaftlichen Institutionen entwikkelten Konzepten zur Förderung von Frauen.

Solche Pläne sind inzwischen von Parteien und Gewerkschaften, aber auch in der Wirtschaft und in kirchlichen Kreisen entwickelt worden. Eine Synopse, die wir aus diesen bereits vorliegenden Konzepten erstellten, erbrachte eine Übersicht über notwendige und unverzichtbare Ansatzpunkte zur systematischen Planung und diente als Grundlage für die erste Erarbeitung eines Leitfadens zur Entwicklung von Frauenförderplänen im Sport.

Immer wieder verknüpften wir in Diskussionen um die einzelnen Themen der Synopse persönliche Erlebnisse, Wahrnehmungen und Erfahrungen aus der eigenen Lebenswirklichkeit mit den objektivierten sachlichen Ansätzen der vorliegenden Konzepte, vergewisserten uns so der Tragfähigkeit einzelner Maßnahmen des zu entwickelnden sportbezogenen Frauenförderplans.

Wir lernten dabei, unsere eigenen Argumente zu überprüfen, sie auf ihre mögliche Verallgemeinerung hin zu untersuchen und durch das Einbeziehen anderer, nicht selbst erlebter Möglichkeiten eine kritische Distanz zu den eigenen Deutungen und Interpretationen zu gewinnen. Auf diese Weise entstand ein Konzept, das einerseits konsequent an Funktionen und Organisationsstrukturen im DSB und an den dort üblichen Handlungsverläufen orientiert ist, andererseits aber Voraussetzungen schafft, bisheriges Handeln und Verhalten zu öffnen im Sinne neuer, den Frauen zugewendeter Dimensionen. Der Frauenförderplan soll bei systematischer Anwendung Richtlinien für die weitere Entwicklung und für künftige Entscheidungen festlegen. Er kann damit als objektiver

Maßstab für die Veränderung der Führungssituation im Sport gelten und im Zusammenhang mit Erfolgskontrollen bisherige Sollenserklärungen deutlich überschreiten.

*Orientierung an Themen des Sports:* Im Zusammenhang mit der mangelnden Präsenz von Frauen in der Führung des Sports wird auf das Selbstinteresse des Sports verwiesen, Möglichkeiten zum „Sport für alle" nicht nur als Anspruch zu formulieren, sondern auch in der Wirklichkeit zu realisieren.

Es ist mit dem Selbstverständnis des Sports kaum vereinbar, daß Frauen in der Führungsebene unterrepräsentiert sind, denn diese Abwesenheit hat negative Folgen auf mindestens drei Ebenen:
- Weibliche Denkweise, das Argumentieren aus der Sicht von Frauen, aus ihrem Lebenszusammenhang, aus ihrem Alltag, der häufig anders aussieht als der von Männern, bleibt ausgespart.
- Frauen bekommen Informationen erst aus zweiter Hand; sie sind nicht beim Zustandekommen von Entscheidungen beteiligt; sie werden zu passiven Abnehmerinnen von Entscheidungen anderer. Dies macht auf Dauer unmündig und unselbständig.
- Eine Modellwirkung, eine Vorbildwirkung fehlt. Wir wissen alle, wie wichtig dies ist, und bekommen in jüngster Zeit aus Politik und Wirtschaft eindrucksvolle Beispiele für die Wirkung von weiblichen Vorbildern.

Im Sport ist diese Modellwirkung deswegen besonders wichtig, weil Frauen aus unterschiedlichen Gründen viele Formen des Sports anders erleben als Männer. Dafür gibt es zahlreiche Beispiele: Spitzenathletinnen planen ihre Sportkarriere nach besonderen Bedingungen, denn Familienplanung, berufliche Absicherung und Finanzierung erfolgen gegenüber Männern in anderem Kontext; im Breitensport werden Angebote von Frauen und Männern in unterschiedlicher Weise genutzt; Schülerinnen nennen beim Wunsch nach idealen Sportlehrerinnen und Sportlehrern andere Merkmale als Schüler.[12]

Die Begründung und Zielbestimmung für den Frauenförderplan ist auf dem Hintergrund dieser Argumentation entstanden. Die zu vermitteln, wird eine wichtige Aufgabe sein, denn nur in bewußter und gewollter Absicht zur Veränderung werden die nachfolgenden Maßnahmen ihren Sinn erfüllen.

In dieser Phase der Arbeit am Frauenförderplan für den Sport begannen sich Einsicht und Problembewußtsein in der Führungsebene des DSB zu zeigen: Im Pressedienst des DSB 7/88 wird eine positive Stellungnahme zur Entwicklung der Frauenförderpläne veröffentlicht. Auf dem Bundestag des DSB wird für den Bereich des Leistungssports die Mitarbeit von Frauen satzungsmäßig verankert: „Soweit in einen Beirat keine Frau gewählt worden ist, beruft das Präsidium auf Vorschlag des Vorstandes des Bundesausschusses für Leistungssport eine Frau mit Sitz und Stimme in diesen Beirat." Dieses Ergebnis trug dazu bei, daß im Bundesausschuß für Frauensport weiterhin und mit neuem Elan an der schwierigen Ausformulierung des Frauenförderplanes gearbeitet wurde.

Nachdem wir die Analyse der gegenwärtigen Situation, die Zielsetzung und ihre Begründung trotz mancher polemischer Reaktion von unterschiedlicher Seite eindeutig zur Maxime unseres Handelns gemacht hatten, gab der Katalog von verschiedenen Maßnahmen immer wieder Anlaß zum kritischen Hinterfragen. Die vorgeschlagenen Maßnahmen beziehen sich auf personelle Fragen, z.B. Berufung, Benennung, Wahl und Einstellung; auf inhaltliche, thematische Fragen wie Bildungsarbeit, Fördermittel, wissenschaftliche Forschung; und auf organisatorische Aspekte wie Veranstaltungsleitung, Kinderbetreuung und Informationsvermittlung. Damit ist auf allgemeiner – noch nicht auf bestimmte Situationen bezogener – Ebene ein breites Spektrum angesprochen. Hier liegt das eigentliche Handlungspotential, und hier ist Phantasie, aber auch Konsequenz in der Anwendung gefragt.

Personelle Fragen wie Berufung, Wahlen und Einstellung sind – im Hinblick auf die Beteiligung von Frauen und in Anlehnung an die Satzung des DSB – generell zu stellen. Hier geht es um zwei wichtige Punkte:

- Das Amt der Frauenwartin oder Frauenbeauftragten – in einem politischen Verständnis unentbehrlich – muß zugunsten einer systematischen Integration von Expertinnen in alle Gremien in absehbarer Zeit in den Hintergrund treten. Um dies zu erreichen, ist u.a. der Aufbau von Kontakten zwischen Frauen, die sich mit Fachfragen beschäftigen, unentbehrlich. Man findet diesen Ansatz häufig unter der Bezeichnung „Netzwerke aufbauen".
- Chancen für die bessere Integration von Frauen bieten sich aber nur dann ernsthaft, wenn durch Maßnahmen wie Begrenzung von Ämterhäufung und Wiederwahl und/oder durch Einführung von Altersgrenzen entsprechende Plätze frei werden.

Zu personellen Fragen in weiterem Sinne gehören auch Ehrungen. Betrachtet man entsprechende Hinweise und vor allem Bilder in den Publikationsorganen der Mitgliedsorganisationen, fällt die Abwesenheit von Frauen deutlich ins Auge. Muß man sich nicht die Kriterien überlegen, nach denen Ehrungen vorgenommen werden? Sind sie nicht vielleicht im überwiegenden Maß auf die Lebenswelt und den Alltag von Männern zugeschnitten?

Inhaltliche, thematische Fragen, die in Aktionen und Kampagnen, Bildungsarbeit, wissenschaftlicher Forschung u.a.m. angesprochen werden, bieten eine Reihe von Anknüpfungspunkten. Die im Sportbund verhandelten Themen, wie z.B.

- Breitensportaktionen: Lauf-Treffs, Spielfeste, Fitneßprogramme;
- Ausbildung von Trainerinnen und Trainern;
- Olympiastützpunkte: Trainingssteuerung, medizinische Betreuung, Laufbahnberatung;
- Fair geht vor

sind daraufhin zu hinterfragen, ob in ihnen frauenspezifische Aspekte sichtbar werden, die bisher nicht beachtet wurden. Für diese Arbeit sind Ressorts und Arbeitsgruppen mit Expertinnen zu bilden. Hier kann Nachwuchs für die entsprechenden Gremien des Sports vorbereitet werden.

Organisatorische Maßnahmen wie Veranstaltungsleitung, Kinderbetreuung und Informationsvermittlung weisen darauf hin, mit welchen zum Teil alltäglichen, aber gleichwohl unabweisbaren Ansprüchen Frauen konfrontiert sind. Hier ist sowohl ein Umdenken im Sinne von veränderter Arbeitsteilung als auch konkrete Hilfe zur Bewältigung aktueller Belastungen erforderlich.

Ideen für die Ausführung und Realisierung personeller, inhaltlicher und organisatorischer Maßnahmen können nur in den Köpfen der jeweils Beteiligten entstehen. Anregungen dafür gibt es reichlich für diejenigen, die danach suchen und fragen. Die an den Bundesausschuß für Frauensport gerichteten Vorwürfe, der Frauenförderplan sei „erschreckend inkreativ", er strotze vor „Banalitäten", sind deshalb kurzsichtig; sie richten sich außerdem an die falsche Adresse.

*Orientierung an der Organisationsstruktur im DSB*: Der DSB besitzt eine detaillierte und relativ schwer überschaubare Struktur von Führungsgremien. Ein Plan, der das verstärkte Einbeziehen von Frauen in Führungsgremien zum Ziel hat, kann deswegen nicht einheitlich für alle Gremien auf unterschiedlichen Ebenen entwickelt, beraten und beschlossen werden. Die Frauenarbeit ist in den einzelnen Gremien des Sports unterschiedlich entwickelt; ihr wird auch durchaus ein unterschiedlicher Stellenwert zugemessen. Am deutlichsten ist diese Unterschiedlichkeit am Organisationsgrad der Frauenarbeit erkennbar.

Bei weitem nicht alle Mitgliedsorganisationen entsenden Vertreterinnen zur Vollversammlung und zu den Arbeitstagungen des Bundesausschusses für Frauen im Sport; eine Frauenbeauftragte bzw. die traditionelle „Frauenwartin" hat nur selten Sitz und Stimme in den entsprechenden Präsidien; Frauenausschüsse, Kommissionen oder Arbeitsgemeinschaften nehmen ihre Funktion eher als Außenseitergremien denn im Zentrum von Entscheidungsverläufen wahr. Aus diesem Grund muß die Arbeit des Bundesausschusses für Frauen im Sport am Frauenförderplan auch so angelegt sein, daß sie auf den verschiedenen Ebenen der Gremienstruktur nachvollziehbar ist.

- Die erste Ebene mit den Funktionen einer Dachorganisation umfaßt das Präsidium des DSB und die Bundesausschüsse. Gleichfalls auf Bundesebene liegen Gremien wie NOK, DOG und DSH. Alle internationalen Kontakte, die auf der Bundesebene ansetzen, sind im Sinne von Frauenfördermaßnahmen ebenfalls zu berücksichtigen. Die Zusammenarbeit mit dem Europarat und mit der ESK hat hier für die Arbeit an den Frauenförderplänen auf internationaler Ebene erste Erfolge gezeigt. Der hier diskutierte Frauenförderplan wurde vom Bundesausschuß für Frauensport erarbeitet und vom Präsidium sowie vom Hauptausschuß verabschiedet. Er hat damit bindende Gültigkeit für den Bereich des Präsidiums und dient gleichzeitig als Empfehlung und Leitlinie für die Gremien der beiden weiteren Ebenen.
- Die zweite Ebene orientiert sich an staatlichen Strukturen auf Länderebene bzw. kommunaler Ebene. Sie entspricht in großen Zügen der Struktur auf der Bundesebene. Die Frauenarbeit in den Landessportbünden ist relativ gut eingerichtet. In vielen Ländern existieren bereits Frauenausschüsse. Die Zusammenarbeit mit diesen Frauenausschüssen erwies sich als äußerst fruchtbar im Sinne eines gegenseitigen Ansporns. In anderen Bundesländern wurde durch die Ausrichtung von Arbeitstagungen für den Bundesausschuß für Frauen im Sport das Interesse des Landessportbundes an der Frauenarbeit ausgelöst und zur Bildung von Frauengremien genutzt. Hier hat sich vor allem auch die Zusammenarbeit mit politischen Gremien zur Frauenarbeit bewährt.
- Die dritte Ebene der Gremienstruktur des DSB ist an Sportarten orientiert, die ihrerseits wiederum eine Untergliederung nach Spitzenverbänden auf Bundesebene und Fachverbänden auf Landesebene aufweisen. In diesem Bereich ist die Frauenarbeit ebenfalls unterschiedlich stark präsent. Während einige Verbände sich intensiv mit der Diskussion um Frauenförderpläne beschäftigen, scheint dies für andere Verbände – aus welchen Gründen auch immer – kein Thema zu sein. Hier ist viel Entwicklungsarbeit zu leisten. Vor allem im Zusammenhang mit Breitensportangeboten der einzelnen Sportbereiche und Sportarten sowie im Hinblick auf die Darstellung des Sports von Frauen in den Medien wird hier der Entwicklung von Frauenförderplänen eine besondere Bedeutung zukommen.

Ob sich die berechtigten Forderungen der Frauen nach Gleichberechtigung in der Führung des Sports mit den hier entwickelten Plänen durchsetzen lassen, hängt nicht zuletzt von der Energie der Frauen und ihrer Freude am Engagement ab. In erster Linie geht es aber doch um die Bereitschaft der bisherigen Funktionäre, der Männer und Partner, Platz zu machen für Frauen, für weibliches Denken und Handeln im Sport.

## ANMERKUNGEN

1 Nach Jürgen Zinnecker, *Jugendkultur 1940 – 1985*, Opladen 1987, S. 219.
2 Jürgen Baur, „Die sportiven Praxen von Jungen und Mädchen", in: Kultusministerium Nordrhein-Westfalen (Hg.), *Sport in der Alltagswelt von Jugendlichen*, Frechen 1990, S. 122.
3 Christa Kleindienst-Cachey, „Die vergessenen Frauen. Zum Sportengagement von Mädchen und Frauen aus sozialen Unterschichten", in: Gablern/Göhner, *Für einen besseren Sport,* Schorndorf 1990, bes. S. 209.
4 Quelle: DSB (Hg.), *Jahrbuch des Sports,* Frankfurt 1990.
5 Lotte Rose, „Fair geht vor – auch für Frauen?" Vortrag zur Vollversammlung des Bundesausschusses Frauen im Sport, Saarbrücken 1990 (unveröffentlichtes Ms.).
6 Jürgen Baur, a.a.O. S. 120.
7 Zit. nach Hajo Bernett, *Leichtathletik im geschichtlichen Wandel,* Schorndorf 1987, S. 206.
8 Zit. nach Auguste Hoffmann, *Frau und Leibesübungen im Wandel der Zeit,* Stuttgart 1965, S. 50.
9 *FAZ,* 24.4.1991.
10 Quelle: *Jahrbuch des Sports,* 1990.
11 Georg Anders, „Ausmaß und Bedingungen der ehrenamtlichen Tätigkeit von Frauen im Sport", in: DSB (Hg.), *Perspektiven für den Sport von Frauen,* Frankfurt 1985, S. 27.
12 Vgl. Gertrud Pfister, *Geschlechtsspezifische Sozialisation und Koordination im Sport,* Berlin 1983.

Birgit Palzkill

## „ICH WAR SPORTLER, SO WIRKLICH, SO OHNE GESCHLECHT..."

Identitätskonflikte von Frauen in der Männerdomäne Sport

Auf den ersten Blick erscheint es, als gehörten die rigiden Vorschriften unserer Eltern und Großeltern, wie Mädchen und Jungen sich zu verhalten und zu bewegen hätten, heute der Vergangenheit an. Es gibt zwar auch im Bereich des Bewegungsverhaltens immer noch unterschiedliche Erwartungen und geschlechtstypische Verhaltensweisen für Mädchen und Jungen (vgl. Heidi Scheffel und Gabriele Sobiech in diesem Buch). Doch keineswegs alle Mädchen (und Jungen) entsprechen heute noch diesen Stereotypen, und es gibt z.b. kaum noch Sportarten, deren Ausübung einem Mädchen direkt verboten wird. Heute springen Frauen über zwei Meter hoch, während die Sprunghöhe im vorigen Jahrhundert auf Kniehöhe limitiert wurde, um die Gebärfähigkeit als eigentliche Bestimmung des Weibes nicht zu gefährden.[1] Selbst in der „Männerdomäne schlechthin", dem Fußball, wo es den Vereinen offiziell noch bis 1970 verboten war, Frauen-Fußballabteilungen zu bilden und Vereinsplätze für Frauen-Fußballspiele zur Verfügung zu stellen, sind heute ca. eine halbe Million Mädchen und Frauen organisiert (DSB 1987).

Dennoch geraten Mädchen, die sogenannte „unweibliche" Bewegungs- und Verhaltensweisen praktizieren, auch heute noch in tiefgreifende Konflikte mit ihrer Rolle als Mädchen bzw. Frau. Einerseits ist ihnen die Teilhabe an einer „untypischen" Sportart erlaubt, andererseits wird ihnen auf den verschiedensten Ebenen offen oder subtil vermittelt, daß dieses Verhalten für sie „als Mädchen" nicht normal ist und im Widerspruch zu ihrer weiblichen Rolle steht. Das Verhältnis zum eigenen Mädchen-Sein ist als Folge dieser Doppelbotschaft für einen großen Teil von Mädchen höchst ambivalent, da Mädchen-Sein als Beschränkung der eigenen Handlungsmöglichkeiten insbesondere im Bewegungsverhalten erfahren wird. So gaben etwa in einer Untersuchung von Heidi Scheffel 52 Prozent der Mädchen an, manchmal lieber ein Junge sein zu wollen.[2] Diese Ambivalenzen und Verunsicherungen des Mädchens werden jedoch weder von ihm selbst noch von seiner Umwelt sehr ernst genommen. Der Status des Kindes ermöglicht es, sich selbst als neutrales Wesen zu begreifen und mit der eigenen Geschlechtlichkeit auch die beschriebenen Widersprüche auszublenden.

Doch spätestens mit Beginn der Pubertät, der Zeit der Frau-Werdung, läßt sich die Brisanz dieses Konflikts nicht mehr leugnen. Der Druck, das äußere Körperbild entsprechend der herrschenden Weiblichkeitsnorm zu präsentieren, nimmt sprunghaft zu. Was dabei als „weiblich"-attraktiv gilt, unterliegt zum Teil beträchtlichen Schwankungen, wie die verschiedenen Weiblichkeitsideale von Marilyn Monroe bis Twiggy zeigen. Doch so verschieden die konkreten Ausprägungen und Merkmale jeweils auch sein mögen, in jedem Fall spiegelt sich in diesen Bildern von „Weiblichkeit" (korrespondierend zu denen von „Männlichkeit") das herrschende patriarchale Geschlechterverhältnis wider, das der Frau den Platz neben bzw. unter dem Mann zuordnet. So hat zum Beispiel Marianne Wex für den Bereich der Körperhaltungen aufgezeigt, daß es einen ausgeprägten Code typisch „weiblicher" und „männlicher" Körperhaltungen gibt, der sich ganz allgemein dadurch charakterisieren läßt, daß sich Männer mehr Raum zugestehen als Frauen.[3] Die Präsentation des eigenen Körpers als eines „weiblichen" ist mit einschneidenden Beschränkungen der körperlichen Ausdrucksformen und des Bewegungsverhaltens verbunden. Insbesondere im Lebensalltag wird es für ein Mädchen ab der Pubertät immer unmöglicher, ein umfassendes Bewegungsverhalten an den Tag zu legen und z.b. auf der Straße oder auf einer Wiese Fußball zu spielen.

„Er steht im Tor, im Tor, im Tor und ich dahinter." Dieser Schlagertext der fünfziger Jahre hat kaum an Aktualität eingebüßt. „Weiblichkeit" läßt sich nicht durch sportliches Können, mutige Paraden und tollkühne Aktionen demonstrieren, sondern beweist sich auch heute noch primär durch passive Anteilnahme an „männlichen" Heldentaten, wie etwa ein Blick auf die Skateboard-Kultur verdeutlicht. Die wenigen Mädchen, die sich selbst auf die Bretter trauen, gelten als „unweiblich" und sind als „Bräute" für die Skateboard-Meister uninteressant, d.h. sie sind im Sinne der herrschenden, am Mann orientierten Definition von Frau-Sein „irgendwie nicht ganz richtig".[4]

So ist es nicht verwunderlich, daß ein Großteil der Mädchen, die als Kinder noch über ein umfassenderes Bewegungsverhalten verfügten, dieses mit Beginn der Pubertät auf typisch „weibliche" Bewegungsformen einengen. Glaubt man der Nachfrage, so scheinen – wie Erfahrungswerte aus dem Bereich der außerschulischen Jugendarbeit zeigen – einzig und allein bestimmte Tanzformen wie Jazztanz, Standardtanz oder, ganz aktuell, Lambada ihren Bewegungsbedürfnissen zu entsprechen. Dies sind bezeichnenderweise Bewegungsformen, die primär die Präsentation des äußeren Körperbildes gemäß der herrschenden Weiblichkeitsnorm einüben und die eine ebenso eindeutige wie einseitige Orientierung bezüglich der weiblichen Geschlechtsrolle vermitteln können. Widersetzt sich ein Mädchen diesen Normen, wird ihm offen oder subtil auf den verschiedensten Ebenen vermittelt, daß es, so wie es ist, in tiefem Widerspruch zu dem steht, was „Weiblichkeit" in unserer Gesellschaft bestimmt.

Die folgenden Interviewauszüge[5] verdeutlichen beispielhaft, wie Mädchen diesen Widerspruch erfahren:
„Geht wie ein Kerl, hab' ich dann (in der Pubertät, B.P.) von meiner Cousine gehört, und da war das dann plötzlich auch was, was mich total getroffen hat."
„In der Pubertät, da konnte ich das ja nicht mehr als Mittel nehmen... mich also auch so aggressiv durchzusetzen... das war sofort dann einfach negativ, auch gerade weil ich ein Mädchen bin."
„Meine Muskeln waren plötzlich Anlaß zu Witzen oder zu Bemerkungen und so, von meinen Brüdern her."
„Meine Mutter sagte zum Beispiel: ‚Mein Gott, was hast du für ein breites Kreuz'... also das war, um Himmels willen, wie kann man als Frau so ein breites Kreuz haben."
„Ich mußte dann 'nen Bikini anziehen, dann hab' ich mich immer ganz komisch gefühlt. Also weil ich gemerkt hab', ich hab' jetzt irgendwie so'n weiblichen Teil an mir, aber ich beweg' mich nicht weiblich, ne, weil ich mich einfach sehr kräftig bewegt hab'."
„Dann mußte ich zu diesen Feten. Da hab' ich immer auf Frau geschaltet, d.h. ich hab' mich ganz brav hingesetzt und hab' mich irgendwie nicht bewegt, wie ich mich sonst bewegt hab'."
„Auf Frau-Schalten" wird also damit verbunden, sich ganz anders zu bewegen, als es der eigenen Persönlichkeit entspricht. Anders ausgedrückt: „Sich als Frau bewegen" steht im Widerspruch zu „sich selbst bewegen"; Frau-Sein ist im Sinn der herrschenden Geschlechtsrollen unvereinbar mit Selbst-Sein.
Es stellt sich nun die Frage, welche Rolle die herrschende Sportkultur in diesem Zusammenhang spielt. Der moderne Sport wurde parallel zur Industriegesellschaft als rein „männliche" Domäne von Männern für Männer entwickelt und geradezu zum Sinnbild der Werte und Normen, die vor dem Hintergrund der polaren Geschlechterphilosophie als „männlich" galten und damit „Weiblichkeit" ausschlossen.[6] Damit ist ein grundlegender Widerspruch zwischen weiblicher Geschlechtsidentität und heutiger Sportkultur konstituiert. Dieser schlägt sich einerseits in der vielfach beklagten Abstinenz vieler Frauen insbesondere vom Wettkampfsport nieder.[7] Andererseits erscheint genau dieser Widerspruch als Chance für Frauen, der Reduzierung auf ein „weibliches" Bewegungsverhalten durch aktive Teilhabe an dieser Kultur zu entkommen. Der Sportverein erscheint als Zufluchtsort, an dem sie dem Zwang zur „Weiblichkeit" zu entgehen hoffen. Er bietet eine „Legitimation", sich so

zu bewegen, wie es „draußen" auf der Straße für ein Mädchen spätestens ab der Pubertät nicht mehr erlaubt ist.

Der Sport „war auch 'ne Möglichkeit für mich, mich anzustrengen und zu schwitzen und was weiß ich..., die okay war. Während Fußballspielen (auf der Straße, B.P.) wurde halt einfach dann problematischer, so von allen Seiten her, und Leichtathletik war gebongt, so richtig Sport machen, in so 'nem definierten Rahmen."

Im Sport erfahren Frauen eine Anerkennung für die Bewegungs- und Körperformen, die außerhalb als „unweiblich" sanktioniert werden. „Männliche" Eigenschaften und Verhaltensweisen wie Aktivität, Stärke und Kraft, Mut, Durchsetzungsfähigkeit, fester Stand und große Schritte sind hier gefragt. Sie werden allen weiblichen Rollenklischees zum Trotz entwickelt und gefördert, da sie funktional im Sinne von sportlicher Leistung und Erfolg sind.

Zweifellos birgt die im modernen Sport vorherrschende einseitige Orientierung an Leistung, Konkurrenz und Erfolg die Gefahr der Reduktion des Körpers zum „Maschinenkörper" und der rigorosen Ausbeutung des Körpers unter dem Prinzip der Leistung um jeden Preis. Von einer ganzheitlichen Körpererfahrung insbesondere im Leistungssport zu sprechen, mag unter diesem Aspekt absurd erscheinen. Dennoch ist festzustellen, daß Frauen einen ganz spezifischen Gewinn aus der Betonung des funktionalen Körpereinsatzes und der Förderung der damit verbundenen Fähigkeiten und Eigenschaften ziehen: Schutz vor der Reduktion des weiblichen Körpers auf seine äußere Erscheinungsform, auf seine Körperhülle.[8] In der Spaltung der Körpersicht in Innen- und Außenansicht und der Vergesellschaftung der Frau über ihre Außenansicht, ihre Körperhülle, liegt aber gerade eine der wesentlichen Reduzierungen von Frauen in unserer patriarchalen Gesellschaft. Frauen stehen in dieser Gesellschaft vor der Aufgabe, dieses ihr Körperäußeres optimal „weiblich" zu präsentieren, um – wie Luce Irigaray es ausdrückt – sich auf dem „Frauenmarkt der Männer" bestmöglich zu verkaufen. Die Anerkennung eines Bewegungsverhaltens und körperlicher Ausdrucksformen, die nicht dem gerade gängigen „Weiblichkeitsideal" entsprechen, hilft der Sportlerin, sich vor eben der Reduktion auf ein „Weiblichkeit" repräsentierendes Körperäußeres zu bewahren.[9]

In den kompositorischen Sportarten wie Turnen, Eiskunstlauf und rhythmische Sportgymnastik stehen die Förderung und Anerkennung „männlichen" Verhaltens und „männlicher" Bewegungs- und Körperformen neben der Forderung nach Stilisierung des herrschenden „weiblichen" Ideals. „Die Steigerung der Kraft, Beweglichkeit, Geschicklichkeit und Kondition... die raumerobernden Körpergesten, die öffentliche

Selbstpräsentation und schließlich der Sieg, der Beifall und die öffentliche Anerkennung – dies alles sind nicht zu unterschätzende, bedeutsame Momente, die eine positive Körper-Identifikation ermöglichen... (Doch) die Turnerin darf sich nicht nur in mächtigen Körpergesten darstellen, sondern muß gleichzeitig in den gymnastischen Übungspassagen den weiblichen Mythos von Schwäche, Anmut, Zartheit, Hilflosigkeit und Erotik in Reinform zur Schau stellen."[10]

Wie Lotte Rose für Kunstturnerinnen dargelegt hat, hat diese Widersprüchlichkeit, in die sich die Sportlerin gestellt sieht, schwerwiegende Konsequenzen im Hinblick auf die Entwicklung einer Identität als Frau: Die Turnerin muß im Zustand eines „Zwitterwesens" verharren, wenn sie aus ihrem Sport nicht ausgegrenzt werden will. Der ständige Vergleich des eigenen Körpers mit einem hochbewerteten, streng normierten „weiblichen" Körperideal, das wie jedes Ideal nie vollständig erreicht werden kann, führt darüber hinaus zu weiteren ganz spezifischen Identitätskonflikten.[11]

In den nicht-kompositorischen Sportarten wie den Ballspielen, Leichtathletik, Rudern, Schwimmen etc. herrschen dagegen eindeutig und einseitig „männliche" Orientierungen vor, und für den sportlichen Erfolg im engeren Sinne ist die Übereinstimmung des Körperäußeren mit einem wie auch immer gearteten „weiblichen" Schönheitsideal unerheblich. Damit können die Ballspielerinnen, Leichtathletinnen und Schwimmerinnen innerhalb des unmittelbaren sportlichen Rahmens der Zerreißprobe zwischen „Männlichkeit" und Weiblichkeitsinszenierung weitgehend entkommen. Doch auch die als Schutz gegen die Reduktion auf eine verstümmelnde „Weiblichkeit" empfundene Orientierung an „männlichen" Werten und Normen erweist sich auf der anderen Seite als Einengung und Fessel.

Das sich einseitig an Linearität und Ökonomie, dem unbedingten Leistungs- und Überbietungsprinzip und den Prinzipien und Mythen der „abendländischen Rationalität" orientierende Sportverständnis ist, wie die Diskussionen um Leistungssport und Doping immer wieder verdeutlichen, mit problematischen Einschränkungen verbunden – für Frauen und Männer. Eine Frau jedoch, die an dieser einseitig „männlichen" und von Männern bestimmten Sportkultur teilhaben will oder gar als Leistungssportlerin Anerkennung und Erfolg sucht, zahlt zudem einen ganz spezifischen Preis: den der Verleugnung ihres Geschlechts. Ihrem Verhalten und ihrer gesamten Person wird „Männlichkeit" zugeschrieben und ihre Geschlechtlichkeit als Frau geleugnet. Eine ehemalige Marathonläuferin beschreibt ihr Verhältnis zu ihren Trainingspartnern:

„Ich nehme an, daß von den Männern aber das Weibliche noch gesucht wurde, also was für sie als weiblich gilt...daß ich also irgend-

wo das Gefühl hatte, die sehen mich gar nicht als Frau an, als wenn ich also selber ein Mann wäre. Also das Gefühl hatte ich ziemlich oft."
Und eine Werferin drückt ähnliches so aus:
„Ich frage mich, ob ich da als Frau oder Mädchen überhaupt ernst genommen worden bin. Die Frage ist auch, ob ich mich selbst überhaupt als Frau gesehen hab' oder sehen wollte oder ob ich mich nicht auch irgendwo so als asexuell dazwischen selbst betrachtet hab'... Irgendwie empfand ich mich, als ich 17, 18 war und gerne Kraft gemacht hab' und auch die ganze Zeit mit Männern im Kraftraum trainiert habe, nicht richtig als Frau. Ich fand, ich stand da immer so etwas zwischen den Stühlen."
Frauen wird ein Asylrecht in der Männerdomäne Sport nur unter Preisgabe ihrer Geschlechtlichkeit als Frau gewährt. Die Geschlechtlichkeit als Frau hat im scheinbar geschlechtsneutralen Sport keinen Platz bzw. ist auch für die Sportlerin selbst schließlich nicht mehr vorstellbar.
„Ich war Sportler, also so ohne Geschlecht, so zwischendrin irgendwie, aber nie konkret Frau." (Handballspielerin)
„Im Sport hab' ich mich als Sportlerin erlebt, fertig aus; jenseits von Frau und Mann." (Volleyballspielerin)
Die Tragweite dieser Aussagen wird erst deutlich, wenn sie einem Mann in den Mund gelegt werden. Es fällt schwer sich vorzustellen, daß Boris Becker oder Pierre Littbarski sich auf dem Platz nicht als Mann, sondern „so ohne Geschlecht, so zwischendrin irgendwie" fühlen. Die für Sportlerinnen nahezu selbstverständlich erscheinende Diskrepanz zwischen sportlicher Identität und Geschlechtsidentität erscheint für Männer als geradezu absurd. Während Männer als Sportler in ihrer Geschlechtsidentität eher bestärkt werden, kann eine Sportlerin sich keineswegs als Frau fühlen, *weil* sie sportliche Höchstleistungen vollbringt, sondern höchstens, *obwohl* sie dies tut. Nur so ist etwa ein Verhalten zu verstehen, wie es der Sportreporter Karl Senne im Aktuellen Sportstudio (6.4.1991) der Rennfahrerin Ellen Lohr gegenüber an den Tag legte. Bevor er einen einzigen Satz über ihren Sport verlor, ließ er erst das Publikum per Akklamation feststellen, daß es sich bei Frau Lohr trotz ihrer rennfahrerischen Qualitäten „doch – wie man sieht – von Kopf bis Fuß um eine Dame" handle.
Das von „männlichen" Werten und Normen bestimmte Sportsystem bietet Frauen keine Möglichkeit, sich unabhängig von den Bestimmungen der weiblichen Geschlechtsrolle in der eigenen Geschlechtlichkeit als Frau zu erfahren. Unter Frau-Sein wird auch hier nur verstanden, die weibliche Geschlechtsrolle zu erfüllen, also „weiblich" zu sein. Damit aber steht Frau-Sein im Widerspruch zum „männlich" definierten Sportler-Sein. Die Sportlerin lebt somit in zwei getrennten Welten, die sich

widersprechende Forderungen an sie stellen: der Welt des Sports, wo sie handelndes Subjekt und neutraler Kumpel ist, und der Welt außerhalb, wo sie „weiblich" sein muß, um als Frau anerkannt zu werden. Entweder versucht sie, beide Welten in ihrer Person zu vereinen, was eine enorme Belastung bedeutet, oder sie muß erleben, wie von außen zwischen ihrer Person und anderen „weiblichen" Frauen getrennt wird. Diese Trennung in geschlechtslose, neutrale Sportlerinnen auf der einen und die „wahren" Frauen auf der anderen Seite beschreibt eine Leichtathletin sehr plastisch:

„Im Training lief das mit den Männern auf so einer Kumpelebene, und war das o.k., und ich war akzeptiert, nach dem Training, wenn man aus der Dusche kam, dann lief ein ganz anderes Spiel. Dann kamen Freundinnen zum Abholen, dann kamen irgendwelche Frauen, um was trinken zu gehen, und in dem Moment lief dann die Kommunikation unter denen. Da hab' ich gemerkt, da kriegen die Frauen eine Anerkennung, die ich einfach da nie kriege. Und die Anerkennung, die ich kriege, das war die, halt irgendwie gut (im Sport) zu sein... Das Ende vom Training, in die Duschkabine gehen und aus der Duschkabine rauskommen mit anderen Klamotten, und der Sport ist in der Tasche, der Reißverschluß ist zu. Das ist die Situation, die ich in Erinnerung habe, also als was Komisches."

Damit erfährt die oben beschriebene Zerrissenheit zwischen Selbst-Sein und Frau-Sein eine äußere Entsprechung: die Trennung in Sportler-Sein und Frau-Sein, zwischen Sporthalle und Disko, Sport-Trikot und Kleid, Turnschuh und Stöckelschuh.[12]

Diese Zerrissenheit stellt eine anhaltende Belastung für die Identitätsbalance einer Sportlerin dar. Sie spiegelt sich – insbesondere in Sportarten, die als Männerdomäne par excellence gelten, wie Fußball, bestimmte Disziplinen der Leichtathletik oder Rudern – in einem oft höchst ambivalenten Verhältnis zur eigenen Körperlichkeit.[13] Die hohe Abbrecherinnenquote im Leistungssport muß ebenso im Zusammenhang hiermit gesehen werden wie zahlreiche psychosomatische Krankheiten und Verletzungen, die zumindest einen zeitweisen Rückzug aus dem Sport und damit eine Auflösung der Zerrissenheit ermöglichen.

Entgegengesetzt zu dieser Strategie des Ausstiegs aus dem Sport ist der insbesondere im Wettkampfsport auch in den unteren Leistungsklassen häufig zu beobachtende Versuch zu sehen, sich der Zerrissenheit zwischen Sportler-Sein und Frau-Sein durch die Flucht in das Sportsystem zu entziehen. „Training, Schlafen, Essen – ich, Basketballspielerin", charakterisiert eine Jugendspielerin diese Verengung ihres gesamten Lebens auf das System des Sports und die Reduktion ihrer Identität auf die der Sportlerin. Die eigene Geschlechtlichkeit als Frau wird dabei völlig ausgegrenzt. „Weiblichkeit" bleibt gleichgesetzt mit den Zumutungen der weiblichen Rolle und wird zunehmend als Bedrohung gesehen. Alles, was mit „Weiblichkeit" assoziiert wird, wie Weichheit, Rundheit, Anlehnungsbedürfnis, Träume von Geborgenheit, Wärme und Zärtlichkeit, Gefühle von Ohnmacht und Schwäche sowie die eigene Sexualität werden weggedrängt, wegtrainiert. Nach außen wird das Image der harten, burschikosen, belastbaren, bedürfnislosen und asexuellen Frau aufgebaut und gepflegt.

Die Probleme, die sich aus einer solchen Reduktion des Selbstbildes auf das der Sportlerin für die Beendigung des Wettkampfsports ergeben, liegen auf der Hand. Aber schon vorher können – insbesondere zu Zeiten, in denen die Karriere von Mißerfolg gekennzeichnet ist – der Zufluchtsort Sport als Gefängnis und das asexuelle Image als Fessel erlebt werden. Das Sportfeld wird zum Ghetto, und die Sportlerin hat weder einen Raum noch ein Verhaltensrepertoire, um dieses Ghetto zu verlassen. Wird ihr ihr Mangel bewußt, so reagiert sie mit den Verhaltensmustern, die ihr vertraut sind: Sie kompensiert durch noch mehr Training und verstärkten Rückzug in den Sport und schreibt so den Mangel noch weiter fest. Auf diese Weise gerät sie immer tiefer in eine suchthafte Abhängigkeit vom Erfolg im System des Leistungssports und von denen, die in diesem System Macht ausüben (Trainer, Funktionäre...). Die Folgen können äußerst gravierend, ja sogar lebensbedrohlich sein, wie die jüngste Diskussion um Ermüdungsbrüche und Magersucht bei Marathonläuferinnen[14] und die Dopingproblematik deutlich machen.

Eine andere Strategie, die Widersprüche zwischen dem scheinbar geschlechtsneutralen Sport und der Existenz als Frau außerhalb dieser Welt zu einen, ist der Versuch, die Bestätigung der eigenen „Weiblichkeit" durch Männer innerhalb des sozialen Systems Sport zu erlangen. Eine besondere Rolle kommt in diesem Zusammenhang dem Trainer zu (vgl. Lotte Rose in diesem Buch). Da er ihre Stärke, ihre Kraft, ihren Erfolg, ihre Muskeln usw., also alle Aspekte ihrer scheinbaren „Unweiblichkeit" aufbaut und schätzt (da sie ja auch seine Erfolge beinhalten), ist er der ideale Mann, um der Sportlerin ihre „Weiblichkeit" kraft seiner „Männlichkeit" zu bestätigen und ihr die Illusion von Ganzheit zu vermitteln. Ob das Verhältnis zwischen Sportlerin und Trainer sexuelle Kontakte einschließt oder nicht, in jedem Fall ist hier ein höchst problematisches Abhängigkeitsverhältnis mit einem erheblichen Mißbrauchspotential konstituiert. Oft erkennt die Sportlerin erst bei nachlassender Leistungsfähigkeit den wahren Charakter der Beziehung zu ihrem Trainer, den ein Bundestrainer der Leichtathletik beschreibt: „Das Verhältnis Trainer – Sportlerin kann erst dann richtig leistungsfördernd sein, wenn es in der Grundstruktur dem des Zuhälters zur Prostituierten entspricht."[15]

Wie ich an anderer Stelle (1990) dargestellt habe, kann die lesbische Lebensform als eine gelungene Auflösungsform der Zerrissenheit zwischen Selbst-Sein und Frau-Sein bzw. zwischen Sportler-Sein und Frau-Sein begriffen werden. Kernstück dieser Auflösung ist eine Definition von Frau-Sein in der lesbischen Existenz, die sich von der Orientierung an der weiblichen Geschlechtsrolle, den Vorstellungen von „Weiblichkeit" und „Männlichkeit" und von Männern löst. Insofern ist es auch nicht verwunderlich, daß insbesondere im Leistungssport überproportional viele Frauen lesbisch leben. Doch Frauen, die nicht Männern, sondern Frauen den ersten Platz in ihrem Leben einräumen und damit gegen die zentrale Bestimmung der weiblichen Rolle, die Orientierung am Mann, verstoßen, müssen unsichtbar bleiben. Wie in allen anderen Bereichen der Gesellschaft wird auch im Sport die Existenz von Lesben tabuisiert, um die herrschende Geschlechterordnung nicht zu gefährden. Brechen lesbische Sportlerinnen das Schweigen, so werden sie auf jede erdenkliche Art diskriminiert. In der Regel sind diese Diskriminierungen sehr subtiler Art, können jedoch auch so weit gehen, daß z.B. eine Nationalspielerin aufgrund ihrer nicht verheimlichten Existenz als Lesbe das Nationalteam verlassen mußte. Als Konsequenz bleibt die lesbische Existenz im Bereich des Sports in der Regel in einer rein privaten Lösungsform stecken. Lesben bleiben als politische Kraft unsichtbar und damit weitgehend wirkungslos im Hinblick auf eine Veränderung der herrschenden „männlichen" und von Männern dominierten Sportkultur. Es läge im Interesse aller Sportlerinnen (bzw. aller Frauen), sich gegen diese Diskriminierung lesbischer Frauen zu solidarisieren. Denn letztlich geht es keineswegs um das spezielle Problem von Lesben, sondern um den Ausbruch aus einer reduzierenden „Weiblichkeit".

In der Diskriminierung der lesbischen Existenz spiegelt sich letztlich nur die Ignoranz gegenüber Frauen generell und ihrer spezifischen Situation als Sportlerinnen im besonderen. Die beschriebenen Rollenkonflikte von Frauen werden in der Männerdomäne Sport kaum gesehen, ernst genommen oder gar thematisiert. Vielmehr herrscht auch in sich fortschrittlich verstehenden und um die Emanzipation der Frau bemühten Kreisen die Vorstellung, Frauen könnten durch die Addition der ihnen „von Natur aus eigenen weiblichen" zu den im Sport und durch den Sport entwickelten „männlichen" Eigenschaften und Verhaltensweisen eine ganzheitliche Persönlichkeit entwickeln. Vergessen wird bei diesem Traumbild der androgynen Frau, daß die Konstruktionen von „Männlichkeit" und „Weiblichkeit" weit mehr sind als eine bloße Ansammlung bestimmter Eigenschaften und typischer Verhaltensweisen, sondern über Jahrtausende gewachsene Symbolsysteme, die mit den gesellschaftlichen Herrschafts- und Machtstrukturen zutiefst verquickt sind.[16] „Weiblichkeit" steht in diesem System für eine Geschlechtsrolle, die Frauen eine eigenständige Existenz und Subjekthaftigkeit weitgehend abspricht und Frau-Sein nur durch den Bezug zum Mann und die Definition der eigenen Existenz über einen Mann bestimmt.

Solange der Sport als Männerdomäne geradezu die Versinnbildlichung dieses Herrschaftsverhältnisses darstellt, solange Frauensport nur als Abweichung oder Randerscheinung des „richtigen" Sports, was immer meint: des Männersports, verstanden und an seinen Werten und Normen gemessen wird, werden Frauen im Sport nie mehr als ein Asyl unter Preisgabe der eigenen Geschlechtlichkeit erhalten.

## ANMERKUNGEN

1 Vgl. Carin Liesenhoff, „Geschlechtsmythen und Utopien im Sport", in: Michael Klein (Hg.), *Sport und Geschlecht*, Reinbek 1983, S. 94.
2 Heidi Scheffel, *Untersuchung zur Einstellung von Mädchen zum koedukativen Bewegungsunterricht*, Dipl. Arbeit, Marburg 1987.
3 Marianne Wex, *„Weibliche" und „männliche" Körpersprache als Folge patriarchalischer Machtverhältnisse*, Hamburg 1979.
4 Vgl. Peter Becker, in: *Olympische Jugend* 4/91.
5 Alle Zitate von Sportlerinnen sind einer Interviewstudie entnommen, die ich 1990 mit lesbischen Leistungssportlerinnen durchgeführt habe. Zahlreiche von mir durchgeführte Gruppendiskussionen mit nicht-lesbischen Sportlerinnen und Frauen aus dem Breitensportbereich nach Veröffentlichung dieser Studie haben gezeigt, daß die Ergebnisse dieser Untersuchung bezüglich der Rollenkonflikte von Frauen im Sport über den ursprünglichen Ansatz hinaus verallgemeinert werden können.
6 Vgl. Carin Liesenhoff, a.a.O.; Michael Klein, in: *Männerbande – Männerbünde*, Köln 1990.
7 ders., *Frauen im Sport – gleichberechtigt?*, Stuttgart 1987, S. 24ff.
8 Dem Umstand, daß Sport – wie in fast allen Spielsportarten – überwiegend in reinen Frauenteams betrieben wird, kommt in diesem Zusammenhang eine wesentliche Bedeutung zu: In den anderen Frauen des Teams wird die eigene Geschlechtlichkeit ungeachtet der Verstöße gegen die weibliche Rolle gespiegelt und von diesen (an)erkannt. Hier finden sich Mädchen und Frauen, die auch „anders" sind und damit zur Bestätigung des eigenen Selbst und der eigenen Geschlechtlichkeit als Frau werden. Prinzipiell tragen Frauenteams und Frauensportgruppen eine große Chance in sich, Frauen, die sich den Verstümmelungen der weiblichen Rolle nicht beugen wollen, einen Raum zu schaffen, in dem sie ihre Persönlichkeit umfassender entwickeln können.
9 Anerkennung für den funktionalen Einsatz des Körpers und die sportliche Leistung wird der Sportlerin allerdings nicht in jedem Verein zuteil. Häufig setzt sich auch innerhalb des Sports ein sexistischer Blick auf Frauen durch, der diese auf ihr äußeres Erscheinungsbild reduziert und die sportliche Handlung in den Hintergrund drängt. Verinnerlichen die Sportlerinnen diesen sexistischen Blick, so können aus gemeinschaftlich um sportlichen Erfolg kämpfenden Teamgefährtinnen um die Anerkennung von Männern streitende Konkurrentinnen werden.

10 Lotte Rose, „Die Kunstturnerin. Zur Ambivalenz weiblicher Karrieren", in: *Wohin geht die Frauenforschung?*, Köln/Wien 1990, S. 74.
11 Vgl. z.B. Anke Abraham, *Identitätsprobleme in der Rhythmischen Sportgymnastik*, Schorndorf 1986.
12 Es ist jedoch auch möglich, schon innerhalb des Sports die Bereitschaft zu signalisieren, trotz der „männlichen" Attribute die weibliche Rolle nicht bzw. nur partiell zu verlassen. Ein Beispiel für diese Strategie stellt die Sprinterin Florence Griffith-Joyner dar. Sie verstand es als Athletin, sowohl in der Präsentation ihres Körpers auf der Tartanbahn als auch in ihrem in der Presse lancierten Verhältnis zu ihrem Ehemann eine perfekte „Weiblichkeit" zu inszenieren. Dies mag auf den ersten Blick wie eine Auflösung der beschriebenen Widersprüche erscheinen. Es stellt sich jedoch die Frage, ob dieser Versuch, „männliche" Athletik und Weiblichkeitsinszenierung zu verbinden, nicht zu ähnlichen Unsicherheiten bezüglich der eigenen Selbstgewißheit führt, wie sie Lotte Rose für Kunstturnerinnen und Anke Abraham für Sportgymnastinnen beschrieben haben.
13 Vgl. Michael Klein, in: *Sportpädagogik* 4/80, S. 23.
14 Leider beschränkt sich die bisherige sportwissenschaftliche Forschung in bezug auf diese Problematik im wesentlichen auf medizinische, biologische und ernährungswissenschaftliche Fragen und schenkt der hier beschriebenen tiefgreifenden Identitätsproblematik von magersüchtigen Sportlerinnen kaum Aufmerksamkeit (vgl. z.B. Bundesinstitut für Sportwissenschaften 1990).
15 Zit. nach Michael Klein (Hg.), *Sport und Geschlecht*, Reinbek 1983, S. 114.
16 Carol Hagemann-White, *Sozialisation: Weiblich – männlich?*, Opladen 1984, S. 77.

Lotte Rose

## „ES WAR SCHON EIN REIZ, DIE EIGENE ANGST ZU ÜBERWINDEN"

### Die Lust am Risiko im weiblichen Kunstturnen

*Nun wetteiferten die Jungen, wer der mutigste sei.*
*„Ich wage es, vom Holzschuppendach zu springen", sagte Lasse.*
*„Ich auch", antwortete Ole.*
*Und dann sprangen alle drei vom Dach des Holzschuppens.*
*Später sagte Lasse: „Ich wage es, auf dem Stier zu reiten!" Unser Stier ist bestimmt der netteste, den es in ganz Schweden gibt. Er stand angebunden vor dem Kuhstall und verzog keine Miene, als Lasse auf seinen Rücken kletterte. Er bewegte sich nicht einmal von der Stelle. Daher wurde nicht viel aus der Reiterei.*
*„Haha, das wage ich auch", rief Bosse.*
*„Und ich auch", sagte Ole.*
*Und sie kletterten hinter Lasse auf den Rücken des Stiers.*
*Aber da sagte Britta: „Ich wage es, auf dem Kuhstalldach entlangzugehen."*
*An der Giebelseite vom Kuhstall stand eine Leiter, und Britta kletterte tatsächlich auf das Dach hinauf. Aber gerade als sie auf dem Dach stand, öffnete ihre Mutter das Küchenfenster und schrie:*
*„Bist du verrückt, Britta? Komm sofort herunter!"*
*Da stieg Britta, so schnell sie konnte, die Leiter wieder herunter.*
Astrid Lindgren, *Lustiges Bullerbü*

Angstsituationen, wie sie exemplarisch die Turnerin Corinna[1] schildert, gehören zum Alltag von Kunstturnerinnen:
> „Als ich noch in den Anfängen steckte und allmählich die schwierigeren Teile lernte, Schraube am Boden oder so, da mußte ich die immer alleine machen, und da hatte ich Angst vor. Da hab' ich manchmal Angst gehabt vor dem nächsten Training, weil, da mußte ich das wieder machen, und ich hatte doch so eine Angst, und keiner verstand das. Da hatte ich schon mal keine Lust, aber ich bin trotzdem gegangen, weil das nur eine vorübergehende Angst ist. Man muß das Teil erst 80 000mal machen, bevor das sitzt. Wenn ich dreimal geflogen bin, dann kann ich nicht sagen, ich kann das Teil nicht, auch wenn ich Angst hab'. Also wegen einem Teil 'nen Schlußstrich machen, kam überhaupt nicht in Frage."

Der Weg bis zur sicheren Beherrschung eines aufsehenerregenden akrobatischen Kunststücks ist von quälenden Ängsten begleitet. Corinna fühlt sich überfordert, möchte flüchten. Sie tut es nicht. Die Selbstidentifikation mit der Turnmoral ist perfekt. Der Wunsch nach Erfolg ist heftig genug, die Glücksverheißung verführerisch genug, daß sie gegen die feindseligen, „feigen" inneren Tendenzen die Oberhand behalten: Corinna unterwirft sich den Trainingstorturen, sie ist bereit, sich den regressiven Anfechtungen hartnäckig zu widersetzen, „80 000mal" ihre Angst zu bezwingen, bevor der Schraubensalto endlich „sitzt".

Das Kunstturnen enthält ein besonderes Angstmoment, das sich grundlegend von dem der meisten anderen Sportarten unterscheidet. Mit dem Mißlingen eines akrobatischen Turnelements droht weit mehr als die narzißtische Kränkung einer Niederlage, es drohen folgenschwere Verletzungen. Die Geschichte des Kunstturnens enthält genügend tragische Fälle, die von den lebensgefährlichen Realitäten dieses Sports zeugen. Angesichts dessen läßt sich das Kunstturnen durchaus zu den Risikosportarten rechnen. Wie der Rennfahrer, der Abfahrtsläufer, der Drachenflieger, der Bergsteiger oder der Fallschirmspringer riskiert auch die Turnerin ständig ihre körperliche Unversehrtheit. Sie setzt sich physisch-existentiellen Gefahren aus.

Dieses besondere Bedrohungsmoment läßt bereits im Schulsport das Turnen bekanntermaßen – vor allem für Mädchen – zum Schrecken werden, wie eine Schülerin schildert:

„Das ist bei mir so eine Sache beim Bockspringen. Wenn ich da so anlaufen und abspringen und drüberspringen muß, da traue ich mich nicht. Ich habe wirklich Angst, entweder, daß ich oben ‚rüberkippe' oder daß ich hängenbleibe und ‚drüberstolper'."[2]

Doch auch die Erfolgreichen des Kunstturnens sind immer wieder quälenden Ängsten ausgesetzt. Eine Schweizer Nationalturnerin erzählt von ihrer Angst vor dem Tsukahara-Pferdsprung:

„Da stelle ich mir innerlich den Bewegungsablauf vor – und mitten drin, Kopf unten, geht's nicht mehr weiter, bin ich blockiert. Das sind Horrorvorstellungen."[3]

Die Angstüberwindung wird oft genug zur zentralen Aufgabe der Kunstturnerin, hinter der die physischen Herausforderungen des Turnens zurückstehen – eine Aufgabe, die trotz ihrer zermürbenden Qual doch immer wieder mit trotzigem Kampfeswillen zu bewältigen gesucht wird.

Dieses „Spiel mit der Gefahr" ist alt. Die Bewältigung einer gefährlichen Situation gehört zur verbindlichen „Prüfungsaufgabe" archaischer Initiationriten.[4] Junge Kadetten wurden unbarmherzigen Mutproben ausgesetzt, um sie zu soldatischem Heldentum zu erziehen.[5] Allseits vertraut ist das Bild der Jungenbanden, die mit Eifer Gefahren inszenieren, in denen sie Härte, Geschick, Selbstkontrolle und Autonomie demonstrieren und neue Mitglieder sich ihren Status erkämpfen müssen.[6]

Gerade weil im Zuge des Zivilisationsprozesses sichtbare und offene Gewalt zunehmend tabuisiert, reale Gefahren gebannt sind, entsteht ein neu motiviertes Bedürfnis nach eben jenen verlorenen „archaischen" Selbstprüfungen. Heinz Hengst versteht die zunehmende Faszination der künstlich erzeugten Thrills als Antwort auf die gesellschaftlichen Befriedungsprozesse, die physische Bedrohungen, Herausforderungen und Risiken aus dem Alltag verwiesen haben: „Die Utopie des souveränen Individuums wird zur bloßen Illusion, wenn es keine Wirklichkeit gibt, in der es sich etablieren und bewähren könnte."[7]

Folge ist die verstärkte Suche und Schaffung von Orten und Situationen, in denen sich das Subjekt wieder seiner selbst vergewissern kann. Der Katalog an Nervenkitzeln ist vielfältig. Hengst nennt die Faszination der Film-Schocker, die Lust an schneller Geschwindigkeit[8] oder auch das Abenteuer des Reisens. Es sind Ausbruchversuche, in denen die eigenen Grenzen ausgetestet werden, in denen sich ein zerfranstes Selbst festigt.

Doch bei genauerer Betrachtung wird deutlich: Die Mutproben sind ganz offensichtlich eine Praxis männlicher Subjektkonstituierung. Es sind in erster Linie Jungen und Männer, die sich auf diese Weise ihre Omnipotenz als männliches Wesen bestätigen. Mädchen und Frauen nehmen nur randständig teil. Der weiblichen Kultur ist die gefährliche Bewährungsprobe als Initiationsakt eher fremd. Carol Hagemann-White weist darauf hin, daß das Mädchen kaum das Bedürfnis hat, „ihren Platz in der Welt durch Mutproben, Eskapaden und Prügeleien zu beweisen.". Typisch für die weibliche Körpersozialisation ist der Mangel an Risiko- und Schmerzerfahrungen – ein Mangel, der dem Mädchen die Chance nimmt, die „Selbstheilungskraft, die Elastizität und Zähigkeit des Körpers" zu erleben. „Das Mädchen bleibt eher dabei, eigenes Wohlergehen zu sichern; sie wird nicht zu Wagnissen angestachelt, die sie sich allein nicht zugetraut hätte. So baut sich ein Fundament von Angst vor Körperverletzungen auf; und als Kehrseite wird der Sinn fürs Ästhetische ausgebaut."[9]

Dieser Mangel an Risikoerfahrungen hat nachhaltige Folgen für das Selbstbild: Die Konturen des eigenen Körpers sind unscharf und angstbesetzt, die Furcht vor Angriffen potenziert sich, wie sich auch das Bemühen panisch steigert, die körperliche Unversehrtheit zu schützen. Aggressive Auseinandersetzungen mit Menschen und Materialien werden gemieden. So ist es denn kein Zufall, daß die Risikosportarten männlich dominiert sind,[10] daß Frauen sich in Kampf- und Ballsportarten nicht wohl fühlen.[11] Sicherlich muß auch der männliche Wagemut bedenklich stimmen. Daß Jungen bei Kinderunfällen überproportional vertreten sind, daß später Männer die meisten Autounfälle verursachen, zeigt an, daß der männliche Wagemut den Realitätssinn trüben und traurige Folgen haben kann. Doch es gilt auch: Ohne „handfest" erfahrene Stärke- und Schwächeerlebnisse bleibt das Körperselbst labil und leicht verletzbar. Wo männliches Heldentum Gefahr läuft, ein unrealistisch aufgeblähtes Körperbild zu hinterlassen, schreibt die weibliche Verzagtheit ein unrealistisch verkleinertes Körperbild fest.

Angesichts dessen stellt die Risikofreudigkeit der Kunstturnerin eine Ungewöhnlichkeit dar, die die „Gesetze" der weiblichen Normalsozialisation durchbricht. Die Turnerin ist nicht darauf bedacht, ihr „eigenes Wohlergehen zu sichern" (Hagemann-White), sondern sie setzt in jedem Training und jedem Wettkampf ihre körperliche Unversehrtheit aufs Spiel. Wie der Bandenjunge und der Kadettenzögling hat sie unentwegt Mutproben zu bestehen. „Mut" ist unerläßlich für die Kunstturn-Karriere, unterstreicht denn auch eine internationale Spitzenturnerin: „Man muß etwas riskieren können, darf keine Angst vor blauen Flecken haben."[12] Ausweichen bedeutet Schwäche in dieser Kultur.

Doch diese Härte gegen sich selbst wird herrlich belohnt. Wie nah beieinander Furcht und Wonne liegen, beschreibt eine Turnerin: „Im Wettkampf bin ich aufgeregt und habe auch Angst, weil ich z.B. den Salto rückwärts am Boden allein springen muß und mich dabei auch verletzen könnte, aber wenn man es dann hinter sich hat..."[13]

So groß die Angst um die eigene Unversehrtheit bei dem bevorstehenden Wettkampfauftritt ist, so erlösend wirkt dann auch die gelungene Präsentation. Trotz der Angst den bedrohlichen Salto ohne Hilfestellung gesprungen zu haben, hinterläßt ein wohltuendes Gefühl tiefer narzißtischer Befriedigung – ein Gefühl, für das sich keine Worte finden lassen.

Mit Schrecken erinnert sich auch Andrea daran, als sie ihren ersten Flick-Flack auf dem Schwebebalken turnen sollte:

„Vor diesem Teil hatte ich unheimlich Angst. Flick-Flack, das war für mich ein Wahnsinnsteil. Das hat die Korbut gemacht. Das hat im Verein keiner gemacht. Da mußte ich mich dem Trainer anvertrauen, daß er mich hält. Er hat mich da geturnt. Aber wichtig war da einfach, daß ich bereit bin, das zu machen, das mit mir machen zu lassen. Andere haben da gesagt: ‚Äh, nee!' Und dann waren die gestorben. Mit denen konnte er nichts mehr anfangen. Oh, war das fürchterlich, so einen Bammel hab' ich gehabt vor dem Teil, aber ich hätte mich nie geweigert."

Bei aller Furcht ist hier doch auch die Faszination des gefährlichen Flick-Flacks deutlich spürbar: Die Turnerin überschreitet damit die Grenzen des Durchschnittlichen, Normalen, Gewöhnlichen, sie überflügelt ihre Vereinskameradinnen, nähert sich dem Idol der legendären Spitzenturnerin Korbut. Das Risikoelement zu wagen, läßt die „kleine" Turnerin in den Kreis der „großen" Kunstturn-Elite aufsteigen. Es ist diese Gratifikation, die die Angst überwinden läßt.

Die Mutprobe offenbart sich auch als Selektionsmechanismus: Hier scheiden sich für den Trainer die „guten" von den „schlechten" Turnerinnen, die vielversprechenden Talente von den wertlosen Durchschnittsturnerinnen. Das Mädchen, das das Risiko wagt, läßt auf Meistertitel hoffen. Das Mädchen, das die notwendige Traute nicht aufbringt, verspricht kaum eine glänzende Karriere – für den Trainer ist sie „gestorben", Trainingsinvestitionen lohnen sich nicht mehr. So wird der gefährliche Flick-Flack für die Turnerin zu einer hochbedeutsamen Prüfung, in der Statuspositionen verliehen werden, die den weiteren Karriereverlauf folgenschwer bestimmen. Die Angstüberwindung eröffnet der eigenen Existenz neue Horizonte. „Es war schon ein Reiz, die eigene Angst zu überwinden und den eigenen Schweinehund... Ich war oft erstaunt, was ich eigentlich kann, und habe mich selbst unterschätzt."[14]

Am Ende des mühseligen Ringens steht das Erlebnis einer bisher nicht geahnten und gekannten eigenen Größe. Den „Schweinehund" – jene Metapher des Verächtlichen und Gehaßten im eigenen Selbst – bezwungen zu haben, macht grandios, mächtig und unverletzbar. Die gelungene Selbstkontrolle läßt dem Selbst „Flügel wachsen".

Damit verkörpert die Kunstturnerin jenen philobatischen Abwehrtypus, wie ihn der Psychoanalytiker Michael Balint in seiner Studie „Angstlust und Regression" beschrieben hat. Mit den Begriffen der *Oknophilie* und *Philobatie* entwickelt Balint das idealtypische Modell zweier gegensätzlicher Formen der Bewältigung der primär-narzißtischen Enttäuschung – der Enttäuschung des Kindes durch das unausweichliche Gewahrwerden der eigenen Ohnmacht, Abgetrenntheit, Nicht-Einheit mit der mächtig-schützenden Mutter. Während nun der Oknophile in der Verschmelzung mit neuen omnipotenten Objekten die verlorene Sicherheit wieder zu sichern sucht, will sich der Philobat gerade nicht mehr auf den Schutz anderer verlassen.[15] Er müht sich statt dessen, in ständig neuen Bewährungsproben seine Autonomie und Allmacht unter Beweis zu stellen. Er setzt sich immer wieder Selbstgefährdungen, Nervenkitzeln und Mutproben aus, um die frühkindliche Illusion der eigenen Unverwundbarkeit aufrechterhalten zu können. Der Gefahr ins Auge gesehen zu haben, sie gemeistert zu haben, bestätigt die eigene Macht. Der Philobat lebt nach der Devise: Die Welt, die mir Angst macht, kann mir doch nichts mehr anhaben, da ich alle Bedrohungen eigenhändig bezwingen kann. Damit erklärt sich die psychische Balsamwirkung der oft so absurd anmutenden Selbstgefährdungen: Sie dienen der Bändigung und Tilgung kränkender und irritierender Schwächegefühle. Dabei erweitert die Kunstturnerin jedoch nicht nur imaginär ihre Machtsphäre. Die Verbesserung ihrer akrobatischen Geschicklichkeiten vergrößert durchaus real ihren Handlungsspielraum. Im Vergleich zu ihren Geschlechtsgenossinnen steht die Turnerin sicherlich standfester in der Welt. Ungewöhnliche und risikoreiche Bewegungen zu beherrschen, läßt den Wunsch nach der grenzenlosen Allmacht des eigenen Körpers tatsächlich ein Stück weit Wirklichkeit werden. Die Turnerin kann sich von den Gesetzen der Schwerkraft befreien, sich in den neuen Raumdimensionen bewegen, den eigenen Körper „auf den Kopf" stellen. Eine Turnerin hierzu: „Ich hatte beim Turnen immer den Traum des Sich-Loslösens von der Erde, zu fliegen."[16] Eine andere Turnerin: „Ich habe das Körpergefühl genossen, wenn man sich auf verschiedenen Ebenen bewegt, z.B. sich ohne weitere Hilfsmittel in der Luft und auf der Erde zu bewegen."[17] Für die Turnerinnen wird der alte Menschheitstraum des Fliegens wahr: Sie sind für einen Moment schwerelos, können durch die Luft wirbeln, ohne abzustürzen. Sicher in der Luft getragen zu werden, in diesem grenzen- und objektlosen Raum, wird zum Sinnbild einer primär-narzißtischen Phantasie.

Dieses Sprengen der Körpergrenzen macht neue Formen körperlicher Lust erlebbar. Jürgen Funke hebt hervor, daß die „körperlichen Sensationen des Schaukelns und Schwingens, Springens und Drehens, Fliegens und Gleitens" im Turnen den Körper zu einer „Quelle von angenehmen Gefühlen machen".[18] So berichtet denn auch eine Turnerin, daß sie mit Vorliebe die Sohlwelle am Stufenbarren geturnt hat, „weil es genauso wie Achterbahnfahren im Bauch war".[19] Eine andere Turnerin schildert die „Erfahrung eines inneren berauschenden Gefühls", das sie „bei Umschwüngen am Reck, Überschlägen und am Trampolin" erlebte.[20] Ekstatische Körperzustände werden hergestellt, in denen sich Grenzen auflösen, die Turnerin, der Realität entrückt, sich – wie im Rausch – in der Illusion unendlicher Befriedigung verlieren kann. Sie ist wieder eins mit der Welt, wie der Säugling in der primär-narzißtischen Phase. Für Momente ist die Trennung von Ich und Körper, von Selbst und Objekt, von Innen und Außen aufgehoben.

Dabei unterscheidet sich die Qualität dieses Rauscherlebnisses jedoch ganz grundlegend von jenen durch Drogen initiierten. Während der Drogenrausch mit dem passiv-oralen Einverleiben halluzinatorischer Mittel deutlich regressive Züge trägt, erfordert der Artistenrausch hochentwickelte Ich-Kompetenzen und Realitätsanpassung. Das ist das Widersinnige der philobatischen Angstlust: Um zu der ersehnten Ursprungswonne zurückkehren zu können, müssen Geschicklichkeiten und Fertigkeiten perfekt ausgebildet sein. Es findet eine „Progression um der Regression willen" statt, wie es Balint[21] formuliert hat. Unabdingbare Voraussetzung der Lust am Risiko ist die Hoffnung, die Gefahr werde tatsächlich gemeistert. Balint weist auf die Rolle beschützender „Vaterfiguren" hin, die diese Hoffnung stärken. „Diese... wohlwollenden und zuverlässigen Vaterfiguren sind es, die bestimmen, welche Gefahren noch tragbar sind und welche Sicherungen gewährleistet sein müssen."[22]

Für den Rennfahrer ist dies sein Automechaniker, für den Kletterer sein Bergführer. Im Kunstturnen übernimmt der Trainer[23] diese stabilisierende Funktion. Er ist zunächst derjenige, der die direkte physische Hilfestellung bei riskanten Übungselementen leistet, um die Turnerin vor Stürzen zu bewahren, bis sie den Bewegungsablauf sicher erlernt hat. Er ist es, der entscheidet, welches Element geturnt wird. Er ist es, der die Turnerin systematisch in die gefährliche Aufgabe einweist. Die Turnerin wird nicht unvorbereitet der Bewährungsprobe ausgesetzt, sondern das Allein-Turnen wird langsam und vorsichtig aufgebaut. Schritt für Schritt, über methodische Übungsreihen, mit technischen Gerätehilfen und mit der Hilfestellung des Trainers wird sie allmählich mit dem Risiko vertraut gemacht, erlernt sie die notwendigen Kompetenzen zur möglichst sicheren Beherrschung des Akrobatikelements. Damit übernimmt der Trainer ein Großteil der Verantwortung für das Gelingen der riskanten Aufgabe.

Auch im Erleben der Turnerinnen spielt der Trainer als unerläßlicher Beistand zum Wagnis riskanter Bewegungsformen eine herausragende Rolle. Als Patricia einen neuen Trainer erhält, der sich in den Hilfestellungsanforderungen als äußerst ungeschickt erweist, erleidet ihre Erfolgslaufbahn einen kritischen Einbruch. Sie wagt nicht mehr, all die hochklassigen Akrobatikteile zu turnen, die sie ehemals souverän beherrschte.

„Wenn man bei dem neuen Trainer die Erfahrung macht, daß er dir zweimal fast ein blaues Auge haut, weil er falsch zugreift, dann machst du natürlich all die großen Sachen nicht mehr, wo du auf die Ohren fliegen kannst."

In dem Moment, in dem der Trainer sich durch Fehlverhalten nicht als die „wohlwollende und zuverlässige Vaterfigur" erweist, die die Turnerin als Stütze benötigt, nimmt die Angst vor der Gefahr überhand. Patricia setzt sich dem Risiko nicht mehr aus. Ohne das Fundament einer vertrauensvollen Trainerbeziehung wird sie von ihren Ängsten überschwemmt. Wie motivierend letztlich tatsächlich die positive Traineridentifikation wirkt, offenbart sich auch in Andreas Geschichte. Als sie den Flick-Flack auf dem Schwebebalken springen soll, steht sie zwar ungeheure Ängste aus, doch sie wagt das Kunststück:

„Ich wußte, der Trainer würde das nicht mit mir machen, wenn er kein Interesse an mir hätte, und das Interesse hatte er ja nur, weil er sah, daß ich die grundlegenden Fähigkeiten hatte. Also total deppert bin ich nicht. Man kann sich schließlich auch mit Hilfestellung das Genick brechen. Wenn er will, daß ich das turne, ist klar, daß er es nicht machen würde, wenn er Angst hätte, daß ich mir dabei was tue."

Widerstrebende Gefühle mischen sich ineinander: Die Furcht vor dem Flick-Flack wird überlagert von dem Stolz, dieses imponierende Element ausprobieren zu dürfen, dieser Prüfung überhaupt wert zu sein. Der Trainerbefehl, so erschreckend er einerseits ist, wird doch andererseits auch als erhebende Auszeichnung erlebt, als Bestätigung der eigenen Begabung und Begehrtheit. Diese „narzißtische Unterfütterung" vermittelt der Turnerin genügend Zuversicht, um das Wagnis einzugehen. So erscheinen Gewaltmaßnahmen von seiten des Trainers in einem freundlichen Licht.

*Corinna:* „Manchmal ist es einfach notwendig, daß man gesagt kriegt: ‚Du machst das jetzt! Oder du gehst!'"

*Patricia*: „Das braucht man, den Tritt in den Hintern. Dafür ist der Trainer ja da. Nicht nur, daß er hält, sondern daß er auch die Initiative ergreift."

*Corinna:* „Wenn ich sag', ich hab' Angst vor 'nem Teil, dann kann der Trainer ja nicht herkommen und sagen: ‚Ich versteh' dich!'"

*Patricia:* „Da wird man ja noch unterstützt in seiner Angst."

*Corinna:* „Da kommt im Endeffekt gar nichts bei raus. Ich weiß wohl, daß er mich versteht, aber er kann das nicht zugeben. Dann braucht man es nicht zu machen. Und wenn man immer so denkt, kommt man zu nichts."

*Patricia:* „Außerdem ist das mehr so 'ne Ungewißheit, soll ich das jetzt machen, passiert mir was? Und wenn er dann sagt: ‚Mach' das jetzt! Ich steh' hier, du kannst das, sonst würd' ich dich das nicht turnen lassen', dann macht man das auch."

Repression wird für die Turnerin zu einem produktiven Entwicklungsmoment. Der Zwang des Trainers, die Sanktionierung von Angstdurchbrüchen sind für die Turnerin notwendig, um ausreichende Abwehrenergien gegen die störenden Fluchttendenzen mobilisieren zu können. Um Karriere machen zu können, muß die Turnerin ein hohes Maß an Selbstkontrolle aufbringen – eine Bedingung, die sie eigenständig offensichtlich kaum erfüllen kann. Die Sicherung des Selbstzwangs ist auf den unerbittlichen Fremdzwang angewiesen. Der Trainer wird somit nicht nur als ermutigender Hoffnungsträger, sondern auch als strenges „Hilfs-Ich" benötigt, da die eigenen Kräfte noch nicht gewaltig genug sind. Nicht der mitfühlend-gewährende Trainer wird deshalb von der Turnerin gesucht, sondern der autoritär-strafende.

Damit werden hinter der männlich anmutenden Risikofreudigkeit der Turnerin die Fesseln weiblicher Sozialisation wieder sichtbar. So „revolutionär" die Körpersensationen der Kunstturnerin auch sind, so frech hier die Enge des zugerichteten weiblichen Körpers überschritten wird, so subjektiv bereichernd und stärkend die Beherrschung gefährlicher artistischer Kunststücke wirkt, entpuppt sich das imponierende Draufgängertum der Turnerin doch auch als hochgradig anfällig. Es ist angewiesen auf die sichernde Vaterfigur. Die mutige Beherztheit schwindet mit dem Verlust des motivierenden Trainers. Die Erweiterung der Selbst- und Körperautonomie, die die Turnerin mit jeder gemeisterten Gefahrensituation ausbaut, erweist sich nur als die halbe Wahrheit, solange der Trainer unerläßliche Hilfsdienste bei den philobatischen Abenteuern leistet. Wir sehen uns mit einer eigentümlichen Ambivalenz der Turnerinnenkarriere konfrontiert, die aber vielleicht typisch ist für viele Felder weiblichen Aufstiegs: Die Turnerin, die sich über ihre Risikopraxen ein Stück Macht und Unabhängigkeit sichert, bindet sich gleichzeitig genau darüber um so enger an eine – männliche – Autorität. Ihr Streben nach Eigenständigkeit und Grandiosität ist untrennbar geknüpft an Momente der Verschmelzung und Unterwerfung. Wo sie aus dem Schema traditioneller Weiblichkeit ausbricht, wird sie doch gleichzeitig auch von diesem wieder eingeholt. In ihrer Emanzipation bleibt sie abhängig – von einem wissenden, überlegenen Mann. So sichert das weibliche Kunstturnen auf ungeahnte Weise geschlechtliche Ausbrüche und Reglementierungen ab.

## ANMERKUNGEN

1 Soweit nicht anders gekennzeichnet, stammen die Turnerinnen-Aussagen aus den biographischen Interviews, die im Rahmen des Forschungsprojektes „Weibliche Biographie und Identität junger Kunstturnerinnen" (Gesamthochschule Siegen) erhoben wurden.
2 Zit. nach J. Jensen, „Körpererfahrungen im Sportunterricht", in: *Sportpädagogik* 4/1980, S. 8.
3 Zit. nach Boucherin/Leuba, „Syrta und Markus in der Welt des Kunstturnens", in: *Fachzeitschrift der Eidgenössischen Turn- und Sportschule Magglingen* 1/1984, S. 6.
4 Vgl. Justin Stagl, in: *Gesellschaftliche Prozesse*, Graz 1983, S. 86.
5 Vgl. Klaus Theweleit, *Männerphantasien*, Reinbeck 1980, S. 149
6 Vgl. Schirp/Koch, *Risikosportarten in der Sozialarbeit,* Frankfurt 1988, S. 3ff.
7 Heinz Hengst, „Tendenzen der Liquidierung von Kindheit", in: ders. u.a., *Kindheit als Fiktion,* Frankfurt 1981, S. 54.

8 Vgl. Projektgruppe Jugendbüro (Hg.), *Karin Q.: „Wahnsinn – das ganze Leben ist Wahnsinn!" Ein Schülertagebuch,* Frankfurt 1978.
9 Carol Hagemann-White, *Sozialisation: Weiblich – männlich?,* Opladen 1984, S. 97f. Vielleicht ist das Kindergebären die einzige abenteuerliche Risikoerfahrung für Frauen geblieben – wie die folgende Äußerung einer Mutter nahelegt: „Der Gedanke an die Klinik, an das Unbekannte, das mich erwartete, machte mich unsicher und nervös. Und dann der Gedanke an die Wehen: Wie weit geht deine Schmerzgrenze, bis wohin hast du dich im Griff? Ist Entbindung ein Härtetest?" (Doris Reim, *Frauen berichten vom Kinderkriegen,* München 1984, S. 105)
10 Zu erwähnen sind hier die Erfahrungen des Marburger Projekts „Risikosportarten in der Sozialarbeit": Obwohl zunächst auch – beachtenswerterweise – Mädchen an einer Kanu-Tour teilnahmen, waren sie es, die dann nach einer Kenterung verstärkt mit „Ausstiegsverhalten" reagierten. Die Mädchen konnten die erlebte Gefahr nicht lustvoll wenden (vgl. J. Schirp/J. Koch, a.a.O., S. 27).
11 Symptomatisch ist hier die weibliche Vorliebe für Spielsportarten wie Tennis und Volleyball – Sportarten also, in denen die gegnerischen Parteien säuberlich durch ein Netz voneinander getrennt sind.
12 A. Götze/H.-J. Zenne, *Flick-Flack. Weltbühne des Turnens,* Berlin (DDR), 1987, S. 209.
13 Sabine Rohde/Cornelia Voltmann, *Weibliches Kunstturnen – ein Frauensport?,* unveröff. Examensarbeit, Bielefeld 1986, Anhang II, S. 18.
14 Ebd., S. 18.
15 Ein anschauliches Beispiel für den philobatischen Typ liefert Hermann Argelander in seiner therapeutischen Fallstudie eines Segelfliegers (*Der Flieger,* Frankfurt 1972).
16 Rohde/Voltmann, a.a.O., S. 24.
17 Ebd., S. 43.
18 J. Funke, „Körpererfahrungen und ihre pädagogische Bedeutung", in: *Sportpädagogik* 4/1980, S. 19.
19 Rohde/Voltmann, a.a.O., S. 49.
20 Ebd., S. 23.
21 Balint, *Angstlust und Regression,* Stuttgart 1959, S. 72.
22 Ebd., S. 92.
23 Es scheint angemessen zu sein, im folgenden vom Trainer in der männlichen Form zu sprechen. Auch wenn im weiblichen Kunstturnen Trainerinnen engagiert sind, so ist ihnen doch eher die gymnastische Schulung zugewiesen, während Trainer das „gefährliche" Akrobatiktraining übernehmen. Turnerinnen heben immer wieder hervor, daß sie die Hilfestellung eines männlichen Trainers aufgrund seiner körperlichen Überlegenheit bevorzugen. Auch als umschwärmte und damit hochmotivierende Identifikationsfigur bleiben Trainerinnen gegenüber den Trainern relativ randständig.

Ruth Dördelmann und Ellen Supinski

## Unser Weg zur Selbstbestimmung

Frauen-Selbstverteidigung & Frauen-Sport Münster e.V.

*Die ganz alltäglichen Widersprüche im Leben einer Frau:*
*„Gehen Sie nicht unbekleidet aus – das regt Männer an.*
*Gehen Sie nicht bekleidet aus – irgendwelche Kleidungsstücke regen immer Männer an.*
*Gehen Sie abends nicht allein aus – das regt Männer an.*
*Gehen Sie niemals allein aus – irgendwelche Situationen regen immer Männer an.*
*Gehen Sie nicht mit einer Freundin aus – einige Männer werden durch die Mehrzahl angeregt.*
*Gehen Sie nicht mit einem Freund aus – einige Freunde können auch vergewaltigen, oder Sie treffen einen Vergewaltiger, der erst Ihren Freund angreift und dann Sie.*
*Bleiben Sie nicht zu Hause – Eindringlinge und Verwandte sind potentielle Täter.*
*Seien Sie niemals Kind – einige Täter werden durch die ganz Kleinen gereizt.*
*Verzichten Sie auf Nachbarn – die vergewaltigen häufig Frauen.*
*Verzichten Sie auf Vater, Großvater, Onkel oder Bruder – das sind die Verwandten, die junge Frauen am häufigsten vergewaltigen.*
*Heiraten Sie nicht – Vergewaltigung in der Ehe ist legal.*
*Um sicher zu gehen – verzichten Sie ganz auf Ihre Existenz."*[1]

Das will ich, Ruth Dördelmann, nicht – im großen und ganzen lebe ich sehr gern. Sicherlich können das viele Frauen nachvollziehen. *Eine Möglichkeit, auf Demütigungen und Angriffe zu reagieren*, will ich zunächst aus persönlicher Sicht darstellen.

Nach einer langen Phase der Auseinandersetzung mit den Themen Gewalt gegen Frauen, Diskriminierung und Konfliktlösungsstrategien von Frauen suchte ich nach (Über-)Lebensmöglichkeiten und beschloß im Frühjahr 1983, zum Ju-Jutsu-Training[2] des „Frauen-Selbstverteidigungsvereins" zu gehen. Es war mir klar, daß mich die Angst vor der Gewalt von Männern und die tatsächliche Behinderung meines alltäglichen Lebens durch Männer bis an mein Lebensende begleiten werden.

Das Spektrum der Aggressionen reicht von unverschämten Blicken, verbalen Anzüglichkeiten, Angrapschen auf der Straße bis hin zu Vergewaltigung und Mord. Untersuchungen über (Vergewaltigungs-)Opfer zeigen, daß keine Frau vor Übergriffen geschützt ist. Opfer sind junge und alte, attraktive und weniger dem gängigen Schönheitsideal entsprechende, behinderte und nicht-behinderte Frauen, sogar Nonnen.

Ich muß mit dieser Erkenntnis leben, aber nicht in dem Sinne, daß ich mich vom gesellschaftlichen Leben zurückziehe, sondern daß ich der Gefahr etwas entgegenzusetzen habe. Konkret wollte ich aktiv gegen das Gefühl der Wehrlosigkeit angehen, daß mich nachts überfiel, wenn ich mit dem Fahrrad allein nach Hause fuhr.

Im Training habe ich die Erfahrung von Stärke, Mut und Durchsetzungsvermögen – teilweise gegen die eigene Überzeugung oder Zuschreibung von anderen – gemacht. Mir wurde bewußt, daß ich Möglichkeiten und Mittel zur Verteidigung besitze und daß ausgelebte, richtig eingesetzte Wut ein ungeheures Kraftpotential mobilisieren kann.

Diese Sicherheit wird anderen Menschen durch die Körperhaltung, durch das gesamte Auftreten vermittelt. Ich mache mich nicht länger „kleiner", als ich bin, nehme mehr Raum ein und signalisiere z.b. auf einem engen Weg, daß ich nicht bereit bin, mich abdrängen zu lassen.

Untersuchungen zur Bedeutung der Körpersprache belegen, daß der Körperausdruck einer Person deutlichen Einfluß auf die Reaktion des Gegenübers besitzt. Mit Gestik und Mimik werden sowohl bewußt als auch – meistens – unbewußt Botschaften übermittelt, die im Interaktionsprozeß von entscheidender Bedeutung sind. Von Geburt an lernen Mädchen, sich selbst nicht so wichtig zu nehmen, bescheiden und zurückhaltend zu sein. Daher ist es enorm wichtig, daß Frauen in einer entspannten Atmosphäre, in der der Spaß an der gemeinsamen Sache im Mittelpunkt steht, neue Verhaltensweisen und Rollen ausprobieren.

Da Selbstverteidigung für Frauen mehr als das Erlernen von Techniken bedeutet, ist das Einbringen der Gesamtpersönlichkeit notwendiger Bestandteil jeden Trainings. Bewußt oder unbewußt setzen wir uns mit Sozialisations- und Alltagserfahrungen auseinander. In einem langen und teilweise schmerzhaften Umlernprozeß können wir uns vielleicht von bisherigen Verhaltensstrategien – in der Regel Vermeidungs- und Rückzugstendenzen – verabschieden und ein neues Selbstbild aufbauen.

„Der größte Feind saß in mir selbst – mein Selbstbildnis, daß mir vorschrieb, daß ich erst etwas galt, wenn mich die Menschen nett fanden. Das Selbstbildnis war schwer abzubauen. So wie die Bewegung der Schwarzen die Erfahrung machte, daß schwarze Menschen als blutrünstige, unvernünftige, gewalttätige Menschen angesehen wurden, wenn sie nicht länger in ihrer untertänigen Haltung verweilten, werden Frauen wegen ihres Mangels an ‚Weiblichkeit' angegriffen. Bevor wir richtig böse werden, wird schon gesagt, daß wir zu aggressiv sind. Bevor wir schließlich sagen, ihr könnt uns alle den Buckel runterrutschen, wird schon gesagt, daß wir Männerhasser sind, bevor wir entdecken, daß Frauen eine gute Gesellschaft für uns sind, wird schon gesagt, daß wir alle lesbisch sind. Und aus Schreck reagieren wir darauf, indem wir leugnen, extra lächeln und krampfhaft versuchen, das Gegenteil zu beweisen."[3]

Unsere Forderung nach Gleichberechtigung und Selbstbestimmung läuft also Gefahr, behindert oder verhindert zu werden, wenn wir nicht gleichzeitig eine bewußte Auseinandersetzung mit unseren internalisierten Normen führen. Wir müssen lernen, unabhängig vom Urteil anderer zu handeln und unangemessene Erwartungen zurückzuweisen. Die meisten von uns haben viel zuviel Zeit damit verbracht, diplomatisch zu sein, Unverschämtheiten zu entschuldigen und sich Gedanken darüber zu machen, ob wir demütigende männliche Verhaltensweisen nicht selbst provoziert haben könnten. Viel wichtiger ist es, daß Mädchen und Frauen lernen, ihre Energien für sich zu nutzen, und versuchen, ihr Leben selbstbestimmt zu gestalten. Selbstverteidigung kann hierbei als eine Möglichkeit angesehen werden, den traditionell zugebilligten Handlungs- und Bewegungsrahmen von Frauen zu erweitern.

*Die Gründung von Frauen-Selbstverteidigung Münster*
Die alarmierende Zahl von Gewaltverbrechen gegen Frauen in Münster, insbesondere die Vergewaltigung und Ermordung von drei Frauen im Frühjahr 1982, war Anlaß für die Gründung unseres Vereins. Ziel ist, Mädchen und Frauen durch Stärkung ihres Selbstvertrauens auf physischer und psychischer Ebene und Erlernen von Selbstverteidigungstechniken im Umgang mit (alltäglicher) Gewalt sicherer zu machen.

Die sieben Gründungsfrauen, die sich der autonomen Frauenbewegung zugehörig fühlen, hegten die Hoffnung, ein von allen Mitgliedsfrauen getragenes feministisches Projekt auf- und auszubauen. Sie mußten jedoch bald feststellen, daß das anfängliche Zusammengehörigkeitsgefühl – das sich auch auf die gemeinsame Arbeit in anderen Projekten stützte – mit dem Zuwachs an Mitgliedern abnahm. Der Anspruch der Gründungs- und nachfolgenden Vorstandsfrauen aber, mit einem reinen Frauen-Selbstverteidigungsverein die Öffentlichkeit für die alltägliche Gewalt gegen Frauen zu sensibilisieren und gesellschaftliche Veränderungsprozesse anzuregen, wurde und wird in unterschiedlichem Ausmaß von den Mitgliedsfrauen unterstützt.

Viele Frauen wollen in erster Linie durch das Erlernen praktischer Selbstverteidigungstechniken ihren individuellen Aktionsraum erweitern, z.B. allein spazieren oder nach dem Kino ohne Begleitung nach Hause gehen können. Mit Hilfe dieser Techniken vergrößern sie, durch das Umleiten der Kraft des Gegners, die Effektivität ihrer Körperkraft und schlagen den Angreifer im wahrsten Sinne des Wortes mit seinen „eigenen Waffen", seiner Kraft.

Aus der Erkenntnis, daß Kraft für Selbstverteidigung eine untergeordnete Rolle spielt, setzen wir in unseren Frauengruppen andere Schwerpunkte. Z.B. ist ein Prinzip unserer mädchen- und frauenparteilichen Arbeit das Anknüpfen an und die Erweiterung von konkret vorhandenen Stärken und Fähigkeiten der Teilnehmerinnen. Bereits durch das Bewußtsein eigener Verteidigungsmöglichkeiten können Frauen eine große Sicherheit gewinnen und nach außen ausstrahlen. Die meisten Angriffe – ob verbale oder handgreifliche – werden gegen Schwächere geführt und nicht gegen Personen, die gleich stark oder stärker sind bzw. erscheinen. Jede Rolle braucht eine Ergänzung, um zu funktionieren. Wenn eine Frau scheinbar oder tatsächlich nicht mehr die Rolle des potentiellen Opfers einnimmt, destabilisiert sie die Rolle des Angreifers.

Die Mitarbeit im Verein an konzeptionellen und frauenpolitischen Fragen ist für die meisten Frauen eher zweitrangig. Wege zu einem selbstbestimmteren Leben gemeinsam erarbeiten zu können, wird, parallel zu der notwendigen theoretischen Auseinandersetzung, für die Teilnehmerinnen insbesondere durch das Erleben in der Praxis erfahrbar.

*Strukturen – nicht nur negativ*
Die von uns durchaus kritisch betrachtete Organisationsform des Vereins bietet einige Vorteile: kostenlose Nutzung von Sporthallen, Sporthilfeversicherung bei Unfällen, Bezuschussung der Übungsleiterinnenhonorare und Sportgeräte, deutlichere Akzeptanz bei Institutionen und interessierten Frauen. Hierarchische Strukturen sind zumindest auf formeller Ebene unumgänglich, schon allein für das Vereinsregister. Die ursprüngliche Idee, den vierköpfigen Vorstand (jetzt sind es mittlerweile sechs Frauen) auf eine einjährige „Amtszeit" zu beschränken, um dadurch vielen Frauen Erfahrung und Sicherheit in der Vorstandsarbeit zu ermöglichen, scheiterte an der Praxis. Für immer wiederkehrende Aufgaben in der Buchführung, beim Kontakt mit dem Sportamt und den Verbänden werden enorme Energien verbraucht, wenn sich jedes Jahr neue Frauen einarbeiten müssen.

Die Vorstellung, daß Frauen mit Begeisterung die Vereinsgeschicke führen, hat sich nicht erfüllt . Wie in vielen gesellschaftlichen Bereichen sind auch bei uns Frauen gerne bereit, bei anfallenden Arbeiten, z.B. Programmverschickung, mitzuhelfen, scheuen jedoch vor der regelmäßigen Verpflichtung zurück, die ein Vorstandsamt mit sich bringt. Für viele sind Lebensveränderungen – Arbeitswechsel, Studienabschluß, Familiengründung oder eine schon lange geplante Weltreise – Grund, regelmäßige Tätigkeiten abzulehnen. Frauen betrachten Ämter viel stärker als Männer mit pflichtbewußten Augen. Den Aspekt möglicher Vorteile – Erfahrungen, Ehre, Kompetenzerweiterung, Kontakte auf beruflicher Ebene etc. – vernachlässigen sie eher.

*Vorbilder sind wichtig*
Ein Blick auf die internen Strukturen des Vereins verdeutlicht die Grundsätze frauenparteilicher Sportarbeit. Die Angebote sind ausschließlich für Mädchen und Frauen zugänglich, in der Position der Übungsleiterinnen und Trainerinnen sind nur Frauen tätig. Wie wichtig die Förderung der teilnehmenden Frauen und Fortbildung der Trainerinnen für eine kontinuierliche Arbeit ist, hat besonders die Entwicklung im Selbstverteidigungsbereich bewiesen.

Die anfänglichen Schwierigkeiten, qualifizierte Frauen für das Training zu finden, sind inzwischen überwunden. In der Anfangsphase war es erforderlich, daß eine Vorstandsfrau sich das nötige Fachwissen in einem gemischten Verein aneignete und unter Einbeziehung frauenparteilicher Schwerpunkte an die Vereinsfrauen vermittelte. Über diesen Kontakt fand sich eine Frau mit langjährigen Ju-Jutsu-Erfahrungen, die das Frauentraining bei uns übernahm. Sie stellte sich der Herausforderung, die neue Rolle als Vermittlerin einzunehmen und darin auch für sich Selbstbewußtsein zu gewinnen.

Die Erfahrung hat uns gezeigt, daß Vorbilder in den eigenen Reihen Frauen verstärkt dazu motivieren, an Fortbildungen auch in anderen Kampfsportarten teilzunehmen und sich auf die Übernahme von Leitungsfunktionen vorzubereiten. Oftmals braucht es längere Zeit und immer neue Ermunterung, bis Frauen ihre Qualitäten nicht länger anzweifeln und eine Trainingsgruppe zu übernehmen wagen. Diese Entwicklung macht uns einerseits von den Einflüssen traditionell strukturierter Vereine unabhängig und gewährleistet andererseits die Verankerung frauenspezifischer und -parteilicher Grundsätze.

Ergebnis ist, daß das Angebot an Kampfsportarten und Trainingszeiten zugenommen hat, aber auch die Anzahl der Trainerinnen aus den eigenen Reihen ist konstant gewachsen. Die positiven Erfahrungen in unserem Verein haben mehrfach Frauen, die berufsbedingt in andere Städte zogen, sich nicht mehr mit den vorhandenen Strukturen in gemischten Trainingsgruppen abfinden lassen. Sie zogen Konsequenzen: Einerseits versuchten sie für sich selbst zufriedenstellende Trainingsbedingungen zu schaffen, indem sie nach einer geeigneten Trainerin, weiteren Interessentinnen und entsprechenden Räumlichkeiten suchten, andererseits leiteten sie selber Kurse, um dadurch anderen Frauen ein frauenparteiliches Angebot zu bieten.

*Die neue Idee*
Ende 1986 überlegten wir auf einer Mitgliederinnenversammlung, wie wir wichtige konzeptionelle und inhaltliche Aspekte aus der Frauenarbeit im Selbstverteidigungsbereich auch auf andere Bewegungsangebote übertragen könnten. Es kristallisierte sich heraus, den Verein um den Bereich Frauensport zu erweitern, d.h. vielfältigere und breiter gefächerte sportliche Angebote für Frauen ins Programm aufzunehmen. Das Experiment konnten wir wagen, weil die positive Resonanz im Selbstverteidigungsbereich uns Selbstvertrauen gegeben hatte und genügend finanzielle Mittel zur Verfügung standen. Die inhaltliche Auseinandersetzung und Ausgestaltung lag vor allem bei unseren Vorstandsfrauen und einigen Übungsleiterinnen.

Als Teilnehmerin der Arbeitsgemeinschaft „Frauen in Bewegung" am Fachbereich Sportwissenschaft der Universität Münster war ich, Ellen Supinski, an einer überregionalen theoretischen und praktischen Diskussion über das Thema „Frauensport" beteiligt. Ich knüpfte erste Kontakte zu Frauen, die in ihrer Doppelfunktion als Mitglied des Vereins und der Arbeitsgemeinschaft ein wichtiges Bindeglied zwischen Konzeption und Realisation darstellten. Zunächst übernahm ich Übungsleiterinnentätigkeiten im Verein. Seit 1988 bin ich Mitglied im Vorstand und für die Arbeit im Frauensportbereich mitverantwortlich.

Die bereits bestehenden Kontakte zu Mitarbeiterinnen des Frauenausschusses des Allgemeinen Deutschen Hochschulsportverbandes[4], die im Rahmen ihrer Tätigkeit im Hochschulsport Münster für frauenparteiliche Sportangebote eintreten, wurden ausgebaut. Weitere Arbeitsgrundlagen haben wir den Praxiskonzeptionen zu verdanken, die Frauen an anderen Orten, z.B. im Frauenschwerpunkt an der TU Berlin, vertreten u.a. durch Doris Schmidt, Susanne Bischoff und Regine Ulmer, zusammengestellt und veröffentlicht haben.

*Mögliches und Unmögliches*
Seit 1987 waren insgesamt zwanzig unterschiedliche Sport- und Bewegungsangebote im Vereinsprogramm ausgeschrieben. Generell werden alle Frauensportangebote in Kursform angeboten, ein Kurs erstreckt sich über einen Zeitraum von zehn bis vierzehn Wochen, entsprechend werden die Kursgebühren berechnet. Diese Strukturveränderung im Vergleich zum Selbstverteidigungsbereich ermöglicht allen Beteiligten eine größere Flexibilität hinsichtlich der Teilnahme und macht den zeit-

lichen Umfang überschaubar. Ebenso entfällt die Hemmschwelle vor einer Vereinsmitgliedschaft.

Wir starteten mit einem Rollschuhkurs (die Nachfrage erforderte die Einrichtung eines zweiten Angebots) und einer Gruppe, die sportartenübergreifend ausgerichtet war: Die Angebote in diesem Kurs bezogen sich z.B. auf Trampolinspringen und Ballspiele und auf verschiedene Bewegungserfahrungen „von anmutig bis kraftvoll". Weitere Kurse kamen im Lauf der Zeit hinzu: Fußball, Volleyball, Jazztanz, Gymnastik, Tanz, Ballspiele, Badminton, Yoga und Massage. Der Plan, Rudern und Rennradfahren mit ins Programm aufzunehmen, mußte wegen zu hoher Kosten bzw. fehlenden Materials verworfen werden.

Eine deutliche Erweiterung bietet die Kooperation mit Frauen, die mit gleichen Zielsetzungen in anderen Arbeitszusammenhängen tätig sind. Dies hat vor allem die bereits erwähnte Zusammenarbeit mit den Mitarbeiterinnen des Hochschulsports gezeigt. Durch diese Vernetzung wurde es uns möglich, mehrere Frauenskikurse im Winter und Surfwochenenden im Sommer mitanzubieten. Ohne eine Mitträgerinnenschaft wären Kosten, Risiken, Übungsleiterinnen, Material und der ehrenamtliche Arbeitsaufwand von unserer Seite nicht zu leisten gewesen.

Wir können jedoch nicht nur uneingeschränkt Positives berichten. Neben dem Mangel an Übungsleiterinnen, die über ihre sportlichen Qualifikationen hinaus bereits mit dem Ansatz feministischer Sportarbeit vertraut sind, ergeben sich Probleme durch Kurse (z.B. Ballspiele), die wegen zu geringer Teilnehmerinnenzahl ausfallen müssen. In einer Halle, die mit Judomatten ausgelegt ist, Tanzkurse durchzuführen, bringt sowohl Einschränkungen der Bewegungsmöglichkeiten als auch Verletzungsgefahren mit sich. Für Kurse, bei denen die räumliche Atmosphäre besonders wichtig ist, z.B. Massage, sind Sporthallen nicht die geeignete Umgebung.

Bemühungen, auch ältere Frauen für uns zu gewinnen, hatten bisher erst eingeschränkten Erfolg (Münster ist eine StudentInnenstadt). Neben dem in der Anfangsphase durchgeführten Rollschuhkurs, an dem ältere Frauen beteiligt waren, ist eine Badmintongruppe ein weiteres Beispiel. Diese besteht seit mehreren Jahren – selbst in Ferienzeiten wird der Spielbetrieb fortgesetzt. In diesem Kurs befinden sich auch Frauen um die fünfzig. Für sie ist die Gemeinschaft ein wichtiges Motiv. Der Einstieg wurde ihnen erleichtert durch Bewegungserfahrungen aus der Freizeitbeschäftigung Federball, so daß das Erlernen weiterer Techniken ihnen nicht zu schwierig erschien.

Die Frauen haben die Möglichkeit, im Lauf der Kurse selber zu bestimmen, welchen inhaltlichen Schwerpunkten sie nachgehen wollen. Die Rolle der Übungsleiterinnen bezieht sich vor allem auf das Angebot der unterschiedlichen Bewegungsmöglichkeiten, das Heranführen an neue Bewegungserfahrungen und die Koordination der Wünsche und Interessen der Frauen.

*Ansätze zur Veränderung*
Voraussetzung für eine Auseinandersetzung mit dem Thema „Frauensport aus feministischer Sicht" ist eine Analyse der allgemeinen Situation von Mädchen und Frauen im (organisierten) Sport. Dabei genügt es nicht, sich auf die Auswertung des statistischen Zahlenmaterials (z.B. jährliche Bestandserhebungen des Deutschen Sportbundes) zu beschränken. Sowohl der generellen Unterrepräsentanz von Mädchen und Frauen im organisierten Sport als auch dem deutlichen Überhang in den traditionellen „frauentypischen" Bewegungsräumen (z.b. Gymnastik, Turnen, Tanz) müssen Ursachen zugrundeliegen, die es zu erforschen gilt. Es kann auch nicht nur Zufall sein, wenn Mädchen und Frauen sich vor allem in bestimmten Altersgruppen (insbesondere in der Phase der Pubertät einerseits, mit fünfzig Jahren andererseits) vom aktiven Sporttreiben zurückziehen. Unsere Erfahrungen aus der Arbeit im Selbstverteidigungsbereich haben gezeigt, daß Frauen sich durchaus aktiv beteiligen, wenn ihre Interessen, aber auch ihre Ängste ernstgenommen werden.

Deshalb ist die Entwicklung und Realisierung von frauenparteilichen Sportangeboten als ein Versuch zu werten, sich inhaltlich in erster Linie an diesen Bedürfnissen und bisherigen Sport- und Alltagserfahrungen zu orientieren und diese auch auszusprechen. In der praktischen Arbeit ist eine Sprache, in der Frauen explizit genannt werden, z.B. die Trainerin, die Teilnehmerin, sehr wichtig. Die Einbeziehung frauenspezifischer Interessen, die Möglichkeit der direkten Mitbestimmung und die Betonung von Motiven wie Freude, Spaß und Gemeinschaft tragen dazu bei, daß der Rückzug von bereits ausgeübten Sportaktivitäten gar nicht erst eintritt oder bei negativen Vorerfahrungen (z.B. im Schulsport oder in gemischten Gruppen) die Motivation neu belebt wird. Auch alltagsbezogene Aspekte wie der knapper bemessene Anteil an Freizeit, der vielen Frauen im Vergleich zu Männern zur Verfügung steht, die allgemeine Lebenssituation der Teilnehmerinnen, die Versorgung der Kinder und viele Themen mehr müssen berücksichtigt werden.

Den Diskriminierungen, Behinderungen, schlechteren Bedingungen, mangelnden Förderungen und nicht zuletzt den bestehenden Vorurteilen, denen Mädchen und Frauen im Sport nachweisbar ausgesetzt sind, wollen wir mit unserem Ansatz eine Alternative entgegensetzen. Wir hoffen, daß wertvolle Energien endlich dafür verwendet werden, eigene Formen, Inhalte und Maßstäbe im gemeinsamen Sporttreiben nur mit Frauen zu entwickeln. Die einschränkenden Erfahrungen, die Mädchen und Frauen gerade in gemischten Sportgruppen gesammelt haben, z.B. „Anmache" verbaler oder körperlicher Art, glattes „Übersehenwerden" in gemeinsamen „Mann"schaftsspielen, von Männern eingeforderte Wettkampforientierung, Leistungsdruck und Aggression, sind in unseren Kursen von vornherein ausgeschlossen. Frauen haben hier einen eigenen Raum, in dem sie sich nach ihren Wünschen sportlich ausleben können.

Ein wichtiger Aspekt in der Diskussion wie in der Praxisarbeit ist neben der Einstellung der Frauen zu ihrem Körper ihre individuelle Bewegungsgeschichte. Den Einfluß gesellschaftlicher Rollenbilder („ein Mädchen tut das nicht...") aufzudecken, ermöglicht den Teilnehmerinnen festzustellen, wie und wie sehr frühere Erfahrungen selbstbestimmtes Bewegungsverhalten verhindern. Spiegeln sich in als „typisch" weiblich geltenden Bewegungsräumen Werte, Verhaltensmuster und Ziele, die dem gesellschaftlich zugestandenen Handlungspotential von Mädchen und Frauen entsprechen, oder ist z.b. die Wahl eines Gymnastikkurses gesundheitlich begründet? Sind die Hemmschwellen niedriger, ist der Zugang weniger angstbesetzt, wenn an bereits vorhandene positive Bewegungserfahrungen z.b. aus dem Schulsport angeknüpft werden kann?

*Ein Verein für alle Frauen*
Vergleichbar mit anderen Projekten und Initiativen der autonomen Frauenbewegung war auch der Frauen-Selbstverteidigungs-Verein zu Beginn ein Forum, in dem sich hauptsächlich Frauen aus „frauenbewegten", studentischen und/oder lesbischen Zusammenhängen zum Training trafen. Die vermehrte öffentliche Diskussion über gesellschaftliche Diskriminierung, über sexuellen Mißbrauch von Mädchen und Gewalt gegen Frauen, die u.a. in der frauenverachtenden Fragestellung nach Sinn und Notwendigkeit einer Bestrafung für Vergewaltigung in der Ehe gipfelte, hat über die Grenzen der Frauenbewegung hinaus Frauen sensibilisiert. Immer mehr Frauen verschließen nicht länger die Augen vor den täglichen Belästigungen auf der Straße, in der Schule, am Arbeitsplatz, in „freundschaftlichen" Beziehungen, in der Ehe, kurz im gesamten sozialen Umfeld.

Inzwischen beteiligen sich Mädchen und Frauen aus unterschiedlichsten Berufs- und Lebenssituationen aktiv am Verein: Schülerinnen im Grundschulalter, Jugendliche, Auszubildende, Studentinnen, Berufstätige, Familienfrauen, Arbeitslose, Singles, in lesbischen und heterosexuellen Beziehungen Lebende, Alleinerziehende, Verheiratete. Diese breite Streuung gilt auch für den Frauensport-Bereich.

*Es wächst und wächst und...*
Der Trainingsbetrieb begann im September 1982 mit zwei Trainingszeiten im Ju-Jutsu, 1983 waren es bereits fünf. Ende 1986 kam Wen-Do, eine 1972 in Kanada von Frauen für Frauen entwickelte Form der Selbstverteidigung hinzu. Wen-Do setzt sich aus Befreiungs- und (Gegen-)Angriffstechniken verschiedener japanischer Kampfsportarten und eigens entwickelten Elementen zusammen. Die Kampftechniken sollen in Verbindung mit Rollenspielen Frauen ganzheitlich stärken. Über einen Zeitraum von zwei Jahren gehörte auch Karate zu den Angeboten. Die Resonanz war nicht so groß wie erhofft, da im Karate nur wenige Techniken enthalten sind, die sich in Bedrohungssituationen umsetzen lassen. Mit Iaido – der Kunst des Schwertziehens – haben wir seit September 1988 eine nichtkämpferische körperliche und geistige Disziplin im Programm.

Um Frauen nicht erst im Erwachsenenalter die Erfahrung von Stärke und Durchsetzungskraft zu vermitteln, wollen wir durch unsere Angebote gerade auch Mädchen bereits im Kindesalter stärken oder ihre vorhandene Stärke bewahren. In der Regel werden Mädchen in ihrem gesamten Umfeld bewußt oder unbewußt „gezähmt". Im Extremfall werden Mädchen eher dazu gebracht, aggressive oder sexuelle Übergriffe zu ertragen als sich zu wehren.

Um dem entgegenzuwirken, erweitern wir seit Oktober 1989 laufend das Angebot für Mädchen und junge Frauen. Stand April 1991: Selbstbehauptung/Selbstverteidigung ab acht Jahren – Judo ab zehn Jahren – Selbstbehauptung/Selbstverteidigung von vier bis siebzehn Jahren.

Die Aufrechterhaltung eines kontinuierlichen, vielfältigen Angebotes im Frauensport-Bereich gestaltet sich erheblich schwieriger. Zu den Gründen gehört sicher, daß viele Übungsleiterinnen ausscheiden, die sich nach besser bezahlten Tätigkeitsfeldern umsehen, z.B. in der Volkshochschule oder in finanzkräftigeren Projekten – Vereine wie unserer haben nun mal nur geringe Mittel. Zum anderen ist der Unterschied zwischen den Angeboten im Frauensport-Verein und denen in traditionell strukturierten Vereinen für viele Frauen nicht auf den ersten Blick ersichtlich. Stand April 1991: Gymnastik mit Musik – Spiel/Spaß/Bewegung – Rückenmassage – Badminton – Fußball.

Für die Zukunft wünschen wir uns erstens, die Angebotsvielfalt in beiden Vereinsbereichen zu erweitern, zweitens Angebote gezielt für bestimmte Alters- und Zielgruppen (z.B. Frauen ab vierzig, Seniorinnen, Mütter und Töchter, Übergewichtige u.a.) einrichten zu können. Ganz wichtig ist dabei die Zusammenarbeit mit der örtlichen Presse, von der wir uns für die Veröffentlichung unserer Bewegungsangebote mehr Unterstützung erhoffen.

## ANMERKUNGEN

1 Halina Bendkowski/Irene Rotalsky (Hg.), *Die alltägliche Wut*, Berlin 1987, S. 86.
2 Ju-Jutsu verbindet wirkungsvolle Techniken aus Jiu-Jitsu, Judo, Karate, Taekwando und Aikido zu einer modernen Selbstverteidigung.
3 Anja Meulenbelt, *Feminismus und Sozialismus*, Hamburg 1980, S. 89f.
4 Seit 1982 werden regelmäßig Beiträge und Praxiskonzeptionen zum Thema „Frauensport" in der Zeitschrift „Hochschulsport" des Allgemeinen Deutschen Hochschulsportverbands veröffentlicht, die wertvolle Anregungen für die praktische Arbeit bieten.

Barbara Kühn und Cornelia Muth

# „Und es sieht nicht geturnt aus!"

Bodyfeeling im Verein

Ein Tag im Sommer 1988. Wir treffen uns in der Nachmittagshitze der Großstadt, um die Idee eines feministischen Seminarkonzepts für Sport und Bewegung auszubrüten. Die eine hat eine „typische" Sportvereinssozialisation erlebt. Neben der Schule war der Sport im Verein das Wichtigste, er begleitete sie auf dem Weg vom Mädchen zur Frau. Die andere kehrte während der Pubertät dem Sport den Rücken. Weder Sportunterricht noch Schwimmverein oder Tennis konnten sie zu sportlichen Aktivitäten oder gar Bewegungsbegeisterung verlocken.

Eines führte uns nach Jahren wieder zusammen: die Begeisterung für feministische Bildungsarbeit und unsere Parteilichkeit für Frauen, erwachsen aus einer kritischen Auseinandersetzung mit den herrschenden gesellschaftlichen Normen und Lebensformen, die Frauen und Männer in sehr unterschiedlicher Weise funktionalisiert und bewertet.

Unsere Fragen: Gibt es einen Zusammenhang zwischen weiblicher Sozialisation und Sportbiographie? Haben die Verweigerung von traditionellen Sportangeboten, aber auch das Eintauchen in sportliche Aktivitäten oder gar das Untertauchen im Verein etwas gemeinsam?

Nach vielen Überlegungen und Gesprächen im folgenden Herbst und Winter entwickelten wir ein Seminarkonzept und luden Mädchen und Frauen in die Bildungsstätte der Sportjugend Berlin, um ihnen unser Konzept vorzustellen, in dem Spaß und Freude an Bewegung mit dem bewußten Kennenlernen des eigenen Körpers verbunden werden sollte.

Keine Übung um der Übung willen! Nicht fit sein, schön sein und funktionieren, um besser in diese schnellebige und gehetzte Zeit mit ihren dynamischen Postulaten für die ewig junge bodygestylte Frau zu passen! Nein! Wir wollen Bewegung mit Leib und Seele, die Mädchen und Frauen gleichzeitig einen Weg erschließt, ein freundliches und positives Verhältnis zu sich selbst und ihrem Körper zu gewinnen.

## Sport – ein weiblicher Gesellschafts-Raum?
### (Cornelia Muth)

### Sport, Gesundheit und Gesellschaft

Sport gilt weiterhin als schönste Nebensache der Welt und hat für die Menschen unserer Leistungsgesellschaft verschiedene Funktionen. Er kann zur Gesunderhaltung beitragen und körperliches Wohlbefinden unterstützen.

Erlebe ich als Sportlerin den Sport als Erholungsraum und halte seine Erfolge für sehr ehrenwert, so zweifle ich, ob der Sport zum körperlichen Wohlbefinden beiträgt und gesund im ganzheitlichen Sinne hält (nach der Weltgesundheitsorganisation, WHO, besteht Gesundheit aus drei im Gleichgewicht stehenden Komponenten: körperliches, geistiges und soziales Wohlbefinden). Ich glaube als Sozialwissenschaftlerin, daß der Sport damit überfordert und verkannt wird. Denn Sport ist kein zweck- bzw. politikfreier Raum, sondern ein Teilsystem unserer Gesellschaft und infolgedessen durch deren Normen und Werte geprägt. Auch wenn im Sport unsere Körper in dieser verkopften Gesellschaft endlich im Vordergrund stehen und wir körperlich gefordert sind, setzt sich auch dort die übliche Funktionalisierung des Körpers fort: als Werkzeug, das eine genormte Leistung vollbringt und dafür belohnt wird.

- Der Körper soll mehr Kraft und Ausdauer bringen.
- Der Körper soll mit anderen Körpern konkurrieren und diese überbieten.
- Die körperliche Leistung wird gemessen und mit anonymen Tabellenforderungen verglichen.
- Die körperliche Leistung wird mit Pokalen belohnt.

Diese Werte und Normen bieten wenig Raum für seelisches und geistiges Wohlbefinden, sie unterstützen den gesellschaftlichen Entfremdungsprozeß von Körper, Gefühl und Verstand.

### Mädchen und Frauen in der Sport-Gesellschaft

Mädchen, die lernen müssen, daß sie im Sport nur etwas wert sind, wenn sie die von Schule und Verein genormten Leistungen bringen, ohne daß ihre spezifischen Bedürfnisse Berücksichtigung finden, werden dies wahrscheinlich als Abwertung bzw. Hemmschuh verinnerlichen und mit in ihr Erwachsenenleben tragen. Doch nicht nur im Sport, auch in anderen Lebensbereichen begegnen Mädchen selbstentfremdendem Erwartungsdruck: Mädchen müssen schön, schlank und nett zu anderen sein. Aggressive Gefühle, Wut und Ärger werden ihnen nicht zugestanden. Ihren Verstand dürfen sie in der Schule zeigen, im späteren Arbeitsleben findet er wenig Anerkennung, denn dann geht's um

Durchsetzungskraft. Nur „der Stärkere" setzt sich durch. Wie sollen Mädchen/Frauen dies gelernt haben, wenn sie im Sport ihren Körper nur eingeschränkt bzw. funktionalisiert erleben und im Alltag ausschließlich liebe Gefühle zeigen dürfen? Frauen bauen die sozialen Kontakte auf, Männer kämpfen und konkurrieren. Dieses Phänomen finden wir auch in gemischten Sportgruppen: Mädchen/Frauen sind für das soziale Klima verantwortlich, und Rollen wie der Führer, Spaßmacher, Störer, also die dominanten Rollen übernehmen die Jungen. Die männlichen Leistungsanforderungen stehen im übrigen im Widerspruch zur erlernten Weiblichkeitsrolle. So zeigte mein Tennis-Alltag, daß Chris Evert-Lloyd anerkannt wurde, weil sie auch im Sport den Klischeevorstellungen und normativen Erwartungen ans Frausein entsprach. Martina Navratilova wurde trotz ihrer brillanten, sensiblen Rückschlagtechnik als „Mannweib" und für ihre lesbische Lebensweise belächelt.

*Sport – ein gesellschaftlicher Emanzipationsraum für Frauen?*
Sport ist in den letzten hundert Jahren ein für Frauen zunehmend offener Raum geworden. Immer mehr Frauen nutzen ihn als Erfahrungsraum. Frauen könn(t)en im Sport ihre Bedürfnisse nach Leistungsorientierung, Zielstrebigkeit, Ehrgeiz, Aktivität und Aggressivität ausleben und damit über sich selbst verfügen. Wollen Frauen auch im Sport Bedürfnisse wie Schwachsein, Kontaktfreudigkeit, Wärme und Gefühle erleben, gibt es diverse Hindernisse, die sie

- überspringen: „Ich bringe zwar keine gute Leistung, aber ich sorge für Stimmung!"
- sich zu eigen machen: „Ich erfülle hier alle geforderten Kriterien und kümmere mich um die Gemeinschaft!"
- stoppen: „Meine körperliche Leistung ist nicht erwünscht, ich sorge mich um die Jugendlichen!"
- oder sie suchen andere Räume zur Erfüllung dieser Bedürfnisse: „Ich treibe hier meinen Sport, erfülle meine Punktspiele und treffe mich danach mit lieben Mitmenschen!"

Werden Leistungssportlerinnen gern als „Mannweiber" verschrien, gilt für Frauen im Freizeit- und Breitensport das andere Extrem. Sie dürfen schwach sein, ihrem Kaffeeklatsch leben und werden dabei nicht ernst genommen. Hier sind Frauen das kleine Mädchen, das Weibchen. Zeigt eine von ihnen aggressives Verhalten, ist sie schnell als „Emanze" verschrien. Hinzu kommt die Funktionalisierung des weiblichen Körpers: Paßt frau sich dem genormten System Sport an, funktionalisiert sie ihre männliche Seite. Will sie weiblichen Anforderungen nach Schönsein und Schlanksein nachkommen, kommt ihr Körper in ein weiteres Korsett.

Wie kann also ein Sport aussehen, in dem Frauen ihre spezifische

Persönlichkeit erleben und so Raum in der sportlichen Welt einfordern und diesen auch verändern können? Sport darf nicht nur die Spezialisierung und Funktionalisierung des Körpers, sondern muß die Vielfältigkeit der körperlichen Fähigkeiten von Frauen unterstützen. Sport muß die spezifische Lebenswelt von Frauen berücksichtigen. Der Sport braucht didaktische Modelle, die die Ganzheit des Menschen als Begründung *und* als Ziel haben. Körpererfahrung mit Verstand und Seele zu verknüpfen, im Sinn der Wertschätzung von Weiblichkeit in allen ihren Facetten, war und ist Ziel unseres Projekts „Bodyfeeling im Verein".

*Praxisbericht*
*(Barbara Kühn)*

*Frauen unter sich*
Bodyfeeling – ein Seminar nur für Frauen. Eine Nische, ein Schutz- und Schonraum, eine Spielwiese? Wahrscheinlich ein bißchen von jedem. Die Teilnehmerinnen: jung bis mittelalt, groß, klein, dick, dünn, lange Haare, kurze Haare, verheiratet, solo lebend. Mütter, Studentinnen, Auszubildende, Schülerinnen und Berufstätige der unterschiedlichsten Sparten treffen sich in den Räumen der Sportjugend. Die Stimmung ist gut. Die Frauen schaffen sich eine vertrauliche Arbeitsatmosphäre. Sie entdecken Gemeinsamkeiten und gewinnen Einblicke in ihnen fremde Lebensweisen. Die Neugier aneinander steht im Vordergrund.

Die Verbannung von Männern aus unserem Arbeits- und Lebensraum für ein Wochenende bietet die Chance, gewohnte Verhaltensweisen außer Kraft zu setzen, die Frauen in der Gegenwart von Männern üblicherweise zeigen. Damit ist z.B. gemeint, sich nicht in die Rolle der Beschützenswerten und Beziehungs„arbeiterin" zu begeben, sich nicht für das soziale Klima verantwortlich zu fühlen, sondern Raum und Zeit für die eigene Person zur Verfügung zu haben. Statt der Frage: „Wie darf ich sein?" heißt es: „Wer bin ich? Welche Bedürfnisse habe ich?"

Die Versuchung, sich in Beziehung zu anderen zu erleben, ist geringer, wenn die Gruppe bekannte Normen und Verhaltensweisen in Frage stellt und einzelne Frauen dabei unterstützt, Unbekanntes auszuprobieren. Damit eröffnen sich Wege zu bisher verborgenen Schätzen in uns. Wir können auf Entdeckungsreise gehen. Das Preisgeben von persönlichen Schwierigkeiten, die Überwindung von Schamgefühlen und Peinlichkeiten, die im täglichen Leben wie eine gut funktionierende Bremse wirken, fällt leichter. Indem wir die Bremsen ein wenig lösen, können wir mehr Fahrt machen.

*Im Wechselspiel von Bewegung und Entspannung*
Wer kennt nicht dieses angenehme Gefühl nach großer Anstrengung und dem vollen Einsatz aller leiblichen Kräfte und dann die sinnliche Ruhe, die in den erschöpften Körper strömt.
In den Bodyfeeling-Seminaren haben wir uns auf andere Wege begeben. Nichts gegen Leistung und das Bedürfnis, die eigenen Grenzen zu spüren! Aber wenn das der einzige Weg ist, der Entspannung und körperliches Wohlbefinden garantiert, wird das Leben anstrengend, die Gefahr, sich zu verletzen, wächst erheblich. Viele Frauen bestätigen das: Sie waren in ihrer körperlichen Leistungsfähigkeit durch die eine oder andere Sportverletzung (Knie, Wirbelsäule) beträchtlich eingeschränkt.

Wenn der Einsatz körperlicher Energien nicht mit dem Ziel verbunden ist, eine gesetzte Norm erfüllen oder besser als andere sein zu wollen, kann möglicherweise eine angenehmere Form gefunden werden, Anstrengung und Entspannung zu erleben. Immer finden sich Menschen, die besser, schneller, kräftiger, zäher sind. Die Skala der Leistungsbewertung ist nach oben offen, jedenfalls im Sport. Unser Motto lautet: Jede so gut sie kann. Das persönlich Beste ist gut genug.

Die Lebendigkeit, die Freude und der Spaß, wenn sich vier Parteien mit aller Kraft an zwei verknoteten Seilen über die Wiese ziehen! Gewinnerinnen gibt es keine. Kraft wird eingesetzt, um sie zu spüren, und nicht, um eine Rangfolge von „stark" bis „schwach" festzulegen. Die Frauen toben sich aus und erleben die spielerische Komponente der Bewegungen, die in der Öffentlichkeit oder im Alltag nur noch bei Kindern zu beobachten ist. Die Übungen, die wir vorschlagen, stehen in vielen Büchern. Der Akzent liegt im Erleben des Prozesses, ist nicht an einem bestimmten Ergebnis orientiert.

Einige Teilnehmerinnen wollen mehr Anreiz für Wettbewerb und Leistung. Wir überlassen ihnen das Kommando. Im Aerobicstil wird geschwitzt, Wettkampfspiele, Staffellaufen und Zirkeltraining, bis die Puste ausgeht. Die Wünsche der Teilnehmerinnen werden in das Seminarangebot einbezogen, denn es geht ja schließlich um Bewegungsbedürfnisse von Frauen. Nach einem Zirkeltraining, an dem alle Frauen eifrig beteiligt waren und gewissenhaft Punkte zählten, wurde die Frage gestellt: Warum sollten wir eigentlich Punkte zählen? Was haben wir jetzt davon? Wir haben keine rechte Antwort. Es ist halt so üblich. Wir haben es so gelernt. Ihr wolltet es so!?

Viele Bewegungsangebote gehören in die Kategorie „sensitive Spiele". Auf dem Boden des Coubertinsaales in der Bildungsstätte die verschiedensten Materialien: Seile, Ringe, Stäbe, Decken, Keulen, Bälle... Schuhe und Strümpfe ausziehen und langsam gehen. Mit der ganzen Sohle abrollen und ausprobieren, wie sich die Materialien mit den Füßen anfühlen. Nicht gucken! Nicht mit der Distanz der Augen Gegenstände wahrnehmen, sondern Kontakt durch die direkte Fühlung mit den Füßen aufnehmen. Was spüre ich? Kalt? Warm? Glatt? Angenehm oder irgendwie komisch? Was kann frau mit den einzelnen Gegenständen tun? Die Teilnehmerinnen improvisieren und geben ihren spielerischen Impulsen nach, auf nicht vorgegebenen Bahnen.

Führen und geführt werden. Haben Sie einmal für fünf bis zehn Minuten die Augen geschlossen und sich von einer anderen Person führen lassen? Das klingt einfach und ist doch so schwer: die anderen Sinne öffnen und benutzen. Plötzlich werden die verschiedenen Klänge, Töne und Geräusche, die durch die Luft schwirren, deutlicher wahrgenommen. Verschiedene Düfte ziehen vorbei und locken die Nase. Der Wind streift das Gesicht. Die Wärme des Sonnenlichts und die Dunkelheit des Schattens werden empfunden, nicht gesehen. Beim Berühren verschiedener Materialien und Pflanzen kommt frau richtig ins Grübeln. Das fühlt sich so zart, weich und samtig an. Ist es das Blatt einer Rose? Oder ein Grashalm – wie winzig, glatt und unscheinbar er ist! Holz, Beton, Plastik, Eisengitter, die Oberfläche einer Bronzestatue, Baumrinde und Fensterglas werden berührt. Beim Eintauchen der Hände in eine große Pfütze werden Erinnerungen wach. Das Bedürfnis, mit den Händen im Wasser zu plantschen. Bei der Auswertung dieser Erfahrungen stellt sich Nachdenklichkeit ein. Wie benutze ich meine Sinne im Alltag? Für welche Signale bin ich empfänglich? Welche Eindrücke blende ich aus? Öfter mal die Augen schließen und andere Sinne auf Empfang schalten, kann Erstaunliches bewirken.

Die Teilnehmerinnen experimentieren mit der Stimme. Sie werden laut und leise, schreien oder summen gemeinsam, stimmen sich auf eine wie von selbst entstehende Melodie ein. Mit geschlossenen Augen, sonst wäre es für viele zu peinlich. Das Beobachten und das Gefühl, beobachtet zu werden, erweisen sich als störend. Summen und brummen, dabei auf den Leib als Resonanzkörper konzentriert und die inneren Vibrationen spürend, läßt sie merken, wie die innere Bewegung und die äußere Bewegung – die Melodie – zusammengehören.

Sehr beliebt sind alle Formen von Entspannungsübungen und Massage. Sich durch die Berührung einer anderen spüren, passiv sein und dem leiblichen Wohl Zeit und Beachtung schenken. Wie genüßlich! Wie selten haben Frauen dazu im Alltag die Gelegenheit. Die Füße massieren, den Kopf in die Hände einer anderen legen, das Gesicht fallen lassen, Knoten und Verspannungen im Hals- und Nackenbereich lösen, Muskeln dehnen und lockern. Manche Frau fängt dabei an, leise wie ein Katze zu schnurren. Sich gegenseitig mit Tennisbällen abrollen, den Rücken ausklopfen und Wind und Wetter, Hagel- und Regenstürme auf

seltsame Weise an sich abprasseln lassen, bereiten großes Vergnügen.
Auch Chi-Gong-Übungen gehören zu unserem Angebot. Chi Gong – was ist das denn nun schon wieder? Chi Gong ist chinesische Heilgymnastik. Alle Bewegungen werden rund und fließend ausgeführt. Die Meridiane (Energiebahnen) werden gedehnt, damit sich Blockierungen lösen und Energie- und Lebensströme ungehindert im Körper fließen können. Die Bewegungen, obwohl im Zeitlupentempo, bringen uns trotzdem mächtig ins Schwitzen. Einige Teilnehmerinnen unterbrechen die Übungen, weil sie regelrechte Gähnanfälle bekommen. Sie müssen eine kleine Pause mit tiefen Atemzügen und Grimassenschneiden machen.

*Spiel, Spaß und aus der Rolle fallen*
Wir graben die kindlichen, spielerischen Anteile wieder aus und agieren, wie frau sich eigentlich nicht zeigen sollte. Ohne Sinn und Verstand? Nein, aber mit Lust und Freude! Die Frauen bilden eine Reihe, indem sie sich nach der Größe der Füße aufstellen, ohne sich dabei sprachlich zu verständigen. Füße werden von einem Ort zum anderen geschoben, bis endlich jede ihren Platz gefunden hat. Große Frauen mit kleinen Füßen neben kleinen Frauen mit großen Füßen. Sie bilden eine unegale Reihe und kichern vergnügt vor sich hin. Wir stehen im Kreis und schneiden Grimassen. Eine legt ihr Gesicht in grimmige Falten und macht dazu einen grollenden Ton. Die nächste übernimmt diese Haltung und gibt sie weiter. Fratzen – begleitet von Buh-, Mäh- oder Psst-Rufen – machen die Runde.

Nach anfänglicher Befangenheit kommen die Frauen in Fahrt. Alle sind froh, daß sie bei dieser Übung unter sich sind. Eine Teilnehmerin sagt am Abend: „Bei meinen Kindern beobachte ich das ja täglich, aber daß ich das selber auch noch kann und es soviel Spaß macht, hätte ich nicht gedacht!"

Mit Wasser gefüllte Luftballons fliegen durch die Luft – Juchzen, wenn die wabbeligen, kühlen Ballons in die Hände glibbern. Kreischen, wenn einer sein Ziel verfehlt, am Boden zerplatzt und die eine oder andere naß spritzt. Das Füllen der Ballons mit Wasser: „Wie geht denn das?" Bald gibt es einige Expertinnen, die mit der Produktion von Wasserballons und dem Spiel so schnell nicht aufhören wollen.

Wir schreien uns mit Ja und Nein an. Erproben unsere Wehrhaftigkeit, die Fähigkeit, laut zu werden. Auch das ist kein leichtes Unterfangen. Zu lange haben Frauen gelernt, den Mund zu halten. Bloß nicht unangenehm auffallen, von anderen als hysterische Ziege bezeichnet werden. Diese Bremse sitzt fest. Es fällt schwer, die Hemmungen zu überwinden – auch wenn es nur Spiel ist. Nach einigen Anläufen füllen dann doch kräftige Stimmen den Saal.

Spiele wie der Knoten, Schoßsitzen, Tausendfüßler, die Wölfin oder die Aufgabe „Mach dir aus deiner Partnerin eine bequeme Sitzgelegenheit". Im selbstkreierten Skulpturenpark wandeln die Frauen zwischen Heldinnen und Megären, bestaunen die verschiedenen Rollen der Frau als Retterin, Gebende, Sorgerin oder Frau Allzeit-Bereit. Das Pyramidenbauen löst Stolz und Staunen aus. Erst zwei Pyramiden mit acht Frauen, dann eine Pyramide mit sechzehn Frauen: „Daß wir das geschafft haben, unglaublich!" Die fachliche Anleitung einer Teilnehmerin ermöglicht uns dieses Erfolgserlebnis. Die Chance zum Ausprobieren von Neuem und Ungewohntem, die Wiederentdeckung alter Fähigkeiten wird genutzt. Im Rollenspiel setzen sich Frauen mit unangenehmen, ärgerlichen Erlebnissen im Verein auseinander. Bekannte Verhaltensmuster werden in neue Handlungsweisen verwandelt. Die heimliche Freude über mögliche Reaktionen – „Was würde wohl passieren, wenn ich mich tatsächlich so verhalte?" – ist groß. Aus der Rolle fallen und Verwirrung stiften als Form der Selbstbehauptung.

*Innenschau*

Ein Arbeitsschwerpunkt der Seminare ist die Beschäftigung mit den eigenen weiblichen Bedürfnissen und Wünschen. „Unsere Wünsche sind Vorgefühle der Fähigkeiten, die in uns liegen, Vorboten desjenigen, was wir zu leisten imstande sein werden. Was wir können und möchten, stellt sich unserer Einbildungskraft außer uns und in der Zukunft dar; wir fühlen eine Sehnsucht nach dem, was wir schon im Stillen besitzen. So verwandelt ein leidenschaftliches Vorausgreifen das wahrhaft Mögliche in ein erträumtes Wirkliches." (Goethe)

In diesem Sinn versuchen wir, den Kontakt mit der Innenwelt aufleben zu lassen. Die innere Welt, die uns überall begleitet und die wir selten beachten, bekommt Raum. Mit Phantasiereisen, Körpermeditation, der liebevollen Konzentration auf die eigene Person und gestaltpädagogischen Übungen wird dieser Prozeß angeregt und im Malen ausgedrückt. Die erlebten Phantasien und Empfindungen sind schwer in Worte zu fassen. Deshalb ist Malen eine passendere Form, das individuell Erlebte zu beschreiben. Die Teilnehmerinnen verwandeln ihre wahrgenommenen Innenbewegungen in kreative Außenbewegungen. Damit kann das Wissen vom eigenen Selbst ein Stück erweitert und die Entfernung zur Innenwelt verringert werden. Den Zusammenhang von Innen- und Außenwelt haben wir z.B. auch anhand von Redensarten hergestellt. „Ich gehe auf dem Zahnfleisch", „Da war ich blind vor Wut", „Gift und Galle spucken", „Die Nase voll haben" u.ä. wurden von Teilnehmerinnen auf einer Karte verdeckt gezogen. Jede beschreibt dann eine Lebenssituation, die dazu paßt, die anderen raten.

Im Vergleich zu Kindern fällt es Erwachsenen oft sehr schwer, Körpersignale zu entschlüsseln und angemessen zu beantworten. Sie reagieren erst an der Schmerzgrenze. Kinder können noch unterscheiden, ob sie hungrig oder wütend sind. In dem einen Fall äußern sie ihre Wut und bringen sich damit wieder in ein Gleichgewicht. Der erlebte Mangel wird durch die entsprechende Reaktion ausgeglichen. Manche Erwachsenen essen, obwohl sie eigentlich wütend sind, andere lachen, obwohl ihnen nach Weinen zumute ist, einige trinken Alkohol oder beschwichtigen sich mit anderen Drogen, obwohl sie Trost suchen.

Wir sind darauf bedacht gewesen, daß die Teilnehmerinnen, so gut es ihnen möglich war, die eigene Befindlichkeit beachten und berücksichtigen. Anregungen dafür haben wir durch die Schärfung der Selbstwahrnehmung in verschiedenen Übungen gegeben, aber auch dadurch, daß es keinen Zwang gibt, an Übungen teilzunehmen. Wir haben viel Eigenverantwortlichkeit gefordert, Rückzug, Einspruch, Widerstand oder Veränderungswünsche. Der erste Schritt, die eigenen Bedürfnisse kennenzulernen, liegt darin, sensibler auf sich selbst und nicht auf äußere Normen zu achten. Während des Seminars haben wir z.B. Zeit eingeplant, die die Frauen nutzen, um das zu tun, was sie gerne möchten. Die einen treten zum gemeinsamen Waldlauf an, andere ziehen sich zur Entspannung und Massage in den Coubertinsaal zurück. Eine hört Musik, eine andere legt sich auf ihr Bett und genießt, nichts tun zu müssen. Wann gibt es schon Gelegenheit, während der offiziellen Arbeitszeit genau das zu tun, wonach einer zumute ist? Normalerweise stibitzen wir dem Tag eine kleine Ecke ab, um endlich freie Zeit zu haben. Und wenn es dann gelingt, weiß frau manchmal gar nicht, was sie damit anfangen soll.

### Im Zerrspiegel weiblicher Selbstwahrnehmung

Zu den Schwerpunkten der Seminare gehört die Beschäftigung mit weiblichen Körperkonzepten, mit der Einstellung zum eigenen Körper. Wie bin ich mit mir und meinem Körper zufrieden? Nach welchen Kriterien bewerte ich mich? Was gefällt mir, und was lehne ich ab?

Damit befinden wir uns mitten in einem heiklen Thema. Weibliche Sozialisation lehrt Unzufriedenheit mit dem Körper. Schön sind immer nur die anderen. Die Teilnehmerinnen befassen sich mit den Stationen weiblicher Körpersozialisation. Es werden Kriterien und Vorstellungen über Schönheit genannt. Die Zufriedenheit mit dem eigenen Körper oder die Ablehnung läßt uns über Lust und Frust an der eigenen Leiblichkeit philosophieren. Erstaunlich ist die Differenz in der Selbst- und Fremdwahrnehmung. Es gibt keine Frau, die mit sich rundum zufrieden ist. Jede findet etwas zum Mäkeln. Die eine bezeichnet ihre Figur als

Schrott-Acht, die Nase ist zu groß, der Bauch zu dick, die Beine sind entsetzlich, die Haut macht Probleme. Wir diskutieren und rätseln über das Phänomen der Geringschätzung und Selbstverachtung bei Frauen. Hoffentlich haben einige Frauen aus diesen Gesprächen Anregungen mitnehmen können und erkannt, daß sie sich häufig mit den herrschenden männlichen Normen für Weiblichkeit betrachten und bewerten. Das ist schädlich für das Selbstbewußtsein. Die Suche nach neuen, selbstgebauten Spiegeln, die einen wohlgefälligeren Blick auf die Vielfältigkeit und individuelle Schönheit von Frauen gestatten, lohnt sich, denn der Zerrspiegel, der uns in den Medien vorgehalten wird, läßt nur für wenige der realen Frauen ein Wiedererkennen zu.

Bewegung ist ein ganzheitliches Geschehen, in dem die Wechselwirkung von Innen- und Außenbewegung aufeinander abgestimmt wird. „Wer leiblich in Bewegung kommen kann, ist seelisch ansprechbar; wer sich leiblich abstumpft, zerstört das Instrument – empfangen und Deuten sinnlicher Wahrnehmung – und wird dann auch seelisch stumpf werden." (Dore Jacobs)

Regine Ulmer

## „AUF DIE DAUER HILFT NUR...?!"
### Krafttraining für Frauen

Die Welle von Fitness, Wellness, Bodybuilding und Bodystyling scheint sich zu konsolidieren und zu differenzieren. Die „Wiederkehr des Körpers" hat sich zu einer „neuen somatischen Kultur"[1] entwickelt. Der Körper wird zur neuen sinn- und identitätsstiftenden Instanz. Es geht nicht mehr darum, auf die eine oder andere Weise einen Körper zu haben, sondern Körper(zu)sein ist die Devise unserer Tage. Dieser Körper erstrahlt in jugendlicher Frische, erfaßt den Augenblick und strebt dynamisch in eine scheinbar hoffnungsvolle Zukunft.

Daß unser Verhältnis zum Körper und die Bedeutung, die wir ihm beimessen, immer auch in Zusammenhang mit den gesellschaftlichen Umständen und technischen wie kulturellen Entwicklungen stehen, ist im Grunde nichts Neues. Neu, oder fast neu, sind nur die jeweils aktuellen Ausprägungen dieses Verhältnisses. SozialpsychologInnen und SoziologInnen haben längst den Narzißmus als das Charakteristikum der weißen Wohlstandsgesellschaften ausgemacht, sprechen von „Dekadenz" und „Ich-Kult". Die Ursachen, die Zusammenhänge dieser Beschäftigung mit sich selbst bringt ein Fitnesssportler für sich auf den Punkt: „Du kannst heute nicht mehr viel verändern – also veränderst du dich selbst"[2], wobei das „selbst" hier vorrangig oder hauptsächlich „Körper" bedeutet. Der gesunde, Glück und Selbstbewußtsein ausstrahlende Körper tritt einer Umwelt gegenüber, die wir fast nur noch als den malträtierten und dahinsiechenden Patienten in den Katastrophenmeldungen der Medien kennen. Und die Sensibilisierung für den Körper, das Körper-Sein erscheint als Antwort auf die Bedeutungslosigkeit des Körpers in einer Gesellschaft, die – durchorganisiert, verwaltet und von Maschinen beherrscht – keine Verwendung und keine Bedeutung mehr für den Körper bereithält.

Vor diesem Hintergrund wird das Bodybuilding der Männer als ein „letztes Aufbäumen" vor dem Untergang der (traditionellen) Männlichkeit gedeutet.[3]

Und die Frauen? Trifft es auch für sie zu, daß ihre Körper inzwischen zur schieren Bedeutungslosigkeit verkommen sind und sie deshalb so regen und aktiven Anteil an der Kultur des kraftvollen Körpers nehmen? Daß dem nicht so ist, erklären Victoria Principal (aus „Dallas") und Lisa

Lyon auf ihre Weise, indem sie den Sinn und Zweck ihrer körperlichen Anstrengungen folgendermaßen formulieren: Während erstere „im Muskeltraining den Schlüssel für die perfekte Funktionalisierung des weiblichen Körpers zum Zwecke der sexuellen Dienstbarkeit" erkennt, ist für die andere „die verbindende Kraft des Körperlichen... Fairneß oder Kameradschaft. Ähnlich wie Kameraden im Schützenloch" wichtig, wobei es ihr gleichzeitig darum geht, „das Tier im weiblichen Körper zu vervollkommnen".[4] Diese Aussagen sind jedoch schon ein paar Jahre alt, und so etabliert der Besuch des Bodystudios inzwischen auch für Frauen ist, geht die Gleichung „für Männer: hart, willensstark, kernig. Für Frauen: sexy, schön und gut in Form"[5] heute, zumindest in dieser Plattheit, nicht mehr auf. Zu vielfältig sind die Angebote auf dem Markt und zu vielschichtig die Erwartungen und Zielsetzungen der Frauen.

Die Industrie um den Körper, speziell Krafttraining und Fitness, kommt insbesondere mit der Organisation über Studios der Situation vieler Frauen in mehreren Punkten entgegen: Sie bieten ein Höchstmaß an zeitlicher Flexibilität, sowohl was die Dauer wie auch die Intensität des Trainings betrifft, die Möglichkeit der individuellen Trainingsgestaltung und über das Training hinaus meist noch andere Angebote zum Entspannen und Erholen (Sauna, Solarium). Daß die Studios bestimmte Zeiten oder Tage für Frauen reservieren, gehört fast zum Standard, und wenn sie ausschließlich für Frauen zugänglich sind, ist das auch nichts Besonderes mehr.

Die Betätigung im Studio stellt nicht nur einen Ausgleich zu meist einseitigen Belastungen gerade der sogenannten „Frauenberufe" dar. Sie vermittelt auch ein Gefühl der Stärke, des Wohlseins, das einen angenehmen Kontrast zu den Erfahrungen darstellt, die zum Alltag von Frauen gehören: Einschränkung ihres Raumes und ihrer Bewegungsfreiheit im wörtlichen wie übertragenen Sinn, Ignoranz und Mißachtung ihrer Interessen und Bedürfnisse, Diskriminierung auf unterschiedlichen Ebenen, Ohnmacht gegenüber männlichen Interessen und Durchsetzungsstrategien und auch die Erfahrungen mit körperlicher, psychischer und sexueller Gewalt.

Ausgehend von diesen Alltagsrealitäten formuliert die Frauen/Lesbenbewegung schon seit zwanzig Jahren ihre Kritik und ihre Forderungen gegenüber der Gesellschaft, gegenüber Männern, aber auch an die Adresse der Frauen. Unter dem Motto „die Hälfte des Himmels, mindestens, und zwar auf Erden" zielen die Bewegung oder doch Teile von ihr auf die volle Teilhabe von Frauen an allen gesellschaftlichen Entscheidungsprozessen. Frauen sollen die gleiche Macht, die gleichen Freiheiten und Möglichkeiten erhalten, die Männer sich selbstverständlich nehmen und die Männern selbstverständlich zugestanden werden.

Frauen sollen nicht weiter reduziert bleiben auf sogenannte „weibliche" Arbeits- und Lebensbereiche, auch nicht reduziert auf überkommene Definitionen ihres „Wesens" und gesellschaftlichen Seins.

Meines Erachtens hat die Kraft- und Fitnessbewegung sowohl die Forderungen der Frauen-/Lesbenbewegung als auch die damit verbundenen Veränderungen des in der Öffentlichkeit entworfenen Frauenbildes aufgegriffen und sich zunutze gemacht. Sie verspricht Raum und Zeit für Frauen, betont die Individualität (körperliche Voraussetzungen, Trainingsplan), verspricht eine wohltuende Atmosphäre, in der frau sich um sich selbst kümmern kann. Frau ist hier nicht Opfer, sondern selbstbestimmte und selbstbewußte Akteurin. Es werden Erfolge versprochen, die sich messen lassen.[6] Die Industrie verheißt ein Gefühl von Kraft- und Energiehaben und winkt mit jenen Versprechungen, die an den gesunden, schlanken und kraftvoll modellierten Körper geknüpft sind: Anerkennung, sozialer und beruflicher Erfolg, Zukunftsorientierung, Wohlsein und Glück.

Auf diese Weise werden die alten Forderungen gesellschaftsfähig und als neue Pflicht, als neuer Zwang gegen die Frauen gerichtet: Ein solcher Körper, ein solches Sein (oder Schein) wird zur neuen Maxime erhoben.

Soweit, so... Bliebe da nicht ein letzter, beunruhigender Rest. Christina Thürmer-Rohr verweist auf ihn mit ihrem Begriff des „Angebots-Feminismus" und meint Freiheiten, „die sich in bloße Waren verwandeln, sofern ihr politischer Hintergrund, ihre Geschichte und ihre Motive vergessen werden".[7] Und dieses Vergessen bezieht sich v.a. auf den Kernpunkt der Kritik an patriarchaler Kultur: die Zurichtung von Frauen auf Männer und deren Bedürfnisse, die Reduzierung von Frauen auf ihren Körper, die Sexualisierung dieses Körpers und seine Funktionalisierung als Objekt, gemustert und gewogen auf dem Markt der Männer. Damit verbunden auch die Spaltung des Körpers in ein Außen und Innen. Daß sich daran nichts geändert hat, zeigen die Un-Zahlen an Belästigungen, Übergriffen, Vergewaltigung und Mißbrauch.

*Ein Angebot*

Was ich bisher gesagt habe, könnte die Vermutung nahelegen, ich lehne ein Kraft- und Fitnesstraining für Frauen rundweg ab. Falsch! Ich selbst habe dies jahrelang angeboten (und werde es wohl wieder tun). Die genannten gesellschaftlichen Phänomene waren sicherlich ein wesentlicher Grund, weshalb so viele Frauen dieses Angebot wahrnahmen (bis zum dreifachen der sonst üblichen Teilnehmerinnenzahlen) – darunter auch Frauen, die sicherlich nicht einmal das Programm durchgeblättert hätten, hätten da nicht die Wort „Kraft" und „Fitness" so hell und vielversprechend geklungen.

Grundsätzlich versuchte ich mit der Gestaltung dieses Angebots bei den Alltagsrealitäten von Frauen anzusetzen und auch auf sie zurückzuwirken.[8]

Die Voraussetzungen, die viele Frauen aus ihrem Alltag und anderen Sporterfahrungen bezüglich des Komplexes Kraft mitbringen, konzentrieren sich meiner Erfahrung nach um zwei Punkte: eine ausgeprägte Ambivalenz im Verhältnis zu Kraft und eine verschwommene und unrealistische Einschätzung der eigenen Kraft wie auch der Kraft von anderen Frauen. Daraus ergeben sich folgende Zielsetzungen für ein Krafttraining mit Frauen:
- ein realistisches Verhältnis zur eigenen Kraft entwickeln,
- ein realistisches Verhältnis zur Kraft anderer Frauen entwickeln,
- die Vielschichtigkeit von Kraft erfahren und üben,
- Kraft in der Auseinandersetzung und im Spiel mit anderen Frauen erfahren und üben,
- die Zusammenhänge zwischen Kraft und dem Alltag transparent machen,
- die Eigenverantwortung fördern,
- Spaß entwickeln und Neugier wecken und damit auch
- die Abspaltung des Körperäußeren, der Hülle kritisch betrachten.

*Ein realistisches Verhältnis zur eigenen Kraft entwickeln.* Aufgrund der Erfahrungen von Ohnmacht und Kraftlosigkeit sowie der Internalisierung der Mythen vom „schwachen Geschlecht" scheinen Frauen eher geneigt, ihre Kraft zu unterschätzen als zu überschätzen. Eine Ausnahme stellen hier eher sportlich sozialisierte Frauen dar, die es gewohnt sind, Kraft zu trainieren und die Grenzen der Erschöpfung auszuloten. Für den Unterricht bedeutet dies konkret, daß es wichtig ist, genau zu beobachten, an welchem Punkt die einzelnen ihre Grenzen setzen. Während es bei den einen wichtig ist, ihre Grenzziehungen kritisch zu hinterfragen und sie zu einem neuen Versuch aufzufordern, geht es für die anderen eher darum, den Prozeß der Anstrengung und zunehmenden Ermüdung wahrzunehmen. Ein gutes Beispiel dafür ist meist das Thema Liegestütz. Sätze wie „das kann ich nicht", „das mach' ich nicht" fallen oft schon vor dem ersten Versuch. Das Hinterfragen kann verbal erfolgen: Heißt das „nicht können" „ich trau' mir das nicht zu", „ich hab' Angst, aufs Gesicht zu fallen" oder „ich hab's zwar noch nicht probiert, aber bei anderen sieht es ziemlich anstrengend aus"? Hängen unangenehme Erinnerungen daran, denen ich lieber nicht mehr begegnen möchte? Diese Fragen zielen nicht darauf, Erklärungen für eine Entscheidung zu fordern, sondern auf konkretere Formulierungen einer Abwehr, um die Wurzeln zu erkennen und dadurch Raum zu schaffen, die gesetzten Grenzen zu überprüfen und womöglich zu verändern. Eine andere Herangehensweise besteht darin, Liegestützen über leichtere, unbekanntere und weniger „belastete" Übungselemente aufzubereiten und dadurch Möglichkeiten zu schaffen, ungehindert die Tragweite und Grenze der Kraft in den Armen und der Spannung im Körper zu erproben.[9] Existiert dagegen ein klares Bild der definierten Bewegung „Liegestütz" und leuchtet schon die Zahl der zu erreichenden Anzahl an Wiederholungen vor dem geistigen Auge, dann bieten sich eher Hinweise auf die Struktur der Bewegung, ihre Ansatzpunkte und die Atmung an.

Umfassender formuliert: Es geht bei diesem Aspekt, der realistischen Einschätzung der eigenen Kraft, darum, Grenzziehungen als Entscheidungen zu ermöglichen – und zwar als Entscheidungen, die auf den Erfahrungen und dem Wissen um die jeweils zur Verfügung stehenden Möglichkeiten basieren anstatt auf eingeschliffenen Mustern oder nicht überprüften Erinnerungen.

Vergleichbares gilt für die Zielsetzung, *ein realistisches Verhältnis zur Kraft anderer Frauen zu entwickeln.* In der Regel wird die Selbsteinschätzung (Unterschätzung) auf die andere übertragen, kombiniert mit einer erlernten Zurückhaltung, einer Scheu, die andere zu belasten, ihr lästig zu werden oder sie gar zu verletzen. Zum Tragen kommen diese Verhaltensweisen insbesondere bei allen Übungen, bei denen die eine ihr Gewicht an die andere abgibt: Huckepack, von vorne grätschend auf die Hüfte springen, die andere auf der Schulter oder den Armen tragen, „Roß und Reiterin", „Baum stemmen" oder „Äffchen".[10] Durchgehend ist es den Frauen leichter, zu tragen als sich tragen zu lassen. Dem entspricht, daß die meisten ein Vertrauen in sich selbst haben, Belastungen aushalten und durchstehen zu können, während in bezug auf die andere eine Warnung aufleuchtet: Sie ist schwach, zerbrechlich, ich darf/will sie nicht belasten oder mich ihr „zumuten". Diese Widersprüchlichkeiten schon bei der Aufgabenstellung als Leiterin anzusprechen, erleichtert den Teilnehmerinnen, ihre Unsicherheit, Scheu und Angst um die Übungspartnerin zu artikulieren. Möglichkeiten des schrittweisen Herantastens können dadurch geschaffen werden, daß das Gewicht nur teilweise übernommen/abgegeben oder daß die Tragende von einer dritten Frau unterstützt wird. Der begleitende Austausch zwischen den Beteiligten über die Intensität der dabei erfahrenen Belastung ermöglicht eine direkte Überprüfung und gegebenenfalls Veränderung vorhandener Einschätzungen und Befürchtungen.

*Die Vielschichtigkeit von Kraft erfahren und üben.* Wie bereits angedeutet, benennen viele Frauen auf die Frage, was Kraft für sie bedeutet, über die auf den Körper direkt bezogenen Aspekte hinaus Begriffe wie Stärke, Klarheit, psychische Kraft, Selbstbewußtsein, Durchsetzungsfähigkeit. Im Kontrast dazu fallen auch Ausdrücke wie Kraftprotzerei, Rücksichtslosigkeit, Imponiergehabe etc.[11] Damit sind zwei Ebenen angesprochen: Die eine betrifft die Wurzeln und Ausdrucksweisen von Kraft, die andere deren Umsetzung und Anwendung.

Aus der von Frauen entwickelten Selbstverteidigung ist seit langem bekannt, daß Techniken und muskuläre Kraft das eine, die psychischen Voraussetzungen und die Fähigkeiten zur tatsächlichen Anwendung ein anderes sind. Daher erscheinen mir auch im Krafttraining Übungen zu Selbstbehauptung, Durchsetzung, Raum einnehmen von großer Bedeutung. Hinzu kommen Hinweise und Übungen, die deutlich machen, daß eine kraftvolle Bewegung immer vom Zentrum ausgehen muß. Ein Beispiel: Ein kraftvoller Schritt nach vorne, womöglich auf eine andere zu, setzt zum einen voraus, den damit verbundenen Raum auch wirklich in Anspruch nehmen zu wollen. Zum anderen erfordert ein solcher Schritt eine Klarheit in der Bewegung, die auf vorher aufgebauter Spannung basiert, die aus dem Zentrum kommt und den ganzen Körper in die Bewegung mit einbezieht. Unsicherheit drückt sich beispielsweise darin aus, daß das Bein zwar nach vorn geht, Oberkörper und Kopf aber nur zögernd mitkommen oder gar nach hinten ausweichen. Hilfreich sind hier der Einsatz von Atem und Stimme sowie vorhergehende Visualisierung, d.h. im voraus ein genaues Bild der Bewegung bis zu ihrem Abschluß entwickeln. Ziel ist, schon vor der Bewegung ein klares Wissen darüber zu erreichen, was ich will, wovon ich ausgehe und wohin ich will.

*Kraft in der Auseinandersetzung und im Spiel mit anderen Frauen erfahren und üben.* Hierunter fallen alle Aufgaben und Übungen, die die eigene Kraft in der Konfrontation mit anderen erfahrbar machen, wie Raufen, Kämpfen und das, was ich Widerstandsübungen nenne. Bei diesen Übungen vollzieht die eine die gleichen Bewegungen wie an den Trainingsgeräten, nur daß der Widerstand gegen die Bewegung nicht vom Gerät und seinen Gewichten, sondern von einer anderen Frau aufgebaut wird. Diese Übungen fördern in hohem Maß die Sensibilisierung für die Kraft und Anstrengung der anderen und eine feine Dosierung der eigenen. Denn es geht nicht darum, die andere an ihrem Vorhaben zu hindern und ihre Bewegung unmöglich zu machen, sondern sie erschwerend zu begleiten.[12] Diese Form des Trainings von Kraft, einschließlich des Raufens, zielt darauf, Kraft nicht nur als Selbstzweck, als beziehungslose Größe oder ausschließlich auf die eigene

Empfindung begrenzt zu erfahren. Kraft ist hier der Aspekt, unter dem ich in Austausch mit anderen trete, die ich in einem sozialen Zusammenhang erlebe. Damit wird nicht nur die Anwendung von Kraft erprobt, sondern über die Auseinandersetzung auch ein Wahrnehmen und Erkennen der anderen gefördert. Denn sich mit dem eigenen Verhalten klar auf eine oder mehrere andere Frauen zu beziehen, auf ihren Körper, ihr Empfinden und Tun, ist nicht gerade ein integrierter Bestandteil unserer Sozialisation.

*Die Zusammenhänge zwischen Kraft und dem Alltag transparent machen.* Dazu vorweg eine allzu häufig gemachte Beobachtung, die ich die „Kunst der Verwandlung in der Umkleide" nenne. Ich meine die Veränderungen, die mit dem Ablegen der Alltagskleidung und dem Anlegen der Sportkleidung oftmals einhergehen und die die Trennung von Sport/ Bewegung und Alltag markieren. Die Ausdrucksformen und Ebenen dieser Veränderungen sind vielfältig: die Bereitschaft zur Bewegung, die Qualität der Bewegungen, die Un-/Zulässigkeit der Kleidung und der Schuhe für Bewegungen, der Bedeutungswandel des Körpers und seiner Befindlichkeiten (Anstrengung, Ruhe, Schwitzen etc.). Während des Umkleidens vollzieht sich der Wechsel zwischen der verletzlichen Nacktheit in der Bewegung und der schützenden Verhüllung in der Bewegungslosigkeit.[13] Dahinter steckt die Frage: Was hindert Frauen daran, die Lust, die Qualität und die Kraft ihrer Bewegungen über die enge Begrenzung des einen Sinnzusammenhangs, Sport genannt, und über die Begrenzung des einen Raumes, Turnhalle genannt, hinaus zu erleben?

Diese Fragen und Beobachtungen in den Unterricht miteinzubeziehen scheint mir von ganz grundsätzlicher Bedeutung. Dies kann geschehen durch Hinweise (die Aktivität quasi ins Treppenhaus zu verlegen, anstatt mit dem Lift in den Trainingsraum im 5. Stock zu fahren; schnelles Laufen als den Versuch, den Bus zu erreichen, interpretieren etc.) oder durch inhaltliche Schwerpunkte, die sich auf Situationen des Alltags beziehen: Tragen schwerer Lasten, Anheben schwerer Gegenstände, Öffnen eingeklemmter Türen, Verrücken von Möbelstücken, Garten- und handwerkliche Arbeiten. Mit der Übertragung des Wissens und der Fähigkeiten aus sportlichen Zusammenhängen in den sonstigen Alltag geht eine Erweiterung der Handlungsfähigkeiten und Verminderung von Abhängigkeiten einher. Denn solange Erfahrungen von Kraft, von körperlicher Aktivität in einen abgetrennten Bereich Sport ausgelagert und auf diesen begrenzt werden, ändert sich wenig an diesen Bewegungs- und Handlungsspielräumen zwischen den Begrenzungen und Einengungen des Alltags von Frauen. Deshalb scheint es mir auch wichtig, die Be- und Verhinderungen von Kraft im Alltag (Struktur von Arbeitsplatz, Räumlichkeiten, Kleidung, aber auch die Bilder von „das gehört sich nicht" im Kopf) zu benennen und miteinzubeziehen. Sofern die Möglichkeiten bestehen, bietet sich hier auch eine Verlagerung des Krafttrainings ins Freie an, wo sich dann „alltägliche" Bäume, Hindernisse und Gegenstände finden.

*Die Förderung der Eigenverantwortung.* Gemeint sind der deutliche Hinweis und die Aufforderung an jede Teilnehmerin, ihre Grenzen nach ihrem Gutdünken zu setzen. Konkret kann dies dadurch erleichtert werden, daß zu Beginn des Kurses die wichtigsten körperlichen und psychischen Voraussetzungen benannt werden. Bei der Vorstellung einzelner Übungen und Aufgaben dadurch, daß darauf hingewiesen wird, unter welchen Voraussetzungen diese Bewegungen nicht empfehlenswert oder vorsichtig anzugehen sind, welche psychischen Grenzen möglicherweise auch dadurch berührt werden. Gerade weil Kraft und die Auseinandersetzung mit ihr für viele Frauen auch mit unangenehmen bis zerstörerischen Erfahrungen verbunden ist, sollte unbedingt (v.a. bei konfrontativen Übungen) ein Wort oder ein Zeichen verabredet werden, mit dem jede ohne Verzögerung die Situation beenden kann. Des weiteren scheint mir unabdingbar, daß auch die Leiterin ihre Grenzen, ihre Vorlieben und Abneigungen für alle Teilnehmerinnen hörbar zum Ausdruck bringt. Denn die Leiterin hat zwar ihre Verantwortung für die Gruppe, wird bezahlt dafür, daß sie ihr Augenmerk auf die Teilnehmerinnen richtet. Aber um zu vermitteln, daß jede Frau das Recht und die Pflicht hat, für sich und ihr Wohlergehen Sorge zu tragen, muß diese Aufmerksamkeit für sich selbst auch bei der Leiterin sichtbar und spürbar sein.

Selbstverständlich kann Eigenverantwortung auch bedeuten, der/den anderen zu sagen: Ich möchte mich noch weiter auspowern – macht eine mit? Oder, falls es um Einzelübungen geht, dies schlicht zu tun.

*Spaß entwickeln und vermitteln.* Dieser ebenso viel- wie nichtssagende Begriff bedeutet hier: Lust und Freude an der Bewegung und der Begegnung zu entwickeln, die vorhandenen Bilder von „Krafttraining ist, wenn..." oder Wünsche wie „ich mach' jetzt, damit mein Bauch und mein Po..." zu relativieren und für einen Moment oder eine Stunde vergessen zu lassen. Denn die erlebte Freude an der Bewegung sehe ich als eine Chance, die Abspaltung des Körperäußeren aufzuheben und die „Figur" aus ihren Soll-Zuständen herauszulösen. Diese Ziel- und Wertsetzungen deutlich zu machen, ist mir ebenso wichtig wie die Bereitschaft, die Entscheidung einer Frau für andere Zielsetzungen zu akzeptieren und zu unterstützen, soweit sich dies mit der Organisation und dem Konzept vereinbaren läßt.

Spaß verstanden auch als Grundlage, auf der Neugierde, Lust und Mut zu neuen, anderen Erfahrungen wachsen.

Spaß in dem Sinn: das Lachen zu spüren und zu hören. Denn nicht zuletzt im Lachen liegt die Quelle unserer Kraft.

Nachdem bislang überhaupt nicht von den Trainingsgeräten die Rede war, möchte ich abschließend noch ein paar Anmerkungen dazu machen: Ich halte sie für sinnvoll als eine Möglichkeit, gezielt einzelne Muskelstränge und -bereiche zu trainieren. Damit ermöglichen die Geräte auch einen Ausgleich zu sonstigen Belastungen oder dem Mangel daran. Aber auch dem Bedürfnis nach Ruhe, nach Alleinsein kommen sie entgegen, denn Maschinen sind in der Regel genügsamer in ihren Anforderungen als Menschen. Nicht zuletzt habe ich die Erfahrung gemacht, daß es für manche Frau interessant und aufschlußreich ist, sich mit dem Gespann „Frau und Maschine" konkret auseinanderzusetzen. Wichtig ist jedoch auch hier eine qualifizierte Einführung und Betreuung. Insgesamt aber bleiben die Geräte mit ihren Möglichkeiten weit hinter dem zurück, was nach meinem Verständnis von Kraft und Krafttraining ohne sie und mit anderen Frauen an kraftvollen Erfahrungen möglich ist.

Meine eingangs geäußerte Kritik an der (scheinbaren) Überbewertung von Frauenkörpern zielte also nicht auf deren Vernachlässigung oder Negierung. Denn ich halte den Körper für wichtig – als Ver-Körperung individueller wie kollektiver Geschichte und als einen Ort der Auseinandersetzung und Begegnung.

### Anmerkungen

1 Volker Rittner, zit. nach Gerd Würzberg, *Muskelmänner*, Reinbeck 1987, S. 54; vgl. auch Kamper/Wulf, 1982.
2 Würzberg, a.a.O., S. 9.
3 Ebd., S. 37 – 52.
4 Ebd., S. 28.
5 Vgl. U. Pramann, 1983.
6 Vgl. Sabine Letuwnik u. Jürgen Freiwald, *Fitness für Frauen*, Reinbek 1990, S. 30. Hier werden unter der Überschrift: „So kann ich meinen Trainingserfolg kontrollieren" die Ansatzpunkte für das Maßband an Oberarm, Brust, Taille, Bauch, Hüfte, Oberschenkel und Wade aufgelistet.
7 Christina Thürmer-Rohr, in: *beiträge zur feministischen theorie und praxis*, Heft 28, Köln 1990, S. 11.
8 Die Kurse waren (fast) kostenlos. Die Frauen kamen im wesentlichen aus dem universitären Umfeld. Uns standen eine Art Gymnastikhalle und im Nebenraum die üb-

lichen Trainingsgeräte zur Verfügung. Von der Struktur her war das Angebot so angelegt, daß zu Beginn ein gemeinsames Aufwärmen und Dehnen erfolgte. Im Anschluß daran bot ich ein Trainingsprogramm in der Halle an, das sich aus einer Abfolge verschiedener Elemente und Übungen zusammensetzte, deren Dauer und Intensität vor allem vom Verhalten der Teilnehmerinnen abhing. Abschließend blieb noch Zeit, um an die Geräte zu gehen. Nach dem gemeinsamen Beginn und der Vorbereitung war es den Frauen jedoch freigestellt, direkt in den Nebenraum zu gehen und ausschließlich an den Geräten zu arbeiten.

9 Eine Liste möglicher Übungsformen zum Thema Liegestütz findet sich in Susanne Bischoff/Regine Ulmer, 1990, S. 64/65.
10 Bei „Roß und Reiterin" geht die eine in Bankstellung, die andere setzt sich auf ihren Rücken. „Baum stemmen" meint: Die eine steht wie ein Baum, d.h. mit Ganzkörperspannung. Die andere nimmt mit der Handinnenfläche am Brustbein, dem Schultergelenk oder aber an der Brustwirbelsäule Kontakt und das Gewicht der anderen auf und stemmt sie durch Beugen/Strecken des Armes (ohne den Kontakt zwischendurch aufzulösen). Beim „Äffchen" stellt sich die eine mit breit geöffneten Beinen und Armen in einen stabilen Stand. Die andere springt von vorne auf die Hüfte und klettert unter dem Arm durch auf die Rückseite der „Baumfrau" und wieder nach vorn.
11 Diese Aussagen stammen aus einem Fragebogen, den ich in den Kursen verteilt hatte, und aus Interviews für den Videofilm über Frauensportkurse an der TU Berlin von Doris Schmidt, Susanne Bischoff und Kirsten Lenk.
12 Beschrieben sind diese Übungen zum Teil in: Sabine Letuwnik/Jürgen Freiwald, a.a.O., S. 91 – 109, und bei Karl Peter Knebel, *Funktionsgymnastik*, Reinbek 1985.
13 Zur Bedeutung des Umkleideraumes für Frauen vgl. auch Susan Griffin, *Frau und Natur*, Frankfurt 1987, S. 183 ff.

Gabriele Schmies

EINSPRUNGINSICH

Ein möglicher Weg zur Tanzwirklichkeit von Frauen

*Frau und Tanz*
Ergänzen sie sich wie Schokolade mit Schlagsahne, oder bedingen sie sich wie Zwiebelschneiden und Tränen? Frau und Tanz. Wie innig ist das Miteinander, das Zusammengehörigkeitsgefühl wirklich? Frauen[1] erleben sich dick, dünn, groß, klein, stark, schwach, grob, zart... Tanz: Rüpel- und Rempeltänze[2], Kampftänze, Fruchtbarkeits- und Freudentänze... mit kräftigen, weichen, zackigen, fließenden, groben, zarten... Bewegungen.
Wie konnten die zwei aus dieser Vielfalt heraus nur so bedingungslos einseitig aufeinandertreffen? Wer trieb sie in diese Enge und schnürte sie, auf nur wenige Qualitäten reduziert, zusammen? Alte Fragen türmen sich vor mir, und ich möchte sie aus dem „Tüll" und „BodyGlitter" herauslösen, ans Tageslicht locken, am liebsten entmystifizieren.

*Frau im Tanz*
Elegant, grazil, schwebend, leicht soll die Tänzerin sich bewegen, schön soll sie sein, lächelnd soll sie ihre strengen Züge, Spiegel der Anstrengungen, besiegen. Da ihr Leichtigkeit abverlangt wird, muß sie dieser äußerlich auch entsprechen: schlank schweben.
Der Tanz der Kulturvölker – im Wandel vom Kult zur Kultur – erfuhr schon im Altertum die Spaltung in das Tanzgebaren des Volkes, der Gesellschaft auf der einen Seite und Kunst- bzw. Bühnentanz auf der anderen. Sie lagen jedoch nicht zu entfernt voneinander, als daß sie sich nicht stetig gegenseitig beeinflußt, befruchtet, verändert hätten, somit nie losgelöst voneinander betrachtet werden können.[3] Welche Gewichtung die eine oder andere Tanzebene für sich verbuchen konnte, hing meist von den gesellschaftspolitischen Gegebenheiten, von Tendenzen ab.
Folgerichtig ergeben sich Verbindungen zwischen der Tänzerin im Rampenlicht und der tanzenden Frau „im Lande". Sie kennen sich nicht persönlich, dennoch stehen sie sich vergleichend im Rahmen eines Konzeptes gegenüber, das Frau im Tanz beschreibt, ihre Bedürfnisse, Möglichkeiten, Qualitäten festsetzt und als Handlungsmaßstab anlegt. Wie dieses bis in die heutige Zeit hineinstrahlende Bild der Tänzerin, der

tanzenden Frau entstand, läßt schon ein flüchtiger Blick in die europäische Tanzgeschichte[4] erkennen.

## Ein Blick in die Geschichte

Obwohl Tanzen als Ausdruck menschlichen Lebensgefühls gilt und dies wohl das Gefühl von Frauen und Männern zu gleichen Teilen meint, waren es die Spielmänner (Mittelalter), später die Tanzmeister (Renaissance, Barock) und bis heute die Choreographen, die das Tanzgeschehen lenkten, strukturierten, vorgaben, bestimmten. Zumindest in diesem Punkt trennt sie wenig von den Naturvölkern. Deren Zauber-, Totemtänze, ihre tänzerischen Zeremonien galten als so bedeutend und ehrenvoll, daß sie den Männern vorbehalten waren, „... Weiber schauen zu".[5] Oft war ihnen nicht einmal die passive Teilnahme gestattet – Göttin sei Dank, sie tanzten für sich!

Auch wenn z.B. im Mittelalter Tänzerinnen einen Reigen anführten, Gauklerinnen mit ihren Kunststücken auf Bauern- und Volksfesten auftauchten, meist tanzte *sie* nur mit, an *seiner* rechten Seite. In höheren Gesellschaftsschichten, bei Hofe, später auch im Bürgertum liegt das Tanzen gänzlich in Männerhand. Erst gegen Ende des 17. Jahrhunderts, genau 1681 betritt zum erstenmal eine Berufstänzerin die Ballettszenerie, bis dahin war nur Tänzern die Berufsausübung gestattet. Neben der Huldigung an ihr technisches Vermögen, ihre tänzerische Ausdruckskraft betont die Geschichtsschreibung, daß die erfolgreichen Tänzerinnen des 18. Jahrhunderts ein Liebesleben hatten, das mit den Stationen ihrer Karriere eng verflochten war.[6] Diese Randnotiz deutet sich mir als verdeckter Hinweis auf die Machtverhältnisse, in denen die Entwicklung einer Tänzerin allein von der „Gunst" des Choreographen abhing.

Die Romantik[7] erkor die Ballerina zur Göttin des Tanzes; die Tänzer stürzten (nur für hundert Jahre) ins Unbedeutende. Die Wunschträume jener Zeit schienen durch das Weibliche am ehesten verkörpert und auch im Tanz umgesetzt zu werden. Die Faszination galt der Leichtigkeit; die Spitzentechnik erlebte ihren Durchbruch. Flüge (oft sogar mit Seilzugkonstruktionen) und Sprünge versinnbildlichten den Seelenflug. Luftige Erhebungen ließen nun auch die Beine zur Geltung kommen; die Kleider hoben sich über die Knöchel, die Knie, bis zum bekannten Ballettröckchen, dem Tutu. „Keine andere Kunst kann der Vision von einer individuellen und unberührbaren Weiblichkeit soviel Leben einhauchen wie das Ballett, indem es die Weiblichkeit der Frau ganz ins Ideale steigert."[8] Obwohl diese Ballerinas härtestes Training absolvierten und immer kompliziertere Sprünge erarbeiteten, waren sie und damit die Frau im Tanz eindeutiger denn je auf ihre Körperlichkeit mit den Qualitäten *leicht* und *grazil* reduziert.

Hielt der Tanztheoretiker Domenico 1455 die äußere Schönheit für nicht ausreichend (er mußte sich ja auch nur auf Männer beziehen), um die edle Kunst zur Wirkung zu bringen, behauptete der Literat, Tanz- und Ballettkritiker Theophile Gautier rund vierhundert Jahre später, „daß die erste Bedingung, die eine Tänzerin erfüllen muß, die Schönheit ist... Sie hat überhaupt keine Entschuldigung, nicht schön zu sein, und man könnte ihr ihre Häßlichkeit zum Vorwurf machen wie einer Schauspielerin die schlechte Aussprache. Der Tanz ist nichts weiteres als die Kunst, Eleganz und wohlgebildete Formen in den günstigen Stellungen zu zeigen."[9]

Eine Reihe mutiger, eigenwilliger Tänzerinnen/Choreographinnen hat seitdem die Tanzlandschaft durcheinandergewirbelt, revolutioniert, hat Akzente gesetzt, barfuß, den Tanz aus luftig spitzen Höhen geerdet wie die „Rebellin" Isadora Duncan (1878 – 1927). Auch Martha Graham (sie „stand" von 1926 – 1969 auf der Bühne), deren Name eng mit der Entstehung des amerikanischen *Modern Dance*[10] verknüpft ist, holte ihre Tänzerinnen aus der Schwerelosigkeit wieder in den Bereich der Erdanziehung zurück. Sie visualisierte die Schwerkraft – Körper neigten sich wieder zum Boden; aus dem natürlichen Rhythmus der Ein- und Ausatmung entwickelte sie ein Bewegungssystem, das auf Spannung und Entspannung basiert – ein Gegenkonzept zum klassischen Tanz/ Ballett. In gleicher Aufbruchstimmung widmete sich ihre Zeitgenossin Doris Humphrey dem Spiel mit dem Gleichgewicht, dem Prinzip des Fallens und Wiederaufrichtens. Viele Frauen nach ihnen suchten in der Tanzkunst neue Wege, experimentierten mit anderen Ansätzen, Bewegung auszulösen, ihr Form und Ausdruck zu verleihen.

*Und heute?*
Wie wirkten sich diese Veränderungen in der (Bühnen-)Tanzwelt auf das Bild der tanzenden Frau heute aus? Hat sie mit Tutu und Spitzenschuh (die ja immer noch existieren) auch die restlichen Ansprüche ablegen können? Konnte sich die Gesellschaft, die der modernen, sogenannten „freien" Tanzentwicklung zujubelte, auch vom Idealbild der schönen, schlanken, elegant tanzenden Frau lösen und zur Erde zurückkehren, zur wirklichen Frau, die tanzt? Der *Modern Dance* z.B. wollte die Tänzerin von dem festgeschraubten Bewegungskodex erlösen, ersetzte ihn jedoch durch ein anderes Bewegungssystem mit ebenso festen Regeln. Die Körperlichkeit der Frau als repräsentative Hülle steht weiterhin im Vordergrund, eingefaßt in ein Bewegungsgerüst, das ihren individuellen Bewegungswünschen, ihrer eigenen Geschichte wenig Raum läßt. Das einheitliche Erscheinungsbild in den Bewegungssequenzen (im *Modern Dance und Jazz Dance*[11] paart sich mit der körperbe-

tonten Kleidung, den eng anliegenden Anzügen, die zeitgemäß dem aktuellen Modediktat unterliegen – einer „Instanz" zur Sicherung des herrschenden Schönheitsideals.

Die tanzende Frau im Workshop, Lehrgang, Kurs wird in diese Verquickung von Bewegungs- und Körpernormierung hinein unterrichtet. Es gilt das persönliche Körpergefühl zu überwinden, zu besiegen, um sich dem Ideal – in Person der Leiterin oder im kompetenten Leiterblick als Korrektiv – anzunähern. *Modern Dance* und *Jazz Dance*, als Inbegriff von Freiheit, Ausdruckskraft und Kreativität gefeiert, dienen nur als Beispiel, wie alte Werte neu verpackt weiterleben und Frauen unbemerkt in das gleiche Korsett zwängen, das mann schon vor Jahrhunderten für sie bereithielt. In den festgelegten Tanzformen aus dem Umfeld der Folklore, dem Gesellschaftstanz, muß sich die Frau eindeutig, der gesellschaftlichen Rollenzuweisung gemäß, bewegen, was ihr ebenfalls . den Zugang zur eigenen Bewegungspersönlichkeit erschwert, respektive unmöglich macht. Die Frauen- und Lesbenbewegung schafft seit einigen Jahren Raum und Angebote, diese Tanzbereiche (ich beziehe mich insbesondere auf den Paartanz) für sich wiederzugewinnen, ohne dem Machtzugriff von Männern – die „führen" – ausgeliefert zu sein.

Doch innerhalb dieser Tanzsysteme mit geringem eigenen, selbstbestimmten Handlungsspielraum werden sich Frauen und Lesben von dem zuweilen tiefsitzenden, eingefrästen Grundgefühl, unrhythmisch, schwerfällig, steif zu sein, nur selten lösen können. Die Auseinandersetzung mit diesen „traumatischen" Bewegungsempfindungen, durch die sich Frauen und Lesben vom Tanz ausgeschlossen fühlen, kann meines Erachtens nicht im Rahmen von Tanzformen geschehen, deren alleiniges Ziel es ist, das Bild vom Endprodukt umzusetzen, um ihm zu entsprechen.

Interessante Ansätze hat die Tanzerziehung, haben Tanzpädagoginnen in Theorie und Praxis (im deutschsprachigen Raum u.a. Barbara Haselbach, Maja Lex, Anne Tiedt) im Wissen um die Technisierung von Tanz und dessen Abspaltung vom alltäglichen Leben entwickelt. Differenzierte Körperwahrnehmung, Erfahrung der eigenen Bewegungsmöglichkeiten, Schulung von Raum- und Zeitgefühl, Kommunikation, Improvisation, Ausprobieren, Experimentieren – Stichworte, die nur einige inhaltliche Schwerpunkte dieser Tanzrichtungen benennen. Theoretisch scheinen diese Konzepte geschlechtsneutral, Mädchen und Jungen, Frauen und Männer gleichermaßen zu fordern. Schon das die Literaturbeiträge begleitende Bildmaterial zeigt dann aber oft Mädchen/ Frauen klassisch lächelnd, figurbetont im „Bodysuit", Männer hingegen im legeren „Jogging-Dress".

Kann eine dieser Ausprägungen von Tanz Mädchen, Lesben, Frauen eine Breite von Bewegungsqualitäten anbieten, genügend Raum zur Findung ihrer eigenen Bewegungspersönlichkeit, ihrer Bewegungsauthentizität bereitstellen, so daß sie sich nicht mehr nur an ihre „Weiblichkeit"[12] mit den auferlegten Grenzwerten gebunden fühlen müssen, sondern von kraftvoller bis zu weicher Bewegung alles für sich vereinnahmen, aus sich herausholen können? In einer Zeit, die alles konkret benennen, definieren, möglichst mit einem Begriff den Gesamtkomplex präzise erfassen will, wage ich es, meine klaren Vorstellungen von den Inhalten und Zielen einer Tanzrichtung, die ich für geeignet halte, namenlos zu lassen.

Im Rahmen meines Sportstudiums an der Sporthochschule Köln wählte ich den Schwerpunkt „Spiel Musik Tanz". Dort lernte ich durch meine Lehrerin Anne Tiedt eine Herangehensweise an Tanz kennen, die mich schnell begeistert hat, die ich aber erst Jahre später in ihren Möglichkeiten für die persönliche Bewegungsentwicklung begriffen habe. Meine Begeisterung entstand aus der intensiven Arbeit, die sich oft in Lachen löste und in neuer konzentrierter Auseinander-und-Zusammensetzung der Bewegungselemente, allein und miteinander, mündete.

Ich halte es für sinnvoll, dieses Tanzkonzept kurz zu skizzieren, um dann anhand von zwei Unterrichtsbeispielen die Chancen für frauenparteiliche, feministische Ansätze in diesem Tanz zu veranschaulichen.

*Tanz – ein pädagogisch-künstlerisches Konzept*
Im Sinn eines pädagogisch-künstlerischen Konzepts erfaßt es u.a. Bereiche wie die physisch-psychische Eigenwahrnehmung, Sensibilisierung für Kommunikationsstrukturen ebenso wie die Entdeckung der eigenen Ausdrucksmöglichkeiten als Förderung der „Sprachfähigkeit" im Tanz und deren Einbindung in Gestaltungsprozesse.[13]

Konkreter heißt das: Die Bewegungsmöglichkeiten des eigenen Körpers fern jeder automatisierten Zweckbestimmung erleben und ausschöpfen; Atmung, Muskeln, Bänder, Knochen, Gelenke, Sinne in ihrer naturgegebenen Funktionalität verstehen lernen, darüber hinaus deren Zusammenspiel und ganzheitliche Zusammenhänge neu erleben. Auf der Basis dieser Körperarbeit, der Auseinandersetzung mit den Körperfunktionen und -qualitäten kann die Teil- oder Ganz-Körper-Bewegung durch die Dimensionen Raum (klein/groß/eng/weit/hoch/tief/eckig/rund etc.), Zeit/Tempo (schnell – langsam) und Dynamik (kraftvoll/leicht/abgehackt/fließend/laut/leise etc.) angereichert, variiert werden. Aufgetaucht aus der Beschäftigung mit sich, dem eigenen Körper, beginnt die Öffnung für die Bewegungen, Eigenheiten, Andersartigkeiten der Mittänzerinnen; diese Annäherung (über Anpassung, Kontrapunkte, Aktion/Reaktion, „bewegte Unterhaltungen") kann weitere Impulse für das eigene Bewegungsspektrum geben, verschiedene Kommunikationsformen ermöglichen, aus dem reichen Eigenen Gemeinsames entstehen oder die individuellen Bewegungsbilder gegeneinander wirken lassen.

Ich möchte keine Trennung der Ebenen von Selbsterfahrung, Eigenwahrnehmung und der Erarbeitung des Ausdrucksvermögens sowie dessen Gestaltung vornehmen, ebensowenig nur einer Priorität einräumen. Sie bedingen sich ständig und schaffen durch ihre wechselseitige Beeinflussung erst den Tanz.

Eine der tragenden Säulen des Tanzes ist die Musik. Lautlos in uns, von Instrumenten, Stimmen vertont, hörbar gemacht, nährt sich ihre Lebendigkeit aus ihrer strukturellen Vielfalt. Gleich der Körperbewegung gilt es sie zu entdecken, für ihre verschiedenen Schichten (bewegend) sensibilisiert zu werden, ihr im Tanz wirklich zu begegnen, mit ihr in Kommunikation zu treten – sie nicht einfach nur zu benutzen!

Die angesprochenen Ziele, in gewiß noch unvollständiger Auflistung, sehe ich nicht losgelöst von der methodischen Wegebereitung. Die Methode gebrauche ich nicht (nur) als geschicktes Mittel zum Zweck, sie nimmt in lebendiger Weise Anteil, füllt den Tanz. Die eigene Bewegungsfähigkeit entdecken, damit spielen, zahlreiche Variationen, Kombinationen finden, sich reduzieren auf eine, zwei Lösungen, diese grob oder bis ins Detail gestalten, allein, zu zweit, in der Klein- oder Großgruppe, vielleicht vorführen. Aber auch diese Reihenfolge ist nur ein möglicher Weg. Zuweilen endet der Prozeß in der Improvisation mit den individuell entdeckten Elementen, mit vorgegebenen Motiven der Leiterin oder anderer Teilnehmerinnen. Liegt der Schwerpunkt auf dem Prinzip der Bewegungsaufgabe, sind alle bekannten methodischen Arbeitsweisen anwendbar – aber nicht das Produkt ist das übergeordnete Ziel, sondern der Weg zur eigenen Bewegung[14], so abgedroschen sich das mittlerweile auch anhören mag.

Erscheint es vielen als rigide und unterscheidet sich von vielen Tanzangeboten des „Freien", des Improvisations-Tanzes: Ein Ziel ist auch, auf diesem Weg, der auf kleinste Einheiten zurückführt, Klarheit für sich, die eigene Bewegung, den Umgang mit Musik zu finden. Aus dem Wirrwarr der tausend Möglichkeiten sich vielleicht für nur eine zu entscheiden und an dieser kleinen etwas zu arbeiten. Verdeutlichen, wo die Bewegung ansetzt, wo sie hinführt und endet, also wie sie sich „logisch" entwickelt.[15] Aus dieser Reduzierung heraus kann die Bewegung wieder wachsen, angereichert werden, an Volumen gewinnen. Ob der erarbeitete Bewegungsbaustein ein kurzes Zusammentreffen von Fuß und Hand, einen mit dem Oberkörper umgesetzten Rhythmus etc. umfaßt, mit diesem bewußt bewegten Erlebnis hat sich schon das individuelle Tanzwissen erweitert. Ein „Schritt" auf dem Weg zum eigenen, authentischen Tanzen.

Im folgenden führe ich zwei Unterrichtsbeispiele[16] an: Auf der Basis von Bewegungsgrundformen (Laufen/Hüpfen) gelangen die Tänzerinnen im Beispiel 1 zu einer selbstentwickelten kleinen Tanzform (evtl. im Rahmen des Themas Folkloremusik/Tanz). Beispiel 2 zeigt einen Weg, aus der intensiven Arbeit mit Teil-Körper-Bereichen eine tänzerische Gestaltung einzuleiten.

*Beispiel 1: Aus der Arbeit mit den Bewegungsgrundformen Laufen und Hüpfen zur Erstellung einer Tanzform*

*I: Körperarbeit*
a) Durch den Raum gehen, Bewegungs-Raum wahrnehmen, Partnerin finden, Platz suchen, den sie mögen, niederlassen.

b) Eine in Bauchlage: Partnerin streicht den Rücken aus. Rücken (nicht Wirbelsäule – WS), Arme, Beine abklopfen, abschließend vom Kopf/Hals-WS zu den Füßen ausstreichen. Wechsel.

c) Einzeln, Sitz: mit Bar-Füßen herumkrabbeln – Zehen spreizen; Rückenlage: aus „Impuls" des kleinen Zehs Fuß-, Beinbewegung, -führung einleiten; sich Verbindung vom Zeh bis zur Hals-WS/Kopf vorstellen, über Fuß-, Beinführung sich in aufrechte Sitzposition bewegen, nachgeben, neu ansetzen.

Eventuell Musik mit „ziehendem" Charakter, z.B. „Summertime" von Sidney Bechet, aus „Petit Fleur".

d) Zurück zur Partnerin, Sitz: Rücken an Rücken, Beine gebeugt. Ganz vorsichtig miteinander bewegen – eine Partnerin bleibt aufrecht sitzen, fließend, ruhig atmen, andere gibt in ihrer WS nach, d.h. rundet WS, Kopf entspannt vornüber, richtet dann ihre WS Wirbel für Wirbel an der WS der Partnerin auf, nicht drücken! Rücken an Rücken aufstehen, nicht einhaken, „nur" die Kraft nach hinten denken/richten. Hinweis auf achsengerechte Knie-, Fuß-Einstellung, d.h. darauf achten, daß die Gelenke sich übereinander befinden, eine X-Beinstellung z.B. strapaziert die Bänder an Fuß- und Kniegelenk extrem.

e) Hockstellung voreinander, Handflächen in Vorhalte berühren sich: sich gegenseitig aus dem Gleichgewicht bringen (beinkräftigend, zugleich zur Belebung der Atmosphäre). Eventuell Dehnübung für Beinhinterseite anschließen.

*II: Raumgefühl*
Laufen im Raum (gesamten Raum nutzen): einzeln – zu zweit (andere Partnerin) in Anpassung, hintereinander; eine bestimmt den Raumweg, die andere folgt. Hinweis auf dynamische Veränderungen (Dynamik = Krafteinsatz), fast Ort bis raumgreifend laufen – in Kleingruppen (KG), ohne Führung abzusprechen – KG, bei Musikstops Kreis/Linie/Reihe/ Eiffelturm/Viereck/Klumpen/Gruppe... bilden – KG, von einer Raumform (Kreis, Linie, Reihe) in andere laufen, eine führt Gruppe an, häufiger Führungswechsel – KG, auf bestimmte Raumformen einigen, klaren Wechsel der „führenden" Frau finden – eventuell erarbeitete Ergebnisse „vorführen".

Zur Musik: „Porto Allegro" von Eugen Cicero, aus „Und jetzt spielt Cicero". Hier könnte ein Stundenkomplex enden.

Eine mögliche Weiterführung:

*III: Rhythmische Verbindung*
Laufen und Hüpfen in Verbindung im Raum
 a) Einzeln – zu zweit (andere Partnerin) in Anpassung; Musik: „Cancion Y Huayno" von Mercedes Sosa, aus „Vivir".
 b) Zu zweit hintereinander: Gehen bis Laufen, 1/2 Drehung leitet Richtungs- und Führungswechsel ein; Tempo bestimmt die Führende; ohne Musik.
 c) Ebenso, nun die Drehung mit Hüpfer einleiten.
 d) Einzeln: „Logischste" Lösung für die Drehung aus dem Hüpfer heraus finden; in der Gesamtgruppe besprechen.
 e) Einzeln: Laufen, Hüpfen mit häufiger 1/2 Drehung, d.h. Richtungswechsel; Musik s.o.
 f) Das rhythmische Motiv „Lauf-Lauf-Hüpf" klatschen, in verschiedenen Körperteilen umsetzen, in die Füße übernehmen, am Ort, in die Fortbewegung – eventuell zu zweit: eine begleitet klatschend/mit Stimme, andere bewegt den Rhythmus aus (zur Hilfe/Korrektur).

*IV: Eigene Tanzform*
 a) Entspannen, Rückenlage; Anhören der Musik: „Polleritas" von Mercedes Sosa, aus „Live In Argentinien".
 b) Rhythmus (s.o.) aus der Musik heraus hören, im Körper aufnehmen, im Raum umsetzen.
 c) Gesamte Gruppe faßt einen Kreis, am Ort zur Musik Laufbewegung bis zum „Lauf-Lauf-Hüpf", die Leiterin gibt den Einsatz, so nun auf der Kreislinie, gegen den Uhrzeigersinn (im Folkloretanz die Tanzrichtung) fortbewegen, ab und zu 1/2 Drehung, auf Richtungswechsel frühzeitig rufend vorbereiten.

d) In offenem Halbkreis „Schlange" im Raum weitertanzen – in KG auflösen, Drehung bedeutet Führungswechsel, anführende Frau ist für den Raumweg verantwortlich – KG schließen jeweils einen Kreis, öffnen erneut, können somit die Endposition fließend neu besetzen. Aus der Improvisation heraus könnten KG den Raumweg, Möglichkeiten des Wechsels von Laufen, Hüpfen, dem Motiv „Lauf-Lauf-Hüpf" zu einer Tanzform festlegen.
So entstehen eigene Tänze, noch im Grobraster, die die Gesamtgruppe später übernehmen könnte. Auch wenn es sich im strengen Fachsinn nur um Grobformen handeln kann, da die Musik noch relativ unbekannt ist, viel häufiger in Ruhe, bewußt gehört werden sollte, biete ich dennoch diesen Weg als einen möglichen Einstieg an, auch als Vorbereitung auf Folkloretänze, die z.b. die rhythmische Verbindung von Laufen und Hüpfen in sich tragen.

*Beispiel 2: Erarbeitung der Möglichkeiten von Hand-/Armbewegungen als Gestaltungsmittel im Raum*

*I: Körperarbeit*
a) Einzeln, Stand: Vom Kopf bis zu den Zehen, nacheinander, zuerst kaum sichtbar, den Körper mit minimalen Bewegungen durchwandern, die bereits bewegten Bereiche weiterbewegen (möglichst Augen geschlossen) – die Bewegungen größer werden lassen – soviel Raum wie möglich um sich herum einnehmen, zum Boden gelangen, dort ebensoviel Raum einnehmen – den Körper in eine/mehrere „Lieblingsfarben tunken", Raum „ausmalen" – zurück in den Stand, Wände des eigenen Raumes „bemalen", z.B. mit der Hals-WS breite Streifen, der Nase Tupfer, dem Scheitel Striche, dem Knie Kreise... Augen öffnen, Raum betrachten.

*II:*
a) Zu zweit, Stand, Handhaltung voreinander: Eine bewegt sich aus eigener Kraft in die Hocke, verlagert ihr Gewicht nach hinten, entspannt ihren Lenden-WS-Bereich, auch Schultern, Armmuskulatur, läßt sich von der anderen halten, rollt dann Wirbel für Wirbel ihre WS zum Boden ab; den gleichen Weg zurück mit Hilfe der Partnerin; Punkt, kurz bevor Gewicht wieder auf Füße verlagert wird, in der Entspannung auskosten, aus eigener Kraft in den Stand.
b) Einzeln, Stand: in den Hochzehenstand, wieder zurück (Arme heben sich nur, um das Gleichgewicht zu sichern).
c) Ebenso, Hochzehenstand, der Schwerkraft folgend mit einigen Schritten Gewicht abfangen/auslaufen, so im Raum fortbewegen – wenn

sich die Wege zweier Frauen kreuzen, „erheben", abdrehen, auslaufen.
d) Musik: „Kaiserwalzer" (von Johann Strauß, Sohn) ausbewegen, Drehungen, Walzerschritte etc. der musikalischen Dynamik entsprechend kraftvoll, deftig oder leicht.
e) Mit der Vorstellung, jede sei Dirigentin eines großen/winzig kleinen Orchesters, die Musik dirigieren.

*III: Hände entdecken*
a) Einzeln, in Bankstellung am Boden: Gewicht auf alle vier Punkte, d.h. Hände/Knie gleichmäßig verteilen – vorsichtige Gewichtsverlagerung auf 1, 3, 2 Punkte, eine Seite, vor, rück... aber alle 4 Punkte bleiben im Kontakt mit dem Boden; wichtig: nicht belastete Körperteile sofort entspannen! – alle Körperbereiche sind beweglich in allen Richtungen/Ebenen, aber Bodenkontakte nicht lösen. – Kopf leitet Bewegung ein, über WS verlängern – eine Hand vom Boden lösen, damit „neugierig in die Welt schauen", Kopf/WS folgen der Hand, dem Arm.
b) Sich aus der Bank lösen, die Ebenen Hoch, Tief, Weit stärker miteinbeziehen; stets neue Wege suchen mit Handkanten, -rücken, Handwurzeln, Fingerspitzen; Bewegung der Hand über Ellbogen, Schulter... verlängern; dynamisch variieren. Nach erster Erprobungsphase zur Musik: „Satyricon" von Nino Rota, aus „Amacord".
c) Ebenso, Raumspektrum erweitern, vom Boden in Stand gelangen – in die Fortbewegung. Musik s.o.

*IV:*
Entspannen, Rückenlage: sich an alle Elemente der „Stunde" erinnern, gedanklich in (Bewegungs-)Verbindung bringen – diesen „Zusammenhang" austanzen zu bekannter Popmusik: „Twist In My Sobriety" von Tanita Tikaram, aus „Ancient Heart". Sich aus Hand-/Armführung einen eigenen Raum-Weg suchen, ihn einnehmen, mit sich füllen. Eine bekannte Musik, oft im „Hausgebrauch" vertanzt, läßt erweitertes Bewegungsrepertoire deutlicher spüren.

*V:*
Entspannung: zu zweit Arm- und Schulterbereich lockern.
Voraussetzung für diese Unterrichtseinheit ist die vorangegangene Beschäftigung mit der Grundform „Gehen", u.a. Rhythmisierung von Gehen.

*Erläuterungen*
„Wege sind schwer zu beschreiben, sie entstehen ja erst beim Gehen."
Bewegungen, die keiner Norm entsprechen müssen, keiner Bewertung

von gut und schlecht, schön und häßlich unterliegen, können schriftlich festgehalten nur eine grobe Vorstellung vermitteln, was sich und vor allem wie sich jede wirklich bewegen, tanzen wird. Vorteil oder Nachteil dieses Konzepts? Gewiß ist nur, daß es durch bloßes Lesen nur in Ansätzen zu begreifen ist und wohl kaum, ohne es selbst erfahren, sich darin bewegt zu haben, weitergegeben werden kann. Es wird sicher auch Mühe bereiten, sich ein Bild von der einen oder anderen Bewegungsaufgabe zu basteln. In ihrer Prozeßhaftigkeit fordert sie mehr die Neugier auf bislang Unerprobtes als das Üben eines bereits erfahrenen Bewegungsablaufs. Sich nicht zufriedengeben mit einer ersten Lösung, z.B. einer Handbewegung, sondern sich auf Entdeckungsreise begeben, sich der eigenen, vielseitigen Be-händigkeit bewußt werden, sich einen weiteren Zugang zu dem innewohnenden Wissen verschaffen, um in Folge über einen erweiterten Handlungs-Spiel-Raum verfügen zu können.

Doch auch klar Vorgegebenes in der Übung soll nicht „erledigt" werden, sondern individuell gefüllt, in Ruhe, mit gleicher Neugier auf den eigenen Körper. Übungen wie die zur Aufrichtung der Wirbelsäule, bewußte Bewegungen im Lenden-WS-Bereich (in Beispiel 1 und 2) zielen u.a. auf eine klare Haltung im Stand/in der Fortbewegung im Raum ab: Aufgerichtet kann ich mich eindeutiger orientieren; ich erleichtere damit auch meinen Fuß- und Kniegelenken die „anstrengende" Arbeit. Aber jede entdeckt *ihre* Wirbelsäule, *ihr* Gefühl für deren Aufrichtung: Auch wenn sich die Bewegungen nach außen hin gleichen, entstehen sie aus der individuellen Arbeit jeder einzelnen mit ihrem Körper. Würden alle Tanzenden nur eine gültige, *die* aufrechte Haltung übernehmen, einnehmen, kann sie nur wie eine Maske, ein Kleid übergestülpt werden, aber sie gehört nicht wirklich ihr. Sie wird nicht wirklich tanzen.

Ob in der vorbereitenden Körperarbeit oder in den Phasen der Weiterentwicklung von bestimmten Bewegungsformen und -elementen, im Gestaltungsprozeß: Der individuelle Bezug zur Bewegung, zum Tanzmotiv, zur Tanzgestaltung ist Ziel und Voraussetzung zugleich, denn ohne Mitwirkung jeder einzelnen, ihrer Bewegungsindividualität kann nichts entstehen. Erst sie schafft den Tanz.

*Das Feministische darin?*
Die Frage nach dem Frauenparteilichen, dem Feministischen darin, den Chancen für Mädchen[17] und Frauen, auch im Tanz sich ganz leben zu können, alle Qualitäten zu erfahren, das Korsett der Zwangseleganz zu sprengen, beantwortet sich m.E. teilweise aus den vorangegangenen Erläuterungen. Neben den methodischen Möglichkeiten wird sich aber

auch das Bewegungsverhalten der Kurs-/Übungsleiterin/Lehrerin selbst auf den frauenparteilichen Ansatz auswirken. Sie muß sich fragen, inwieweit ihr die gesellschaftlichen Werte/Bewertungen in bezug auf den Frauenkörper im Tanz einver-leibt sind, ob sie über die eigene Körper- und Tanzgeschichte reflektiert hat, ob sie ihr Bewegungs-, Tanzvermögen als Maßstab setzt oder ob sie mit ihrer Bewegung nur Impulse geben will. Mit anderen Worten: Vorbild sein wollen (wenn auch unbewußt) oder jeder den Schlüssel zu ihrer eigenen Bewegung reichen. Ich weiß aus eigener Erfahrung, daß es vielen Frauen ungewohnt ist, fast Unbehagen auslöst, das „technische Niveau" der Leiterin nicht ausmachen zu können, d.h. auch nicht präsentiert zu bekommen, was bis zu Zweifeln an deren Lehrqualifikation führen kann. Es verunsichert, sich nicht messen zu müssen am Vorbild der Leiterin oder anderen Teilnehmerinnen.

Die vielen Übungen/Aufgaben zu zweit oder in Kleingruppen könnten den Weg zu einem konkurrenzfreieren Miteinander bereiten. Sich gegenseitig beobachten, korrigieren und gleichzeitig nicht bewerten, Körperbewertungen nicht weiter transportieren. Weg von der gewohnten „Zentimetermaß-Ästhetik" und dem Blick auf die Fitness der Vortänzerin, die eigene Leistung wahrnehmen, anerkennen, genießen. Raum und Zeit für die Arbeit an den eigenen Qualitäten beanspruchen. Mögliche Kriterien bei der Betrachtung/Besprechung von Gestaltungsergebnissen können sein: logisch (im bereits erwähnten Sinn), spannend (im Sinn dynamischer Wellen und interessanter Bewegungsideen), technisch stimmig (im Sinn von muskel- und gelenkfreundlichen Belastungen, in bezug auf muskuläre Spannung und Entspannung), nur nicht schön als Gegenpol von häßlich, gut als dem Pendant zu schlecht.

Ich sehe in dieser Interpretation von Tanz eine Chance, die zwei, „Frau und Tanz", aus ihrer fatal einseitigen Beziehung zu (er-)lösen, sie mit all ihren Schwierigkeiten langsam aneinander zu gewöhnen. Frau soll gegen alle Klischees vom „Schweben", gegen die voyeurgerechte Existenz im Glashaus rebellieren und in ihrer prächtigen Allseitigkeit neugierig auf die Lebendigkeit im Tanz sein, sie sich nehmen!

### Anmerkungen

1 Wenn ich von „Frauen" spreche, denke ich an lesbische und heterosexuelle Mädchen und Frauen. Die spezifischen Lebensbedingungen von Mädchen benötigten jedoch eine differenziertere Betrachtungsweise ihres Bezugs zum Tanzen, als es mir der Rahmen dieses Artikels ermöglicht. Das gleiche gilt für die spezifischen Bedingungen der lesbischen Existenz von Mädchen und Frauen.

2 Der Rempeltanz „Pogo", aus der Mitte der siebziger Jahre, ähnelt den Rüpeltänzen des Mittelalters; ein Tanz der Punks zu Livemusik.
3 Vgl. Max von Boehn, *Der Tanz*, Berlin 1925, S. 95.
4 Ich beschränke mich auf den weißen, europäischen Kulturraum, weil ich mich auch in der Tanzarbeit auf Mädchen, Lesben, Frauen beziehe, deren Bewegungs- und Körpergeschichte von dieser Kultur geprägt wurde.
5 Boehn, a.a.O., S. 24.
6 Giovanni Caledoli, *Tanz*, Braunschweig 1986, S. 153.
7 Wenn die (Früh-)Romantik als die Zeit betrachtet wird, in der die Natur als Kunstwerk inszeniert und erfahren wurde (vgl. Claus Sommerhage, 1988, S. 9), könnte eine genauere Analyse des „romantischen" Naturbegriffs, verknüpft mit der Frage nach dessen Einfluß auf das Bild der Frau, deren zunehmende Spaltung in Äußeres und Inneres vielleicht differenzierter erklären.
8 Caledoli, a.a.O., S. 174.
9 Ebd., S. 185.
10 Mit dem Bezug auf den *Modern Dance* schließe ich Amerika in die Betrachtung westlich-weißer Tanzkultur mit ein.
11 Jazztanz (*Jazz Dance*): ein Tanzstil, der auf folkloristische Tänze der Afroamerikaner zurückgeht; er entwickelte sich in Amerika parallel zur Jazzmusik, wurde von den Weißen (Amerikanern) stark formalisiert und hat sich nicht nur in der nach Europa exportierten Fassung bis zur Unkenntlichkeit von den schwarzen Wurzeln entfernt.
12 Ich benutze den Begriff „Weiblichkeit" im Sinne der polaren Geschlechtsrollencharakterisierung (vgl. Birgit Palzkill, 1990, S. 51f.).
13 Vgl. Ursula Fritsch in: Bannmüller/Röttig, 1990, S. 109f.
14 Dies gilt auch für die Hinführung zu festgelegten Tanzformen, z.B. Folkloretänzen.
15 Vgl. Fritsch, a.a.O., S. 110.
16 Die Unterrichtseinheiten sind jeweils für eineinhalb Stunden geplant; Beispiel 1 ab III für einen längeren Zeitraum, auch über mehrere Folgen verteilbar.
17 Da ich meine Arbeit schwerpunktmäßig in die Erwachsenenbildung verlagert habe, nur sporadisch Mädchen im Unterricht erlebe, sind auch die Stundenbilder zunächst für Erwachsene gedacht, mit ihnen entstanden. Doch wenn auch mancher Aufgabenkomplex formal der Erlebnis- und Vorstellungswelt von Mädchen nicht entspricht, halte ich generell dieses Tanzkonzept mit seiner oft spielerischen Herangehensweise für ideal, schon früh Mädchen ihre eigenen Bewegungen zu „zeigen", d.h. entdecken zu lassen.

Doris Schmidt und Regine Ulmer

## Vierzehn Tage und fünfzehn Nächte

### 36 Frauen und 72 Skier

Der Frauenskikurs, von dem hier die Rede ist, ist Teil des Schwerpunkts Frauenkurse im Rahmen des Hochschulsports an der Technischen Universität Berlin. Mittlerweile hat dieser Skikurs zum siebtenmal stattgefunden und ist damit so alt wie der Schwerpunkt selbst. Dieser wurde im Wintersemester 1984/85 eingerichtet und umfaßte damals 10 Sportarten mit 14 Kursen. Heute reichen die Angebote von Aikido, Basketball, Bauchtanz, Bewegungs- und Spieletreff, Fußball über Gymnastik, Kraft- und Fitnesstraining, Massage, Modern Dance, Wildwasserpaddeln bis hin zu Schwimmen, Selbstverteidigung, Volleyball, Kundalini-Yoga, Waldlauf und eben Skifahren. An den insgesamt 46 Kursen nehmen pro Semester bis zu 700 Frauen teil. Damit sind die Frauenkurse ein nicht mehr wegzudenkender Bestandteil des TU-Hochschulsports. Die Intention bei ihrer Einführung und ihrer Zusammenfassung zu einem eigenständigen Schwerpunkt war, einen Bewegungs- und Begegnungsraum für Frauen zu schaffen, der Lust machen soll

- auf Bewegung, auf das Ausprobieren von und Spielen mit den verschiedenen Bewegungsmöglichkeiten und Sportarten,
- auf Anstrengung und Entspannung,
- auf das Angucken und Überschreiten selbst- und fremdbestimmter Bewegungs- und Handlungsgrenzen: Heißt z.B. die so schnell hingeworfene Äußerung „das kann ich (ja doch) nicht" wirklich immer „ich kann nicht" – und wenn ja, warum, oder verbirgt sich dahinter nicht so manchesmal eher ein „ich will nicht", „ich darf nicht", „das trau' ich mir nicht zu"?
- auf das Entdecken und Entwickeln der eigenen Bedürfnisse, Vorstellungen und Maßstäbe – quer zu einem gesellschaftlichen Frauenbild, das Heterosexualität selbstverständlich zugrunde legt, das Frauen mal mehr, mal weniger und mit wechselnden Idealvorstellungen u.a. an ihrem Körperbau und ihrer Attraktivität für Männer mißt.

Die Frauenkurse sollen *ein* Beitrag sein, damit selbstverständlich wird, was selbstverständlich sein sollte: daß Frauen im Sport und im Alltag selbstbestimmt über ihren Raum verfügen (können) – sei es unter Frauen und/oder mit Männern – und daß sie eine Wahlmöglichkeit haben, mit wem und wie sie sich bewegen und Sport treiben wollen.

Der Skikurs gehört zusammen mit dem sportarten- und bewegungsrichtungenübergreifenden Angebot Frauen-Sport zum Herzstück des Schwerpunkts. Beide beinhalten spezifische Möglichkeiten, die sie von den anderen Kursen unterscheiden. Im Frauen-Sport ist es u.a. die Vielfältigkeit des Bewegungsangebots[1]; Ski zu fahren, es zu lernen und zu verbessern, ist mit einer Urlaubsreise verbunden. Das heißt, über den Bewegungsinhalt Skifahren hinaus haben Frauen hier die Möglichkeit, vierzehn Tage lang gemeinsam zu leben, sich aufeinander zu beziehen und die Tage und Nächte nach ihren Bedürfnissen und Interessen zu gestalten. Dazu gehören u.a. gemeinsames Kochen, gemeinsames Essen, Feste, Spiele, Diskussionen über Göttin und die Welt, Streiten und Lachen. Die zwei Wochen sind für die Frauen ein selbstverständlicher, eigener, von ihnen zu füllender Raum des Austauschs, ohne sich an eigens dafür geschaffene Frauenorte wie Frauenzentrum, Frauenkneipe und -café, Frauenkulturhaus, Frauenbuchladen oder ähnliches begeben zu müssen. Sie haben die Möglichkeit, allein und miteinander ein Stück Utopie zu leben oder überhaupt die Erfahrung eines Frauenzusammenhangs zu machen.

*Zu den Rahmenbedingungen*
Als Teil des TU-Hochschulsportangebots wird die Skireise sowohl im allgemeinen Programmheft (Auflage z.Z. 20 000 Exemplare) als auch im speziellen Skikursprogramm angekündigt, wodurch sie nebst der Mund-zu-Mund-Propaganda einen großen Bekanntheitsgrad hat. Priorität haben Studentinnen und Beschäftigte der Berliner Hochschulen, die außer sich selbst noch eine „Begleitfrau" anmelden können, die nichts mit einer Hochschule zu tun haben muß. Der Preis für die Reise liegt zwischen 700 und 750 DM, je nachdem ob die Frau einer Hochschule angehört oder nicht. Im Preis enthalten sind Bus-An- und -Abreise, Unterkunft, Verpflegung, der Skiunterricht, eine Gruppenreiseversicherung und eine Umweltabgabe in Höhe von 25 DM, die einer vor Ort aktiven Umweltgruppe zur Unterstützung ihrer Aktivitäten gegeben wird. Die Kosten für den Skipaß belaufen sich auf ca. 260 DM für zwölf Tage. Teilnehmen können bis zu 32 Frauen, angeleitet wird die Reise von vier Frauen. In den letzten Jahren haben wir in einem sehr schönen, ganz aus Holz bestehenden Ferienheim gewohnt, das mit vielen Einzel-, Doppel- und einigen Dreibettzimmern, einer geräumigen Küche, einem großen Eß- und Aufenthaltsraum und einem kleineren Wohnzimmer sehr gute Voraussetzungen sowohl für Groß- und Kleingruppenaktivitäten als auch für Rückzugsmöglichkeiten bietet.

Grundlage für den alpinen Skiunterricht – Langlauf wird nur am ersten Tag für die Anfängerinnen angeboten – bilden vier Skikursgruppen mit unterschiedlichem Erfahrungs- und Könnenstand: eine Anfängerinnengruppe mit Frauen, die noch nie Ski gefahren sind; eine fortgeschrittene Anfängerinnengruppe mit Frauen, die einen leichten Hang ohne ständigen Schnee-Sturz-Kontakt bewältigen können; eine Fortgeschrittenengruppe mit Frauen, die mit mittelschwerem Gelände vertraut sind und zwei verschiedene Schwungtechniken fahren können (was nicht perfekt sein muß!), und eine zweite Fortgeschrittenengruppe, in der sich alle Frauen versammeln, die mindestens vier Winter Skipraxis und mehrere Skikurse mitgemacht haben, oder anders ausgedrückt: die Erfahrungen mit schwerem Gelände, mit unterschiedlichen Schneearten, mit dem Fahren nahe der Fallinie und bei schnellerem Tempo mitbringen.

Ausgangspunkt für die Bildung der Skikursgruppen ist die vorherige Selbsteinschätzung jeder einzelnen, wobei am Ort während der ersten zwei Skitage in Absprache mit Teilnehmerinnen und Skilehrerinnen noch Gruppenwechsel möglich sind. In der Praxis wird davon allerdings nur selten Gebrauch gemacht, weil sich die Frauen meistens richtig einschätzen – eine Erfahrung, die im Kontrast zur alltäglichen Realität und zu gemischtgeschlechtlichen Skikursen steht, in denen Frauen ihre Fähigkeiten häufig unterschätzen. Damit sich die Frauen aus unterschiedlichen Kursgruppen auch beim Skifahren gegenseitig kennenlernen und erleben, bieten wir auch immer Möglichkeiten für ein gruppenübergreifendes Skifahren an.

Der Skiunterricht bzw. das Skifahren stehen als Bewegungsaktivität im Mittelpunkt. Im Laufe der Jahre sind wir aber dazu übergegangen, über die drei skikursfreien Tage hinaus auch an den Unterrichtstagen von vornherein mehr Zeit für andere Wintersportaktivitäten wie Spazierengehen, Langlauf, Schlittenfahren, Eislaufen, Sauna u.ä. freizuhalten, indem der Skiunterricht zum Teil nur halbtags stattfindet. Zum einen verändert sich unser Verständnis von der Skireise dahingehend, daß wir sie eher als eine Wintersportreise gestalten wollen. Zum anderen haben wir die Erfahrung gemacht, daß die Teilnehmerinnen neben dem Unterricht auch mehr Zeit und Raum für sich haben wollen, was sich bei einem durchlaufend ganztägigen Skiunterricht doch ziemlich reduziert.

*Unser Selbstverständnis als Anleiterinnen*
Der institutionelle Rahmen gibt die Regelung vor, daß eine der vier Skilehrerinnen zugleich die Funktion der Kursleiterin hat und als solche gegenüber der Zentraleinrichtung Hochschulsport die verantwortliche Ansprechpartnerin für organisatorische und finanzielle Belange ist. Diese Verantwortlichkeit soll die Kursleiterin auch innerhalb der Gruppe und gegenüber den anderen Skilehrerinnen wahrnehmen. Das heißt,

die Funktionseinteilung in Kursleiterin und sog. Übungsleiterinnen ist zunächst einmal hierarchisch. Ob und wie sie in der tatsächlichen Arbeit wirksam wird oder nicht, hängt u.a. von dem Selbstverständnis und den Erfahrungen jeder einzelnen, von der Zusammensetzung und dem Miteinander-Umgehen des Teams ab, als das wir uns jenseits dieser Einteilung verstehen.

Der zentrale Schwerpunkt unserer Arbeit vor Ort liegt im Unterrichten. Damit sind neben der Vorbereitung bei Bedarf Besprechungen mit unseren jeweiligen Skikursgruppen verbunden, in denen wir uns über ihre Wünsche und Bedürfnisse, Unsicherheiten und Ängste und über unsere Vorstellungen der inhaltlichen Gestaltung des Unterrichts austauschen. Wenn wir neben dem vielen organisatorischen „Kleinkram" und unseren Teambesprechungen noch Zeit, Energie und Lust haben, bieten wir – vorausgesetzt, die Teilnehmerinnen wollen dies – außerhalb des Skifahrens z.B. Massage, Akrobatik, Standard-/Lateinamerikanische Tänze und Rock'n'Roll an. Die Verantwortung für diese und ähnliche Aktivitäten liegt aber vor allem bei den Teilnehmerinnen, weil wir uns nicht als Animateurinnen verstehen, die rund um die Uhr ein Unterhaltungsprogramm anbieten, das nur noch konsumiert zu werden braucht. Wir sehen unsere Aufgabe eher darin, Anregungen zu geben und gerade zu Anfang auch gemeinsame Gruppenaktivitäten zu initiieren.

Was wir regelmäßig vorbereiten und durchführen, ist ein Informations- und Diskussionsabend zur Umweltthematik, die beim Skifahren immer brisanter wird. Hier geht es vor allem darum, Informationen über die Auswirkungen des Skilaufens als Massentourismus zu vermitteln sowie mögliche Konsequenzen mit all ihren Widersprüchlichkeiten zu diskutieren.

*Die Skireise – ein Frauenraum*
Diesen Raum mit den jeweils eigenen Wünschen und Bedürfnissen, Fragen und Unklarheiten zu füllen und zu fühlen, ist für alle Beteiligten, Teilnehmerinnen wie Lehrerinnen, immer wieder eine Herausforderung, bewußt und unbewußt: genau zu gucken, was die einzelne einbringen will und kann, was sie von sich und den anderen erwartet und erhofft, wie sie in ihrem Alltag lebt, welchen Stellenwert Frauen für sie haben. Denn mit 32 Frauen, die am Kurs teilnehmen, und vier Skilehrerinnen treffen ganz verschiedene Lebensentwürfe, ganz verschiedene Arbeits- und Lebenszusammenhange sowie Erfahrungen aufeinander: lesbische und heterosexuelle Frauen, Studentinnen und Berufstätige, Jüngere und Ältere, Frauen mit und ohne Kinder...

Für viele Teilnehmerinnen sind Frauenzusammenhänge und -räume etwas Selbstverständliches. Sie nehmen an der Skireise teil, *weil* sie für Frauen ist und sie ihre Urlaubszeit bewußt mit Frauen verbringen und teilen wollen. Dies gilt für lesbische und heterosexuelle Frauen gleichermaßen. Denn entscheidend für die Selbstverständlichkeit ist u.a., wie alltäglich Frauenräume für die einzelne sind. Andere Teilnehmerinnen machen zum erstenmal sowohl die Erfahrung eines Sport-/Bewegungsangebots von und für Frauen als auch die einer Frauenreise – aus Neugier; um mal zu erleben, ob und was unter Frauen anders ist; aus dem Bedürfnis heraus, andere Frauen und ihre Lebensentwürfe kennenzulernen, eigene Fragen mit ihnen zu teilen und zu lösen. Damit kann u.a. verbunden sein, erstmals die Existenz lesbischer Frauen bewußt wahrzunehmen, sie unmittelbar in ihrer ganzen Unterschiedlichkeit zu erleben. Dies ist für die einen zunächst befremdend oder verwirrend, für andere hat es etwas Befreiendes. Dies führt natürlich manchmal zu Konflikten. Denn die gesellschaftlichen Normen für und Abwertungen von Frauen allgemein und lesbischen Frauen im besonderen machen auch vor Frauenzusammenhängen nicht halt, sondern sind – in Form von Verletzbarkeiten, Verletzungen, Unverständnis – präsent und wirksam. Gleichzeitig aber ist mit der Reise auch ein Zeitraum für genaueres gegenseitiges Kennenlernen und Hingucken gegeben.

Daß und wie das Geschlechterverhältnis den Blick auf die eigenen Maßstäbe und ihr Ausfüllen verschütten kann, möchten wir am Beispiel der Skikursgruppe F 2 veranschaulichen. Zunächst zu unserem Erstaunen und auch mit einer gewissen Ratlosigkeit haben wir die Erfahrung gemacht, daß es in dieser Skikursgruppe nach spätestens zwei Tagen häufig erst einmal mehr oder weniger heftige Konflikte zwischen den Teilnehmerinnen (und z.T. auch mit der Skilehrerin) über den Unterricht und das Fahren gab. Auseinandersetzungspunkte waren u.a. die unterschiedliche Bereitschaft, sich auf angeleitetes Fahren und Korrekturen einzulassen, vertraute, eingefahrene Muster des Skifahrens zu verlassen und Neues auszuprobieren, sich auf Fahren und Lernen in einer Gruppe einzustellen, was beinhaltet, mit jeweils unterschiedlichen Fähigkeiten, Unsicherheiten, Ängsten, Vorlieben und Abneigungen umzugehen. Den einen ging es zu langsam, den anderen zu schnell. Die einen spürten einen Leistungs-, die anderen einen sozialen Druck. Erstaunt waren wir über diese Konflikte deshalb, weil wir diese Erfahrung in F 2- Gruppen auf gemischtgeschlechtlichen Skireisen nicht gemacht hatten. Schließlich wurde uns deutlich, warum nicht. So lange Leistung, Können und das damit verbundene Selbstverständnis hauptsächlich von Männern verkörpert werden, führt dies in gemischtgeschlechtlichen Zusammenhängen dazu, daß Frauen sich an den damit gesetzten Maßstäben orientieren – anstatt sich von der Bezugsgröße Mann zu lösen und die Begriffe nach eigenen Vorstellungen und Gutdünken zu füllen.

## Skifahren mit feministischem Schwung?!

Die Komplexität und Intensität des Austauschs, der während der vierzehn Tage des Zusammenseins unter den Teilnehmerinnen und zwischen ihnen und den Skilehrerinnen entsteht, wirkten selbstverständlich im Skiunterricht fort. Skifahren und Unterricht sind auch am Abend noch Thema von Gesprächen, wie umgekehrt Stimmungen und Erlebnisse außerhalb des Skifahrens sich auf der Piste fortsetzen und auswirken. Von daher sind die im folgenden dargestellten Elemente des Skiunterrichts und gemeinsamen Skilaufens lediglich ein Ausschnitt unserer Arbeit und unserer Erfahrungen. Wie ein Skikurs insgesamt verläuft, ist in hohem Maß von der Teilnehmerinnenzusammensetzung, den Skilehrerinnen und äußeren Bedingungen wie Schneemangel, Wetter etc. abhängig.

Unser wichtigstes Anliegen, das wir mit dem Skiunterricht in allen Skigruppen verbinden, ist, den Frauen eine Idee davon zu vermitteln, was es bedeuten kann, Ski zu laufen: Lust am spielerischen Fortbewegen auf Skiern, der Genuß des Schwingens, die Aufregung über das Tempo, das Kribbeln in herausfordernden Situationen und Hängen, der Spaß am Springen über Schanzen, die Ruhe genüßlichen Gleitens und die Faszination, in die Welt oberhalb und unterhalb der Baumgrenze, in den Schnee und das Gelände einzutauchen.

Den dafür notwendigen Raum zu schaffen, erfordert ein so weit wie möglich angstfreies Lernen und eine Atmosphäre, die Lust macht, den inneren und äußeren Begrenzungen mutig zu begegnen. Wir wollen die Frauen zu einem spielerischen Umgang mit dem „Gerät" Ski, dem Gelände, mit der Situation und ihren eigenen Voraussetzungen anleiten. Dazu vermitteln wir verschiedene Schwungtechniken und bieten ganz unterschiedliche Bewegungsaufgaben und -spiele an, die nur bedingt an skitechnisches Können gebunden sind.

Für die Vermittlung von Schwungtechniken wenden wir in allen Gruppen, v.a. aber in den Anfängerinnengruppen die an der TU Berlin entwickelten Lehr-/Lernprogramme an.[2] Sie ermöglichen nicht nur ein individuelles Lerntempo, sondern geben Einblick in die Strukturelemente der jeweiligen Schwungtechniken. Trotz der immer wieder gerade im Frauenskikurs vorgetragenen Bedenken gegen die analytische, sezierende und „leblose" Vorgehensweise haben wir insgesamt gute Erfahrungen mit den Programmen gemacht. Entsprechend den Bedürfnissen der jeweiligen Gruppe gestalten wir die Durchführung jedoch flexibel und setzen sie auch unterschiedlich intensiv ein. Das Lernen der

Schwungtechniken erfolgt fast ausschließlich in den einzelnen Skigruppen. Durch die Kontinuität und die mehr oder weniger nach Fahrkönnen bestimmte Zusammensetzung bieten sie einen geeigneten Rahmen, Lehr-/Lernschritte und -abschnitte einerseits gemeinsam zu vollziehen und andererseits die konkreten Vorgehensweisen und Hilfen individuell zu gestalten.

Einen weiteren wichtigen Schwerpunkt bilden Bewegungsaufgaben und spielerische Formen aller Art, die wir sowohl innerhalb der Skigruppen als auch in gemischten Kleingruppen fahren. Sie sollen bewußt die Konzentration von den konkreten Techniken weg auf die ganzheitliche Wahrnehmung des Körpers lenken, um ein Gefühl und Bewußtsein für Ski, Gelände, Schneebeschaffenheit, eigene Stimmungen, Unsicherheiten, Vorlieben und Abneigungen zu bekommen.

Die Aufgaben bestehen u.a. in Stimmungs- und Bewegungsgegensätzen wie rhythmisch/arhythmisch, kraftvoll/kraftlos, lustvoll/lustlos, zurückhaltend/aggressiv, raumgreifend/raumsparend, verkrampft/entspannt, traurig/fröhlich, neblig/sonnig. Sie sprechen unterschiedliche Körper- und Bewegungsbilder an, die sowohl individuelle als auch gesellschaftliche Hintergründe haben.

Bei der Aufgabe z.B., *elegant/plump* zu fahren, stellte sich heraus, daß fast alle Frauen unter „ästhetischen Gesichtspunkten" mehr oder weniger deutlich in ihrem fahrerischen Können und Stil ein elegantes Skifahren erreichen wollten. Darüber entstanden Fragen wie:
- Wann bezeichnen wir ein Skifahren als *elegant?* Welche Maßstäbe legen wir dabei zugrunde?
- Will wirklich jede *elegant* fahren?
- Wie füllt jede Frau *elegantes* Skifahren für sich aus?
- Wie fühlt sich das in ihrem Körper an?
- Ist es überhaupt erstrebenswert und sinnvoll, in jedem Gelände, in jeder Stimmung etc. *elegant* fahren zu wollen?

Einigen wurde bewußt, daß sie gar nicht immer *elegant = schön* fahren wollen, wenn sie z.B. schlechte Laune haben, müde sind oder mit Schnee und Gelände nicht zurechtkommen. Trotzdem setzten sie sich damit unter Druck, um sich vor sich selbst und anderen keine Blöße zu geben. Andere empfanden es wiederum als Erleichterung, endlich einmal plump fahren zu *dürfen,* weil dann die damit verbundene Unbeholfenheit kein Makel ist.

Mühelos und die „typisch weiblichen" Bewegungsmerkmale z.T. genau karikierend fahren viele Frauen die Aufgabe *damenhaft.* Völlig anders sind die Erfahrungen mit der Aufgabe, *aggressiv* zu fahren. Hier weigerte sich eine Gruppe zunächst geschlossen, dies auch nur auszuprobieren. Als die Frauen es dann doch versuchten, spürten sie z.B., daß sie ansatzweise kraftvoller, dynamischer und kürzere Schwungradien fuhren, die Kanten stärker einsetzten, mehr in die Vorlage gingen u.ä.m. Im anschließenden Gespräch wurde klar, daß sie den Versuch zuerst abgelehnt hatten, weil sie mit *aggressiv* vor allem die bei Männern erlebte und zum Teil gegen sie gerichtete Aggressivität assoziiert hatten. Mit Aggressivität verbanden sie etwas Zerstörendes und konnten darüber hinaus auf keine klaren eigenen Bilder und Vorstellungen zurückgreifen. Diese zu entwickeln und in Bewegung umzusetzen, bedeutete gleichzeitig eine Loslösung von männlich besetztem Terrain. Durchaus ähnliche Prozesse finden sich bei den Aufgabenstellungen, bewußt *mutig* und *offensiv* zu fahren.

Bei den Bewegungsaufgaben geht es also auch darum, die mit dem Skifahren verknüpften Vorstellungen bewußt zu machen. Denn sie wirken als Ziele und Wünsche ebenso motivierend wie einschränkend. Einschränkend insofern, als andere Möglichkeiten und Erfahrungen von Skilaufen an den Rand gedrängt oder ausgeschlossen werden. Einengend auch dadurch, daß die Zielvorstellungen etwas Starres haben können und unabhängig von der jeweiligen Situation, der jeweiligen Stimmung und den unterschiedlichsten persönlichen Ausdrucksformen einfach beibehalten werden.

Ein weiteres Element, mit dem eigenen Bewegungsausdruck und Fahrstil zu spielen, ist das Spiegelfahren in verschiedenen Organisationsformen. Die Aufgabe beim Spiegelfahren besteht darin, die Bewegungen einer anderen Frau, deren charakteristische Haltung, Dynamik etc. genau zu beobachten, sie in den eigenen Körper aufzunehmen und in der „eigenen" Bewegung umzusetzen. Dies kann geschehen, indem direkt hinter der anderen hergefahren wird, ist aber auch zeitlich versetzt am selben Hang möglich. Letztere Variante bietet der Vorausfahrenden die Gelegenheit, „in den Spiegel zu blicken" und durch die Beobachtung der Nachfolgenden eine Rückmeldung über ihr Fahren zu erhalten. Das Prinzip, die Bewegung der anderen aufzunehmen und umzusetzen, verschafft nicht nur die Erfahrung neuer Bewegungsmuster, mittels derer das eigene Bewegungsrepertoire erweitert werden kann. Spiegelfahren vermittelt auch eine spürbare Vorstellung von der Unterschiedlichkeit, mit der sich die einzelnen Frauen auf Skiern bewegen. Es ist zugleich durch das genaue Beobachten eine relativ intensive Art des Austauschs miteinander. Erfahrungsgemäß müssen sich die Frauen bereits ein paar Tage kennen, um wirklich „spiegeln" zu können.

Dies Vorgehen eignet sich auch, bestimmte Bewegungs- und Schwungtechniken oder die Schwungaussteuerung zu verbessern. Voraussetzung hierfür ist allerdings, daß die Spiegelpaare unter dem jeweils zur Diskussion stehenden Aspekt (Rück-, Vorlage, Armarbeit und Stockeinsatz, Rhythmus, Dynamik etc.) auch zusammen passen – als Gegensätze oder Verstärkungen. Je nach Interessenlage und Schwerpunktsetzung der Skilehrerin und der Gruppe lassen sich die Aufgaben, mittels derer sowohl an der Technik wie auch am individuellen Bewegungs- und Ausdrucksrepertoire gearbeitet werden kann, auf das Fahren bestimmter Farben, Tiere, Töne oder auch der verschiedenen Naturelemente (Feuer, Erde, Wasser, Luft) ausdehnen.

Eine weitere Möglichkeit, in anderer Zusammensetzung als der der Skigruppen zu fahren, sind die sogenannten „Kombi-Abfahrten", bei denen jeweils eine Fortgeschrittene eine Anfängerin bei der Abfahrt betreut. Auch hier treten ski- und bewegungstechnische Lernziele eher in den Hintergrund. Denn entscheidend ist, daß die Fortgeschrittenen die Anfängerinnen wohlbehalten nach unten bringen. Gerade in solchen Situationen begreifen viele die Bewegungszusammenhänge und -strukturen noch einmal neu und anders: die Fortgeschrittenen dadurch, daß sie gezwungen sind, vorzufahren und zu erklären; die Anfängerinnen dadurch, daß sie neue Erklärungsmuster, neue Worte und Bilder von der Bewegung kennenlernen.

Ein Erleben der Gesamtgruppe sind die Fallübungen, die an einem Hang gemeinsam durchgeführt werden. Sie sind geeignet, nicht nur das Fallen an sich, sondern auch das Fallen vor anderen als etwas zu erfahren, das nicht nur Versagen sein muß, sondern auch Spaß machen kann. Hinzu kommen noch der Personenslalom, das Springen und Fliegen über kleine Schanzen sowie das Fahren mit Bettlaken. Sehr beliebt sind bei den Teilnehmerinnen das Synchron- und Formationsfahren in skigruppengemischter Zusammensetzung. Der über diese verschiedenen Ansätze vermittelte Spaß an der Bewegung führt nicht selten dazu, daß die Frauen auch von sich aus den Mut und die Lust auf Eigenkreationen von Schwungformen, von unsinnigen oder einfach nur lustigen Bewegungen auf Skiern entwickeln.

Skilaufen hat vielfältige Dimensionen. Ein Aspekt, der zunehmend an Bedeutung zu gewinnen scheint, ist das bewußte Erleben der Umgebung – der Berge, der Luft, des Wetters. Das Bedürfnis, sich dafür Zeit zu nehmen, aus dem Trubel von Liften und Abfahrten herauszutreten, um einen eigenen Zugang zur Umgebung zu finden und sie genießen zu können, wird zunehmend stärker. Es ist zugleich ein Bedürfnis, die Berge nicht nur als notwendige Hanglage für das „Vergnügen Ski" zu begreifen, sondern sie in ihrer Faszination zu erleben und zu spüren, daß sie sich selbst gehören und uns für unser Vergnügen ihre Rücken und Bäuche anbieten.

## ANMERKUNGEN

1 Vgl. Susanne Bischoff/Heike Winke, „Frauen im Hochschulsport", in: Binnewies/Thieme (Red.), *Freizeit- und Breitensport '85*, Ahrensburg 1986.

2 Diese Programme bauen auf dem Modell der programmierten Instruktion auf. Über die Lehr-/Lernprinzipien hinaus unterscheidet sich dieser Ansatz in einem wichtigen Punkt von der Methode der Skiverbände: Der Einstieg erfolgt über den Langlauf direkt zum Parallel-Umsteigen, ohne den „Umweg" "über den Grundschwung zu nehmen. Zu den Lehr-/Lernprogrammen vgl. Reinhard Daugs u.a. (Hg.), „Zur Konzeption der Skikurse im Rahmen des Hochschulsportmodells der TU Berlin", in: *ADH Schriftenreihe Nr. 11*, 1975.

# LITERATUR

ABRAHAM, Anke, *Identitätsprobleme in der Rhythmischen Sportgymnastik*, Schorndorf 1986.
ADAMS-LEHMANN, Hope B., *Das Frauenbuch*, Stuttgart o.J.
ANDERS, Georg, „Ausmaß und Bedingungen der ehrenamtlichen Tätigkeit von Frauen im Sport", in: Deutscher Sportbund (Hg.), *Perspektiven für den Sport von Frauen*, Frankfurt 1985.
ARGELANDER, Hermann, *Der Flieger. Eine charakteranalytische Fallstudie*, Frankfurt a.M. 1972.
ARMSTRONG, Louise, *Kiss Daddy Goodnight*, Frankfurt a.M. 1985.
BAISCH, Amalie, *Junge Mädchen bei Spiel und Sport*, Berlin 1898.
BALINT, Michael, *Angstlust und Regression. Beitrag zur psychoanalytischen Typenlehre*, Stuttgart 1959.
BASS, Ellen/Davis, Linda, *Trotz allem. Wege zur Selbstheilung für sexuell mißbrauchte Frauen*, Berlin 1990.
BAUER, Bernhard A., *Wie bist du, Weib? Betrachtungen über Körper, Seele, Sexualleben und Erotik des Weibes*, 39. Aufl., Wien/Leipzig/München 1925.
BAUR, Jürgen, „Die sportiven Praxen von Jungen und Mädchen: Ausgleichung der Geschlechter?", in: Kultusministerium NRW (Hg.), *Sport in der Alltagswelt von Jugendlichen*, Frechen 1990.
BAURMANN, Michael, *Sexualität, Gewalt und die Folgen für die Opfer*, 4. Aufl., Wiesbaden 1985.
BECKER, Peter, „Fußballfans. Vormoderne Reservate zum Erwerb und zur Verteidigung männlicher Macht und Ehre", in: Völger, Gisela/Welck, Karin (Hg.), *Männerbande – Männerbünde. Zur Rolle des Mannes im Kulturvergleich*, Bd. 2, Köln 1990.
ders., „Hokipabeach liegt auf dem Asphalt", in: *Olympische Jugend* 4/91.
BECKER-SCHMIDT, Regina, „Probleme einer feministischen Theorie und Empirie in den Sozialwissenschaften", in: *Feministische Studien*, 2/85.
BENDER/Brink/Frasch u.a., *Mädchen*, Bad Boll 1987.
BENDKOWSKI, Halina/Rotalsky, Irene (Hg.), *Die alltägliche Wut. Gewalt, Pornographie, Feminismus*, Berlin 1987.
BERGER, Paul, „Sportärztliche Beobachtungen an jugendlichen Leichtathletinnen", in: *Start und Ziel*, 2/1926.
BERGMANN, Anna A., „Von der ‚Unbefleckten Empfängnis' zur ‚Ra-

tionalisierung des Geschlechtslebens"', in: Geyer-Kordesch, Johanna/ Kuhn, Anette (Hg.), *Frauenkörper, Medizin, Sexualität*, Düsseldorf 1986.

BERGMANN, Hede, „Aus der Praxis einer Sportärztin", in: *Frauen-Turn- und Sporttagung zu Berlin*, Berlin 1929.

BERNETT, Hajo, *Leichtathletik im geschichtlichen Wandel*, Schorndorf 1987.

BESEMS, Thijs/van Vugt, Gerry, *Wo Worte nicht reichen. Therapie mit Inzestbetroffenen*, München 1990.

BEYER, Johanna, „Menstruation", in: Beyer, Johanna/Lamott, Franziska/Meyer, Birgit (Hg.), *Frauenhandlexikon*, München 1983.

BILDEN, Helga, „Geschlechtsspezifische Sozialisation", in: Hurrelmann, K./Ulich, D. (Hg.), *Handbuch der Sozialisationsforschung*, Weinheim/ Basel 1980.

BISCHOFF, Susanne/Schmidt, Doris, „Von der patriarchalen Last zur feministischen Lust. Selbstverständnis, Ziele, Inhalte und Wege von Frauensportpraxis und -theorie", in: Buschmann, Mechtild/Kröner, Sabine (Hg.), *Frauen in Bewegung*, Ahrensburg 1988.

BISCHOFF, Susanne/Ulmer, Regine, „Workshop Sport und Alltag", in: Schmidt, Doris/Thieme, Birgit (Red.), *Mädchen und Frauen im Freizeit- und Breitensport*, Ahrensburg 1990.

BISCHOFF, Susanne/Winke, Heide, „Frauen im Hochschulsport", in: Binneweis, Harald/Thieme, Birgit (Red.), *Freizeit- und Breitensport '85*, Ahrensburg 1986.

BITTORF, Wilhelm, „Jede Faser winselt um Gnade", in: *Spiegel* Nr. 22, 39. Jg., 27.5.1989.

BLUEMCKE, Adolf, *Die Körperschule der deutschen Frau im Wandel der Zeit*, Dresden 1928.

BOCK, Ulla/Brehm, Walter, „Frauensport. Freude durch Kraft", in: *Psychologie heute*, 9/81.

BOEHN, Max von, *Der Tanz*, Berlin 1925.

BORDO, Susan R., „The Body and the Reproduction of Feminity: A Feminist Appropriation of Foucault", in: Jaggar, Alison/ Bordo, Susan (Hg.), *Gender/Body/Knowledge. Feminist Reconstructions of Being and Knowing*, New Brunswick/London 1989.

BOUCHERIN, Barbara/Leuba, Jean-Claude, „Syrta und Markus in der Welt des Kunstturnens", in: *Magglingen*, Fachzeitschrift der Eidgenössischen Turn- und Sportschule Magglingen, 1/84.

BRAUCKMANN, Jutta, *Die vergessene Wirklichkeit. Männer und Frauen im weiblichen Leben*, Münster 1984.

BUNDESINSTITUT FÜR SPORTWISSENSCHAFT (Hg.), *Zu schlank für schnelle Läufe?*, Köln 1990.

BUNDESMINISTER DES INNEREN (Hg.), *Siebter Sportbericht der Bundesregierung*, Bonn 1991.
CALENDOLI, Giovanni, *Tanz*, Braunschweig 1986.
CASPER, Hildegard, „Sporttraining und Geburtsverlauf", in: *Deutsche medizinische Wochenschrift 54*, 1928.
CHODOROW, Nancy, *Das Erbe der Mütter. Psychoanalyse und Soziologie der Geschlechter*, München 1985.
CRAMON-DAIBER, Birgit, „Ablösungskonflikte zwischen Töchtern und Müttern", in: Gravenhorst, Lerke, u.a., *Lebensort Familie. Alltag und Biographie von Mädchen*, Opladen 1984.
DANICA, Ellen, *Nicht!*, München 1989.
DEUTSCHER SPORTBUND (Hg.), *Jahrbuch des Sports 1990*, Niedernhausen 1990.
ders., *Bestandserhebung 1987*, Frankfurt a.M.. 1987.
ders., *Bestandserhebung 1989*, Frankfurt a.M. 1989.
DIRKS, Liane, *Die liebe Angst*, Hamburg 1986.
DOHM, Hedwig, *Die Antifeministen*, Berlin 1902.
DÜNTZER, Emilie/Hellendall, Martha, „Einwirkungen der Leibesübungen auf weibliche Konstitution, Geburt und Menstruation", in: *Münchner medizinische Wochenschrift* 71/1929.
EBERHARD, E.F.W., „Über die Beständigkeit anthropologischer Geschlechtsunterschiede", in: ders. (Hg.), *Geschlechtscharakter und Volkskraft*, 2. Aufl., Darmstadt/Leipzig 1929.
EHRENREICH, Barbara/ English, Deidre, *For Her Own Good. 150 Years of Experts Advice to Women*, New York 1979.
EICHBERG, Henning, „Körperlichkeit, Identität und Entfremdung. Überlegungen zu einer neuen Sozialwissenschaft des Körpers und des Sports", in: *Sportpädagogik* 4/84.
ELIAS, Norbert, *Über den Prozeß der Zivilisation. Soziogenetische und psychogenetische Untersuchungen*, Frankfurt a.M. 1976.
ENGEL, Rudolf, *Sportivität und Geschlechtsrolle bei Schulanfängern*, Ahrensburg 1986.
FISCHER-DÜCKELMANN, Anna, *Die Frau als Hausärztin*, 2. Aufl., Dresden/Stuttgart 1905.
FISCHER-HOMBERGER, E., *Krankheit Frau*, Bern 1979.
FOUCAULT, Michel, *Sexualität und Wahrheit. Der Wille zum Wissen*, Bd. 1, Frankfurt a.M. 1977.
FRANKE, Alexa, „Ist die Frau ein kranker Mensch?", in: *Psychologie heute Special: Frauen, war das wirklich alles?*, Weinheim 1987.
FRASER, Sylvia, *Meines Vaters Haus*, Frankfurt a.M. 1990.
FREEDMAN, Rita, *Die Opfer der Venus. Vom Zwang schön zu sein*, Zürich 1989.

FREVERT, Ute, *Frauen-Geschichte. Zwischen bürgerlicher Verbesserung und Neuer Weiblichkeit*, Frankfurt 1986.
FRITSCH, Ursula, „Ästhetische Erziehung als Ausbildung tänzerischer Sprachfähigkeit", in: Bannmüller, Eva/Röthig, Peter (Hg.), *Grundlagen und Perspektiven ästhetischer und rhythmischer Bewegungserziehung*, Stuttgart 1990.
FUNKE, Jürgen, „Körpererfahrungen und ihre pädagogische Bedeutung", in: *Sportpädagogik* 4/80.
GEYER-KORDESCH, Johanna/Kuhn, Anette (Hg.), *Frauenkörper, Medizin, Sexualität*, Düsseldorf 1986.
GLÖER, Nele/Schmiedekamo-Böhler, Irmgard, *Verlorene Kindheit. Jungen als Opfer sexueller Gewalt*, München 1990.
GÖTZE, Andreas/Zeume, Hans-Jürgen, *Flick-Flack. Weltbühne des Turnens*, Berlin (DDR) 1987.
GRIFFIN, Susan, *Frau und Natur*, Frankfurt a.M. 1987.
HAARBUSCH, Elke/Jochens, Karin, „...kann denn Liebe Sünde sein? Oder der sexuelle Lernprozeß bei Mädchen und die Jugendarbeit bei pro familia", in: Kavemann, Barbara, u.a., *Sexualität – Unterdrückung statt Entfaltung. Alltag und Biographie von Mädchen 9*, Opladen 1984.
HAGEDORN, Günther, *Spielen*, Reinbek 1987.
HAGEMANN-WHITE, Carol, *Sozialisation: Weiblich – männlich?*, Opladen 1984.
HALL, Ann, „Geschlecht, Körper und Macht", in: Kröner, Sabine/Pfister, Gertrud (Hg.), *Frauen – Räume, Körper, Sport*, Pfaffenweiler 1991.
HARDACH-PINKE, Irene, „Schwangerschaft und Identität", in: Kamper/ Wulf (Hg.), *Die Wiederkehr des Körpers*, Frankfurt a.M., 1982.
HARTWIG, Luise, *Sexuelle Gewalterfahrungen von Mädchen. Konfliktlagen und Konzepte mädchenorientierter Heimerziehung*, Weinheim/ München 1990.
HAUG, Frigga (Hg.), *Frauenformen 2. Sexualisierung der Körper*, Berlin 1983.
dies./Hauser, Kornelia (Hg.), *Der Widerspenstigen Lähmung. Kritische Psychologie der Frauen*, Bd. 2, Berlin 1986.
HENGST, Heinz, „Tendenzen der Liquidierung von Kindheit", in: ders. u.a., *Kindheit als Fiktion*, Frankfurt a.M. 1981.
HENLEY, Nancy M., *Körperstrategien. Geschlecht, Macht und nonverbale Kommunikation*, 2. Aufl., Frankfurt a.M. 1989.
HOFFMANN, Auguste, „Die besonderen Funktionen der weiblichen Konstitution und die Leibesübungen", in: Jaensch, W., *Leibesübungen und Körperkonstitution*, Berlin 1935.
dies., *Frau und Leibesübungen im Wandel der Zeit*, Schorndorf 1965.

HÖRNICKE, Elisabeth, „Gibt es einen weiblichen Atemtyp?", in: *Münchner medizinische Wochenschrift* 68/1926.
IRIGARAY, Luce, *Waren, Körper, Sprache*, Berlin 1976.
JACOBS, Dore, *Bewegungsbildung/Menschenbildung*, Wolfenbüttel 1985.
JENSEN, J., „Körpererfahrungen im Sportunterricht. Was Schülerinnen sagen", in: *Sportpädagogik* 4/80.
JOST-HARDT, Katrin, „Die Frau in der Leichtathletik", in: DSH Köln (Hg.), *Brennpunkte der Sportwissenschaft*, Köln 1990.
KAMPER, Dietmar/Wulf, Christoph (Hg.), *Die Wiederkehr des Körpers*, Frankfurt a.M. 1982.
KEMPER, Franz-Josef, *Motorik und Sozialisation*, Bad Homburg 1982.
KIRCHBERG, Franz, „Frauensport und Frauengymnastik an der Deutschen Hochschule für Leibesübungen", in: *Monatsschrift für das Turnwesen* 43/1924.
KLEES, Renate/Marburger, Helga/Schuhmacher, Michaela, *Mädchenarbeit. Praxishandbuch für die Jugendarbeit*, Weinheim/München 1989.
KLEIN, Michael, „Alltagstheorien und Handlungsselbstverständlichkeiten", in: Hammerich, Kurt/Klein, Michael, *Materialien zur Soziologie des Alltags*, Opladen 1978.
ders., „Körperlichkeit bei Spitzensportlerinnen", in: *Sportpädagogik* 4/80.
ders., „Frauen im Leistungssport – ein Weg zur Emanzipation?", in: ders. (Hg.), *Sport und Geschlecht*, Reinbek 1983.
ders., *Frauen im Sport – gleichberechtigt?* Stuttgart 1987.
ders., „Sportbünde – Männerbünde?", in: *Männerbande – Männerbünde*, Bd. 2, Köln 1990.
KLEINDIENST-CACHAY, Christa, „Die vergessenen Frauen. Zum Sportengagement von Mädchen und Frauen aus sozialen Unterschichten", in: Gabler, H./Göhner, U. (Hg.), *Für einen besseren Sport*, Schorndorf 1990.
KLENCKE, Hermann, *Schul-Diätetik. Praktische Gesundheitspflege in Schulen*, Leipzig 1871.
KLOSS, Moritz, *Die weibliche Turnkunst*, Leipzig 1855.
KNAPP, Gudrun-Axeli, „Arbeitsteilung und Sozialisation: Konstellationen von Arbeitsvermögen und Arbeitskraft im Lebenszusammenhang von Frauen", in: Beer, Ursula (Hg.), *Klasse Geschlecht. Feministische Gesellschaftsanalyse und Wissenschaftskritik*, Bielefeld 1987.
dies., „Die vergessene Differenz", in: *Feministische Studien* 1/88.
KNEBEL, Karl Peter, *Funktionsgymnastik*, Reinbek 1985.
KNETSCH, Heidi/Kugelmann, Claudia/Pastuszyk, Martina, „Die Wiederentdeckung des Spielens", in: *Sportpädagogik* 1/90.
KRAHMANN, Beate, „Frauen und Fitness", in: *Fitness Trends*, 1989.

KREYSSIG, Ulrike/Kurth, Anne, „Daneben gelebt... Drogenabhängige Mädchen und ihre Lebenswelt", in: Savier, Monika, u.a., *Alltagsbewältigung: Rückzug – Widerstand. Alltag und Biographie von Mädchen 7*, Opladen 1984.

KRIEG, J., *Turnen und Sport für das weibliche Geschlecht*, Hamburg 1922.

KÜSTNER, Heinz, „Frau und Sport", in: *Medizinische Welt*, 1931.

LENSKYJ, Helen, *Out of Bounds. Women, Sport and Sexuality*, Toronto 1986.

LETUWNIK, Sabine/Freiwald, Jürgen, *Fitness für Frauen. Vital, gesund, in Form*, Reinbek 1990.

LIESENHOFF, Carin, „Geschlechtsmythen und Utopien im Sport", in: Klein, M. (Hg.), *Sport und Geschlecht*, Reinbek 1983.

LIST, Elisabeth, „Der Körper als Thema der Gesellschaftstheorie", Vortrag beim Kurs *Differenz und Körper in Kultur- und Geschlechtertheorien*, Inter University Center, Dubrovnik 1991.

LÖLHÖFFEL, Edith von, „Der Sport und die Lebensaufgabe der Frau", in: *Die Leibesübungen*, 1932.

LOWE, Marian/Hubbard, Ruth (Hg.), *Woman's Nature. Rationalisations of Inequality*, New York 1983.

MÄDCHENTREFF NEUKÖLLN und Stein-Hilbers, Marlene (Hg.), *„Marlene hatte andere Pläne..." Feministische Mädchenarbeit*, Bielefeld 1988.

MAHR, Erica, *Menstruationserleben. Eine medizinpsychologische Untersuchung*, Ergebnisse der Frauenforschung Bd.6, Weinheim/Basel 1985.

MARTIN, Emily, *Die Frau im Körper. Weibliches Bewußtsein, Gynäkologie und die Reproduktion des Lebens*, Frankfurt a.M./New York 1989.

MEULENBELT, Anja, *Feminismus und Sozialismus*, Hamburg 1980.

MITCHELL, Jean, „Aerobic und Bodybuilding: Wie gesund ist die Fitness?", in: Lawrence, M. (Hg.), *Satt, aber hungrig. Frauen und Eßstörungen*, Reinbek 1989.

MÜLLER, Johannes, *Die Leibesübungen*, 5. Aufl., Leipzig/Berlin 1928.

MUTH, Cornelia, *Von der Fremd- zur Selbstbestimmung im Sport, dargestellt an informellen Sportspielgruppen*, Dipl.Arbeit, FU Berlin 1986.

NÖTZEL, Renate, *Spiel und geschlechtsspezifische Arbeitsteilung*, Pfaffenweiler 1987.

PAGENSTECHER, Lising/Jaeckel, Monika/Brauckmann, Jutta, „Mädchen und Frauen unter sich: Ihre Freundschaften und ihre Liebesbeziehungen im Schatten der Geschlechterhierarchie", in: Kavemann, Barbara, u.a., *Alltag und Biographie von Mädchen 9*, Opladen 1984.

PALZKILL, Birgit, *Zwischen Turnschuh und Stöckelschuh*, Bielefeld 1990.

PFISTER, Gertrud, *Frau und Sport. Frühe Texte*, Frankfurt 1980.
dies., "The Influence of Women Doctors on the Origins of Women's Sports in Germany", in: Borms, J./Hebbelinck, M./Venerando, A. (Hg.), *Women and Sport*, Basel 1981.
dies., "'Starke werden nur von Starken geboren' – Die Spielbewegung und die körperliche Ertüchtigung des weiblichen Geschlechts", in: Steins, G. (Hg.), *Spielbewegung – Bewegungsspiel. Hundert Jahre Goßler'scher Spielerlaß*, Berlin 1982.
dies., *Geschlechtsspezifische Sozialisation und Koordination im Sport*, Berlin 1983.
dies., "Mädchen-Körper-Erziehung. Entstehung und erste Entwicklung des Turnlehrerinnenberufs", in: Klewitz, M./Schildmann, U./Wobbe, Th. (Hg.), *Frauenberufe – hausarbeitsnah?*, Pfaffenweiler 1989.
dies., "The Medical Discourse on Female Physical Culture in Germany in the 19th and Early 20th Centuries", in: *Journal of Sport History* 17/1990.
PILZ, Gunter (Hg.), *Sport und körperliche Gewalt*, Reinbek 1982.
PROJEKTGRUPPE JUGENDBÜRO (Hg.), *Karin Q.: "Wahnsinn, das ganze Leben ist Wahnsinn!" Ein Schülertagebuch*, Frankfurt a.M. 1978.
RATZEBURG, Hannelore, "Fußball ist Frauensport. Durchsetzung neuer Sportarten für Frauen", in: Schenk, Sylvia (Hg.), *Frauen – Bewegung – Sport*, Hamburg 1986.
REIM, Doris (Hg.), *Frauen berichten vom Kinderkriegen*, München 1984.
RICHARTZ, Alfred, "Sexualität – Körper – Öffentlichkeit. Formen und Umformungen des Sexuellen im Sport", in: *Sozial- und Zeitgeschichte des Sports* 4/90.
RICKAL, Elke, "Mädchen und Jungen im Schulsport am Beispiel eines Bundeslandes", in: Jacobi, P./Rösch, H. E. (Hg.), *Frauen und Mädchen im Sport*, Mainz 1988.
RIPPEL-MANSS, Irmtraud, "Frauensport. Pluderhosen, Stöckelschuhe, Flatterkleider", in: *Westermanns Monatshefte*, Juli 1984.
RITTNER, Volker, "Wenn der Körper zur Institution wird", in: *Olympische Jugend* 8/86.
ders./Mrazek, Joachim, "Neues Glück aus dem Körper", in: *Psychologie heute*, November 1986.
RODENSTEIN, M., "Somatische Kultur und Gebärpolitik. Tendenzen in der Gesundheitspolitik für Frauen", in: Kickbusch, I./Riedmüller, B. (Hg.), *Die armen Frauen. Frauen und Sozialpolitik*, Frankfurt 1984.
ROHDE, Sabine/Voltmann, Cornelia, *Weibliches Kunstturnen – ein Frauensport?*, unveröff. Examensarbeit, Bielefeld 1986.
ROSE, Lotte, "Die Kunstturnerin. Zur Ambivalenz weiblicher Karrieren", in: *Wohin geht die Frauenforschung?*, Köln/Wien 1990.
dies., *Fair geht vor – auch für Frauen?*, unveröff. Vortrag zur Vollver-

sammlung des Bundesausschusses Frauen im Sport, Saarbrücken 1990.
RUNGE, M., *Das Weib in seiner geschlechtlichen Eigenart*, Berlin 1898.
SCHEFFEL, Heidi, *Untersuchung zur Einstellung von Mädchen zum koedukativen Bewegungsunterricht und ihre Relevanz für eine Konzeption der Motopädagogik*, Dipl.Arbeit, Marburg 1987.
dies., „Koedukation im Wandel. Wie erleben Mädchen den koedukativen Sportunterricht?", Vortrag auf der DVS-Tagung *Frauen forschen in der Sportwissenschaft*, Rothenberge bei Münster 1990.
SCHIRP, Jochem/Koch, Joseph, *Risikosportarten in der Sozialarbeit. Möglichkeiten und Grenzen ihrer Anwendung am Beispiel einer Kanufreizeit*, Frankfurt a.M. 1988.
SCHLAPHEIT-BECK, Dagmar (Hg.), *Mädchenräume*, Hamburg 1987.
SCHMAUCH, Ulrike, „Frühe Kindheit und Geschlecht. Anmerkungen zur frühkindlichen Sozialisation von Mädchen und Jungen", in: Anselm, Sigrid, u.a. (Hg.), *Theorien weiblicher Subjektivität*, Frankfurt a.M. 1985.
SCHMIDT, Doris, „Theorie und Praxis frauenparteilichen Sports", in: *Hochschulsport*, Dez. 1987.
SCHMIDT, Ferdinand August, „Geh.Rat Prof. Dr. Sellheim und das Frauenturnen", in: *Die Leibesübungen*, 1926.
SCHNACK, Dieter/Neutzling, Rainer, *Kleine Helden in Not. Jungen auf der Suche nach Männlichkeit*, Reinbek 1990.
SCHÖPPE, Ch., „Biologisches und Psychologisches zum Frauensport", in: *Zeitschrift für Sexualwissenschaft* 17/1931.
SCHREIBER-RIETIG, Bianka, „Starke Frauen", in: *Olympische Jugend* 8/86.
SCHRÖDER, Jürgen/Deutsche Sportjugend (Hg.), *Jugendarbeit im Sportverein 2000*, Aachen 1991.
SCOTT, Joan W., „Deconstructing Equality versus Difference. Or: The Uses of Poststructuralist Theory for Feminism", in: *Feminist Studies* 14/1988.
SELLHEIM, Hugo, „Auswertung der Gymnastik der Frau für die ärztliche Praxis", in: *Medizinische Klinik* 27/1931.
SHORTER, Edward, *Der weibliche Körper als Schicksal. Zur Sozialgeschichte der Frau*, München 1984.
SOBIECH, Gabriele, „Körperbeherrschung und Identitätsentwicklung am Beispiel sportstudierender Frauen", in: Faulstich-Wieland, Hannelore (Hg.), *Weibliche Identität. Dokumentation der Fachtagung der AG Frauenforschung in der DGfE*, Bielefeld 1989.
dies./Winke, Heike, *Zur Bewegungswelt und Bewegungsentwicklung von Mädchen und Frauen*, unveröffentl. Ms. 1988.
SOMMERHAGE, Claus, *Deutsche Romantik. Literatur und Malerei 1796– 1830*, Köln 1988.

SPORTJUGEND IM LSB NIEDERSACHSEN/Inst. für Sportwissenschaften der Universität Göttingen (Hg.), *Der Sportverein – Freizeitpartner für Jugendliche*, Clausthal-Zellerfeld 1988.
STAGL, Justin, „Übergangsriten und Statuspassagen. Überlegungen zu Arnold van Genneps ‚Les Rites de Passage'", in: Acham, Karl (Hg.), *Gesellschaftliche Prozesse. Beiträge zur historischen Soziologie und Gesellschaftsanalyse*, Graz 1983.
THEWELEIT, Klaus, *Männerphantasien*, Reinbek 1980.
THÜRMER-ROHR, Christina, „Die Gewohnheit des falschen Echos", in: *beiträge zur feministischen theorie und praxis*, Nr. 17, 1986.
dies., *Frauen in Gewaltverhältnissen*, unveröff. Vortrag, Köln 1987.
dies., *Vagabundinnen. Feministische Essays*, Berlin 1987.
dies., „Befreiung im Singular. Zur Kritik am weiblichen Egozentrismus", in: *beiträge zur feministischen theorie und praxis*, Nr. 28, 1990.
dies., *Feminismus und Erziehungswissenschaften*, unveröff. Vortrag, Berlin 1990.
TSCHAP-BOCK, Angelika, *Frauensport und Gesellschaft. Eine historische und empirische Untersuchung*, Ahrensburg 1983.
ULMER, Regine, *Zum Zusammenhang von sexueller Gewalt und (Leistungs-)Sport*, unveröff. Ms., Berlin 1991.
VAERTING, Mathilde, *Neubegründung der Psychologie von Mann und Frau*, Karlsruhe 1921.
VARIKAS, Eleni, „‚O, why was I born with a different face?' Physical Body and Body Politic in the French Revolution", Vortrag beim Kurs *Differenz und Körper in Kultur- und Geschlechtertheorien*, Inter University Center, Dubrovnik 1991.
VOIGT, Ursula, „Zur Situation des Sports von Mädchen und Frauen in der Bundesrepublik Deutschland", in: Binnewies, H./Thieme, B. (Red.), *Freizeit und Breitensport '85*, Ahrensburg 1986.
WENZEL, Eberhard (Hg.), *Die Ökologie des Körpers*, Frankfurt 1986.
WESTMANN, Stephan, *Frauensport und Frauenkörper*, Leipzig 1930.
WEX, Marianne, *„Weibliche" und „männliche" Körpersprache als Folge patriarchalischer Machtverhältnisse*, 2. Aufl. Frankfurt a.M. 1980.
WINKLER, Joachim/Karhausen, Rudolf, *Verbände im Sport*, Schorndorf 1984.
WIRMINGHAUS, E., *Die Frau und die Kultur ihres Körpers*, Leipzig 1911.
WOESLER de Panafieu, Christine, „Außen- und Innenaspekte weiblicher Körper", in: Klein, M. (Hg.), *Sport und Geschlecht*, Reinbek 1983.
dies., „Körper", in Beyer/Lamott/Meyer (Hg.), *Frauenhandlexikon*, München 1983.
dies., „Das Konzept von Weiblichkeit als Natur- und Maschinenkörper", in: Schaeffer-Hegel, Barbara/Wartmann, Brigitte (Hg.), *Mythos Frau.*

*Projektionen und Inszenierungen im Patriarchat*, Berlin 1984.
WÜRZBERG, Gerd, *Muskelmänner. In den Maschinenhallen der neuen Körperkultur*, Reinbek 1987.
ZINKE, Eberhard/Arnold, Klaus, *Geräteturnen für Mädchen*, Berlin (DDR) 1980.
ZINNECKER, Jürgen, *Jugendkultur 1940 – 1985*, Opladen 1987.

## AUTORINNEN

INGE BERNDT, geboren 1933 in Sachsen-Anhalt, 1978 promoviert zum Dr. phil., seit 1979 Akademische Oberrätin an der Universität Bielefeld, seit 1986 Mitglied des Präsidiums des Deutschen Sportbundes, Vorsitzende des Bundesausschusses Frauen im Sport; verheiratet, ein Sohn.

RUTH DÖRDELMANN, geboren 1959, Studium der Erziehungswissenschaft, Diplom 1984, Mitarbeiterin der Frauen-Gleichstellungsstelle in Herten, seit 1983 Mitglied und seit 1986 Vorstandsfrau im Verein Frauen-Selbstverteidigung & Frauen-Sport Münster e.V., seit 1988 Trainerin im Verein und Kursleiterin bei anderen Weiterbildungsträgern; Kontaktadresse des Vereins: Ruth Dördelmann, Grevenerstr. 117, 4400 Münster.

BARBARA KÜHN, 38 Jahre, Lehrerin und Gestaltpädagogin, Dozentin in der Fort- und Weiterbildung mit dem Schwerpunkt Mädchen- und Frauenbildungsarbeit.

CORNELIA MUTH, 30 Jahre, Diplom-Pädagogin und Gestaltpädagogin, mehrere Jahre Bildungsreferentin der Sportjugend Berlin, verantwortlich für den Bereich Mädchen und junge Frauen im Sport.

BIRGIT PALZKILL, geboren 1952, Dr. phil., arbeitet seit 1980 als Lehrerin für Mathematik und Sport an einer Gesamtschule, vierjährige frauenspezifische sozialtherapeutische Fortbildung, ehemalige Leistungssportlerin, „freischaffende" feministische (Sport-)Wissenschaftlerin.

GERTRUD PFISTER, Professorin am Institut für Sportwissenschaft der Freien Universität Berlin, zahlreiche Veröffentlichungen zur Geschichte der Bewegungskulturen von Frauen und Mädchen.

LOTTE ROSE, geboren 1958, Diplom-Pädagogin, ehemalige Kunstturnerin, Mitarbeit an der Shell-Jugendstudie '85 und am DFG-Projekt „Weibliche Biographie junger Kunstturnerin", das mit einer Dissertation abgeschlossen wurde; z.Zt. Mutter, Hausfrau, freie Autorin und Mitarbeiterin im Forschungsprojekt „Weiblicher Körper und Sport" der Universität Marburg.

HEIDI SCHEFFEL, geboren 1955, Diplom-Motologin, Lehrerin, u.a. mehrere Jahre an der Laborschule Bielefeld tätig, 1989/1990 wissenschaftliche Begleiterin eines Frauenforschungsprojektes zu Körper, Bewegung und Sport, z.Zt. in frauenspezifischer sozialtherapeutischer Fortbildung; langjährige Mitarbeit in der Frauensportbewegung, Vorsitzende der Sportkommission beim Hauptvorstand der Gewerkschaft Erziehung und Wissenschaft, Mitglied der Kommission Bildung beim Deutschen Sportbund, Dissertation zum Thema „Mädchen im koedukativen Sportunterricht".

DORIS SCHMIDT, geboren 1954, 1. Staatsexamen für das Lehramt an Gymnasien in den Fächern Sport und Deutsch, seit 1980 hauptamtliche Sportlehrerin an der Zentraleinrichtung Hochschulsport Berlin, hier u.a. Aufbau des Schwerpunktes Frauensportkurse, 1981 – 83 Mitarbeit im Bildungsausschuß des ADH, gemeinsam mit Susanne Bischoff und Regine Ulmer Leitung des Fortbildungsprojekts „Feministische Sport- und Bewegungskultur in Theorie und Praxis" (Frauenbildungshaus Edertal Anraff).

GABRIELE SCHMIES, geboren 1955, Diplom-Sportlehrerin mit dem Schwerpunkt Rhythmik, Tanz, Bewegungstheater; 1980/81 hauptamtliche Lehrtätigkeit an einer Kölner Gymnastikschule, 1982/83 pädagogische Mitarbeiterin im Bildungswerk des Landessportbunds (NRW) in Duisburg, seit 1981 nebenamtliche Lehrtätigkeit u.a. für die Sportjugend im LSB NRW im musisch-kulturellen Bereich und Frauensport, Workshops für Frauen- und Lesbengruppen in Deutschland und Frankreich, seit 1987 Lehrbeauftragte an der Katholischen Fachhochschule Köln, Kursleiterin beim ersten Kölner Frauensportverein.

GABRIELE SOBIECH, geboren 1957, 1. Staatsexamen für das Lehramt der Sekundarstufe I und II in der Fächerkombination Germanistik und Sportwissenschaft, seit 1986 Mitarbeiterin an der Universität Münster am Fachbereich Sportwissenschaft im Arbeitsbereich Sportsoziologie mit dem Schwerpunkt Frauenforschung, Dissertation zum Thema „Körperpolitik und Körperdisziplinierung von Frauen", Mitarbeit in der Frauen-Sport-Bewegung, von 1986 bis 1988 Mitglied im Vorstand des Münsteraner Frauen-Selbstverteidigungs-Vereins, dort Aufbau des Bereichs Frauen-Sport.

ELLEN SUPINSKI, geboren 1961, 1. Staatsexamen für das Lehramt der Sekundarstufe II für die Fächer Sportwissenschaft und Spanisch, ab 1988 Mitarbeiterin in Frauen-Sport-Projekten im Raum Münster, Vorstandsfrau im Frauen-Selbstverteidigungs & Frauen-Sport-Verein, Leiterin von Frauen-Sport-Kursen, seit 1991 Sportlehrerin in Westerland/Sylt.

REGINE ULMER, 32 Jahre, zwischen Erwerbslosigkeit und Arbeitswut mit der Entwicklung einer feministischen Sport- und Bewegungskultur in Theorie und Praxis beschäftigt. Das Spektrum reicht von der Universität bis zum autonomen Frauen/Lesben-Sportverein.